ÄHRENLESE:
A GERMAN READER WITH
PRACTICAL EXERCISES

This edition published by Lector House in 2024

ISBN: 978-93-5800-837-1
Edition copyright © 2024 by Lector House LLP
All rights reserved under the International Copyright Conventions.

Every possible effort has been made to ensure that the information contained in this book is accurate at the time of going to press and the publisher cannot accept responsibility for any errors or omissions, however caused, in this unabridged, slightly corrected republication of the text of the first edition. No responsibility for loss or damage occasioned to any person, acting or refraining from action, as a result of the material in this publication can be accepted by the publisher. The publisher is not associated with any product or vendor mentioned in the book. The contents of this work are intended to further general scientific research, understanding and discussion, only. Readers should consult with a specialist, where appropriate.

No part of this publication may be reproduced, stored in a retrieval system, or transmitted, in any form, or by any means, electronic, mechanical, photocopying or otherwise, without the prior permission of the publisher.

Lector House LLP
Registered Office: H. No. 96, Block C, Tomar Colony,
Burari, Delhi – 110084, India
info@lectorhouse.com
www.lectorhouse.com

ÄHRENLESE:
A GERMAN READER WITH PRACTICAL EXERCISES

HEINRICH CONRAD BIERWIRTH,
ASBURY HAVEN HERRICK

2024

LECTOR HOUSE LLP

HEATH'S MODERN LANGUAGE SERIES

ÄHRENLESE
A GERMAN READER WITH PRACTICAL EXERCISES

BY

H. C. BIERWIRTH AND A. H. HERRICK

ASSOCIATE PROFESSOR INSTRUCTOR
IN
HARVARD UNIVERSITY

Preface.

If we mistake not, three of the commonest questions anticipated and answered, or at least discussed, in the preface to a book like this are: First, why a new book at all? Second, where, or at what stage of the student's course, may it be taken up most profitably? And third, how or with what method of instruction should it be used?

As to the first question, we offer no elaborate apology for this compilation, but simply say that we have thought the material worth editing. The title, Ährenlese *or* Gleanings, *should not be taken to imply that we had a hard time in gathering what we offer, nor that we think we have left the field bare behind us, but rather that the ears and stalks, though somewhat trimmed by us before being bound together, are indigenous fruits of the good old German soil and not the product of our own cultivation.*

The second question it would be presumptuous for us to attempt to answer ex cathedra, *but we believe that, as far as the mere reading matter is concerned, this collection should prove neither too advanced for high school use nor too elementary for college use. Of this, however, every teacher can judge best for himself.*

Even on the third question we go no farther than to say that we believe the frequent, though unforced, repetition of the vocabulary of this book and the thoroughly idiomatic exercises adapt it to ready use with any mode of instruction. Moreover, after many years' experience in reading both Harvard and "Board" admission examinations, we are by no means inclined to make a shibboleth of any "Method." We are, however, in hearty accord with the Direct Method, or for that matter with any other, as long as it encourages a thorough understanding of what is read and an intelligent application of linguistic principles to the actual and correct use of the foreign tongue.

These two ends we have aimed to further not only by questions and exercises based on the text, which do not differ essentially from the customary ones, but also by a vocabulary which does differ from most others in its fulness of detail, and which may therefore require a word of explanation.

Our reasons, then, for incorporating such extended lexicographical and grammatical comment in the vocabulary were these: First, the desire to dispense with a separate body of notes, which since the coming into use of questions and exercises has made the very handling of some Readers more difficult for the student than it ought to be. Second, the conviction that the beginner needs more explicit information than is usually offered regarding the inflection of the nouns, adjectives, and verbs that he is expected to learn in the course of his reading. And, third, the belief that although it is well for the student not to consult the vocabulary until he has exerted his own wits to the utmost in getting at the meaning of new words or phrases, lest he become a slave thereto, it is equally important that whenever he does resort to it he should find there, and just then, all the information which the full understanding of the text, the answering of the questions, and the reproduction of the text involved in the exercises can reasonably call for.

In conclusion we might add that it is just such immediate and intensive study of all common words, phrases, and constructions that constitutes one of the most valid claims of the Direct Method to its name and distinction. Too often, however, in our opinion, the rash adoption of this method as something new has resulted in the most indirect and expensive way of teaching, as well as of learning, that modicum of grammar and syntax without which all study of language is doomed sooner or later to end in disappointment.

H. C. BIERWIRTH   *A. H. HERRICK*

CAMBRIDGE, MASSACHUSETTS, December, 1917.

Contents

	Page
Preface	v
I. Die Fliege, die in die Schule ging	1
II. Der Fuchs und der Krebs	3
Ludwig Bechstein.	
III. Gevatter Tod	5
Ludwig Bechstein.	
IV. Der Schmied von Jüterbog	8
Ludwig Bechstein.	
V. Ein Traum	12
T. Kerkhoff.	
VI. Der Zwerg und die Gerstenähre	15
Heinrich Seidel.	
VII. Die teuren Eier	19
Karl Simrock.	
VIII. Der starke Drescher	21
Ferdinand Goebel.	
IX. Die befreiten Seelen	23
Rudolf Baumbach.	

X. Der arme Musikant und sein Kollege. 28
   W. O. von Horn.

XI. Das Gegengeschenk. 30
    Karl Simrock.

XII. Wie der alte Hermesbauer gestorben ist. 32
     Heinrich Hansjakob.

XIII. Bruder Klaus und die treuen Tiere. 34
      Rudolf Baumbach.

XIV. Der bekehrte Stiefelknecht. 38
     Julius Sturm.

XV. Die Wunderlampe. 41
    Peter Rosegger.

XVI. Kurze Reise nach Amerika. 44
     Karl Stöber.

XVII. Wie man Diebe fängt. 48
      Emil Frommel.

XVIII. Die Grenzfichte. 51
       Joseph Schlicht.

XIX. Das Abenteuer im Walde. 53
     Johannes Trojan.

XX. Wie die Wodansmühle entstand. 58
    Rudolf Vogel.

XXI. Der Lindenbaum. 63
     Heinrich Seidel.

Übungen. 70

Wörterbuch. 93

Die Fliege, die in die Schule ging.

An einem heißen Sommertage flog eine neugierige Fliege durch das offene Fenster in die Schulstube. Da hörte sie die Kinder das schöne Lied singen:

»Summ, summ, summ,
Die Esel sind recht dumm.«

Sie lernte es auch bald und dachte bei sich: »Nun habe ich viel gelernt und kann mehr als alle meine Verwandten. Jetzt will ich in die weite Welt ziehen und den Tieren Gesangstunden geben.«

Sie flog hinaus auf die Wiese, wo ein alter Esel weidete. Sogleich dachte sie: »Das kommt mir wie gewünscht«, setzte sich auf den Rücken des Esels und begann zu singen. »Was singst du da?« fragte der Esel.

»Summ, summ, summ,
Die Esel sind recht dumm.«

»Das klingt hübsch«, sagte der Esel. »Ich denke, daß ich es jetzt auch kann, und weil du mich das schöne Lied gelehrt hast, so will ich dir zeigen, wie du viel schneller fliegen kannst als jetzt. Setze dich auf die Spitze meines Schwanzes!« Das tat die Fliege, und sogleich schleuderte sie der Esel so hoch in die Luft, daß sie sich beinahe den Hals brach. »Der undankbare Kerl!« brummte die Fliege. »Ich glaube, er wollte mich umbringen.«

Nun kam sie an einen Bach und setzte sich auf einen Grashalm am Ufer. Ein Fisch schwamm heran, und als sie ihn erblickte, begann sie zu singen:

»Summ, summ, summ,
Die Fische — die sind stumm.«

Da spritzte der Fisch so viel Wasser auf die Fliege, daß sie beinahe ertrank und nur mit Mühe weiterfliegen konnte.

Gegen Abend begegnete sie einer Ente und begann zu singen:

»Summ, summ, summ,
Die Enten gehen krumm.«

Da sagte die Ente: »Ei, das klingt recht hübsch, nur verstehe ich es nicht recht, denn ich bin ein wenig taub. Komm näher und sing das Lied noch einmal, damit ich es auch lerne!« Die Fliege flog heran, setzte sich vor die Ente und begann zu singen:

>»Summ, summ, summ,
>Die Enten gehen krumm.«

Da, auf einmal — klaps! Die Ente hatte die gelehrte Fliege verschluckt.

Der Fuchs und der Krebs.

Eines Tages kam der Fuchs auf eine Wiese und sah, wie ein Krebs[1] langsam durch das grüne Gras kroch.

»Wie schnell du läufst!« sagte er spöttisch. »Ich sehe, du gehst noch besser rückwärts als vorwärts. Wann gedenkst du über die Wiese zu kommen?«

Der Krebs aber merkte wohl, daß der Fuchs ihn nur verspotten wollte. Deshalb antwortete er: »Ich sehe, daß du meine Natur nicht kennst. Ich wette zehn Mark, daß ich schneller laufe als du.«

»Gewiß,« sagte der Fuchs, »die Wette gefällt mir. Wollen wir von Hamburg nach Bremen laufen, oder von Berlin nach Leipzig?«

»O nein,« sprach der Krebs, »das wäre uns beiden zu weit. Laß uns eine gute Meile laufen, das ist genug, und ich gebe dir auch noch einen Vorsprung von der ganzen Länge deines eigenen Körpers, vom Kopf bis zum Schwanz. Was sagst du dazu?«

»Das gefällt mir noch besser!« sagte der Fuchs und lächelte wieder spöttisch. »Sage also, wie wir's am besten machen!«

»Die Sache ist sehr einfach«, antwortete der schlaue Krebs. »Du trittst vor mich, und ich trete hinter dich, so daß deine Hinterfüße meinen Kopf berühren, dann ist es genau deine Körperlänge. Und wenn ich dann rufe: ‚Los!', so beginnt der Wettlauf. Du sollst aber sehen, daß ich dennoch eher ankomme als du.«

Nun drehte sich der Fuchs um, bis er ganz dicht vor dem Krebs stand. Dieser aber faßte mit seinen Scheren den buschigen Schwanz des Fuchses, und als er merkte, daß der Fuchs es gar nicht fühlte, rief er laut: »Los!«

Da lief der Fuchs so schnell, wie er in seinem ganzen Leben noch nicht gelaufen war. Endlich kam er ans Ziel, drehte sich rasch um und rief: »Wo ist nun der dumme Krebs? Wo bist du, Krebslein? Hahaha!«

Der Krebs aber, der dem Ziele jetzt näher stand als der Fuchs, antwortete ruhig: »Hier! Wie langsam du läufst! Ich warte hier schon eine ganze Weile auf dich!«

[1] Nach dem Volksglauben zeigt der Krebs, wenn er auf das Land geht, Regen an.

Da erschrak der Fuchs und sprach: »Dir muß der Kuckuck geholfen haben!« Dann zahlte er seine Wette, nahm den Schwanz zwischen die Beine und ging beschämt davon.

Ludwig Bechstein.

Gevatter Tod.

Es lebte einmal ein sehr armer Mann, der hieß Klaus. Dem hatte Gott großen Reichtum beschert, der ihm große Sorge machte, nämlich zwölf Kinder, und es dauerte nicht lange, da kam das dreizehnte dazu. Da wußte der arme Mann nicht, wo er einen Paten finden sollte, denn alle seine Verwandten und Freunde hatten ihm schon Kinder aus der Taufe gehoben. Also beschloß er, sich an den ersten besten Fremden zu wenden, den er auf der Landstraße träfe.

Nun war der erste, den er traf, ein freundlicher Mann von stattlicher Gestalt, nicht jung und nicht alt, und es schien dem Armen, als ob sich vor diesem Mann alle Bäume und Blumen und Grashalme tief verneigten. Da glaubte er, das müsse der liebe Gott selber sein, nahm schnell seine Mütze ab, faltete die Hände und betete ein Vaterunser. Und es war auch der liebe Gott, der wußte schon, was Klaus wollte, und sprach: »Du suchst einen Paten für dein Kindlein! Wohlan, ich will es dir aus der Taufe heben.«

»Du bist allzu gütig, o Herr,« antwortete Klaus, »aber ich danke dir. Du gibst denen, welche haben, dem einen Güter, dem andern Kinder, und so fehlt es oft beiden am Besten: der Reiche hat vollauf zu essen, und der Arme hungert.« Da wandte sich der Herr und ward nicht mehr gesehen.

Klaus ging eine Strecke weiter, und bald kam ein Kerl auf ihn zu, der sah nicht nur aus wie der Teufel, sondern war es auch und fragte Klaus, wen er suche. »Einen Paten für mein Kindlein«, war die Antwort. »Ei,« sagte jener, »so nimm mich, ich will es reich machen.« »Wer bist du denn?« fragte Klaus. »Ich bin der Teufel.« »Der Teufel!« rief Klaus und maß den Kerl vom Horn bis zum Pferdefuß, »dich mag ich nicht zum Gevatter. Geh heim zu deiner Großmutter! Gott sei bei uns!«

Da wandte sich der Teufel und ging fort, indem er gegen den Armen ein abscheuliches Gesicht machte und die Luft mit Schwefelgestank erfüllte.

Hierauf begegnete dem Kindesvater wiederum ein Mann, der war so dünn und dürr wie eine Bohnenstange und klapperte beim Gehen. Der fragte auch: »Wen suchst du?« und bot sich zum Paten des Kindes an. »Wer bist du?« fragte Klaus wieder. »Ich bin der Tod«, sprach jener mit heiserer Stimme. Da war Klaus zu Tode erschrocken, doch dachte er, bei dem wäre sein Söhnchen vielleicht am besten aufgehoben, und sagte: »Du bist der Rechte. Arm oder reich, du machst alle gleich. Komm nur zu rechter Zeit, am Sonntag soll die Taufe sein.« Und am Sonntag kam richtig der Tod und ward Taufpate des Kleinen, und der Junge wuchs fröhlich heran.

Als er nun in die Jahre kam, wo er etwas erlernen sollte, damit er künftig sein Brot verdiene, erschien der Pate und nahm ihn mit sich in einen finstern Wald. Da standen allerlei Kräuter, und der Tod sprach: »Jetzt sollst du als Patengeschenk das rechte, wahre Heilkraut von mir empfangen, und dadurch sollst du ein Doktor über alle Doktoren werden. Doch merke wohl, was ich dir sage! Wenn man dich zu einem Kranken ruft, wirst du allemal meine Gestalt erblicken. Stehe ich zu Häupten des Kranken, so darfst du versichern, daß du ihn wieder gesund machen kannst. Wenn er aber ins Gras beißen muß, so stehe ich zu des Kranken Füßen. Dann sage nur: ‚Hier kann kein Arzt der Welt helfen, und ich auch nicht'! Aber brauche ja nicht das Heilkraut gegen meinen Willen, sonst ergeht es dir übel!« Damit ging der Tod seines Weges, und der junge Mensch begann seine Wanderschaft.

Es dauerte nicht lange, so wurde er berühmt. Man sagte, er sei der größte Arzt auf Erden, denn sobald er die Kranken nur ansehe, wisse er, ob sie leben oder sterben würden. Und so war es in der Tat.

Nun geschah es, daß der Wunderarzt in ein Land kam, dessen König schwer krank lag. Die Hofärzte hatten alle Hoffnung aufgegeben. Weil aber Könige nicht lieber sterben als andere Menschen, so hoffte der kranke König dennoch, der Wunderdoktor werde ihn wieder gesund machen. Er ließ ihn also rufen und versprach ihm großen Lohn. Der König hatte aber eine Tochter, die war so schön und so gut wie ein Engel.

Als der Arzt in das Schlafzimmer des Königs trat, sah er zwei Gestalten an dessen Lager stehen, zu Häupten die schöne, weinende Königstochter, zu Füßen den kalten Tod. Und die Königstochter bat ihn gar rührend, den geliebten Vater zu retten, aber die Gestalt des finstern Paten wollte nicht von der Stelle weichen. Da sann der Doktor auf eine List. Er ließ die Diener das Bett des Königs schnell umdrehen und gab ihm geschwind einen Tropfen von dem Heilkraut, so daß der Tod betrogen war und der König gerettet. Der Tod aber verließ das Zimmer, indem er drohend den langen, knöchernen Zeigefinger gegen seinen Paten erhob.

Dieser hatte aber die reizende Prinzessin liebgewonnen, und auch sie schenkte ihm ihr Herz aus inniger Dankbarkeit. Aber bald darauf erkrankte sie schwer, und der König versprach, wer sie gesund mache, der solle sie zur Frau haben und nach ihm König werden. Da eilte der Jüngling zu der Kranken, sah aber zu ihren Füßen stehen — den Tod. Noch einmal übte er dieselbe List wie bei dem König, so daß die Prinzessin wiederauflebte und ihn dankbar anlächelte.

Aber der Tod warf einen tödlichen Haß auf den Jüngling, faßte ihn mit eiserner, eiskalter Hand und führte ihn hinweg in eine weite, unterirdische Höhle. In dieser brannten viel taufend Kerzen, große und kleine. Einige hatten gerade angefangen zu brennen, andere wollten schon ausgehen.

»Sieh nun,« sprach der Tod zu seinem Paten, »hier brennt eines jeden Menschen Lebenslicht. Die ganz großen sind die Kinder, die halbgroßen die Leute, welche in den besten Jahren stehen, und die kleinen die Alten; aber auch das Licht eines Kindes brennt oft früh aus.«

»Zeige mir doch meines!« bat der Arzt den Tod, und dieser zeigte auf ein ganz kleines Stümpfchen, welches schon auszugehen drohte. »Ach, liebster Pate, erneuere es mir doch, damit ich meine schöne Braut, die Königstochter, heiraten und König werden kann!« »Das geht nicht«, versetzte der Tod kalt. »Erst muß ein Licht ganz ausbrennen, ehe ein neues angesteckt wird.«

»Dann setze doch gleich das alte auf ein neues!« bat der Jüngling. »Wohlan, das will ich tun«, erwiderte der Tod, nahm ein langes Licht und tat, als ob er ihm das Stümpfchen aufstecken wollte. Dabei aber stieß er mit Willen das kleine um, so daß es ausging. In demselben Augenblick fiel der Arzt um und war tot.

Wider den Tod ist nämlich kein Kraut gewachsen.

Ludwig Bechstein.

Der Schmied von Jüterbog.

Im Städtchen Jüterbog hat einmal ein Schmied namens Peter gelebt, von dem erzählen die Alten den Jungen noch heutzutage ein seltsames Märchen.

Dieser Schmied hatte nämlich als junger Bursche einen sehr strengen Vater und hielt Gottes Gebote treulich. Er machte große Reisen und erlebte viele Abenteuer. Dabei war er in seinem Handwerk ungemein tüchtig und geschickt. Unter anderm besaß er eine Salbe, welche jeden Harnisch undurchdringlich machte, der damit bestrichen wurde. Im Heere Kaiser Friedrichs des Rotbarts wurde er oberster Rüstmeister und machte dessen Kriegszüge nach Italien und dem Morgenlande mit. Aber nach des Kaisers Tode kehrte er mit großem Reichtum in die Heimat zurück, wo er erst gute Tage, nachher aber auch böse erlebte und über hundert Jahre alt wurde.

Nun saß Schmied Peter eines schönen Tages in seinem Garten unter einem alten Birnbaum, da ritt ein graues Männlein auf einem Esel zu ihm heran; das war sein Schutzgeist, der ihm schon viel Gutes erwiesen hatte. Das Männlein herbergte daher auch bei dem Schmied und ließ ihn seinen Esel beschlagen, was dieser gern tat, ohne Lohn dafür zu fordern. Als die Arbeit fertig war, sagte das Männlein: »Nun darfst du drei Wünsche tun, Peter; vergiß aber das Beste nicht!«

Da wünschte sich der Schmied folgendes: »Erstens, weil mir die Diebe so oft meine Birnen stehlen, so soll fortan keiner, der auf den Baum steigt, ohne meinen Willen wieder heruntersteigen können; und zweitens, weil ich auch öfters in meiner Stube bestohlen worden bin, so soll niemand ohne meinen Willen in die Stube kommen können, außer durchs Schlüsselloch.«

Bei jedem dieser törichten Wünsche warnte das Männchen: »Peter, Peter, vergiß ja das Beste nicht!« Da tat der Schmied den letzten Wunsch: »Drittens, das Beste ist ein guter Schnaps; also wünsche ich, daß meine Flasche niemals leer werde!«

»Deine Wünsche sind gewährt«, sprach das Männchen, strich im Weggehen mit der Hand über einige Stangen Eisen, die in der Schmiede lagen, setzte sich auf seinen Esel und ritt weiter.

Das Eisen war aber in blankes Silber verwandelt. Nun war der arme Schmied wieder reich und lebte fort und fort bei guter Gesundheit, denn der Trank in der Flasche war, ohne daß er es wußte, ein Lebenselixier.

Endlich klopfte der Tod an seine Tür, der ihn so lange verschont hatte. Peter war scheinbar auch bereit, mit ihm zu gehen, bat ihn aber erst um eine kleine Gunst. »Sei doch so gut,« sagte er zu dem Tod, »und hole mir ein paar Birnen von dem Baum! Ich selber bin zu alt und schwach hinaufzusteigen.«

Der Tod stieg auf den Baum, und der Schmied sprach: »Bleib oben!«, denn er wollte gern noch länger leben. Der Tod fraß alle Birnen vom Baum, dann mußte er fasten, und vor Hunger verzehrte er sich selbst mit Haut und Haar. Daher kommt es auch, daß er jetzt nur noch ein scheußliches, dürres Gerippe ist.

Auf Erden aber starb niemand mehr, weder Mensch noch Tier. Darüber entstand viel Unheil, und endlich ging der Schmied zu dem dürren, klappernden Tod und machte mit ihm aus, daß er ihn fortan in Ruhe lassen solle. Dann ließ er ihn laufen.

Wütend floh der Tod von dannen und begann wieder sein Werk unter Menschen und Tieren. Weil er sich jedoch an dem Schmied nicht rächen konnte, bat er den Teufel, daß dieser ihn hole. Aber der Schmied roch den Schwefel schon, ehe der Teufel ankam, schloß seine Stubentür zu und hielt mit seinen Gesellen einen ledernen Sack vor das Schlüsselloch. Wie nun der Teufel hindurch war, banden sie den Sack schnell zu, trugen ihn zum Amboß und hämmerten ganz unbarmherzig mit den schwersten Hämmern auf den Teufel los, so daß ihm Hören und Sehen verging. Sobald er ein wenig zu sich kam, mußte er versprechen, nie wiederzukommen; dann ließen sie ihn los.

Darauf lebte der Schmied von Jüterbog noch lange Zeit in Ruhe und Frieden, bis alle seine Freunde und Bekannten gestorben waren und er selbst des Erdenlebens müde wurde.

Er machte sich deshalb auf den Weg nach dem Himmel und klopfte ganz bescheiden ans Tor. Da schaute der heilige Petrus heraus, und Peter der Schmied erkannte in ihm seinen Schutzgeist, der ihn oft aus Not und Gefahr errettet und ihm zuletzt die drei Wünsche gewährt hatte. Jetzt aber sprach Petrus zu ihm: »Hebe dich weg von hier, der Himmel bleibt dir verschlossen; du hast das Beste zu wünschen vergessen, nämlich die ewige Seligkeit!«

Da wandte sich Peter und gedachte, sein Heil in der Hölle zu versuchen, und fand auch bald den breiten Weg dahin. Wie aber der Teufel hörte, daß der Schmied von Jüterbog da sei, schlug er ihm das Höllentor vor der Nase zu und rief alle seine Gesellen zur Verteidigung gegen ihn herbei.

Der Schmied von Jüterbog.

DER SCHMIED VON JÜTERBOG

Da nun der Schmied weder im Himmel noch in der Hölle Zuflucht fand und es ihm auf Erden gar nicht mehr gefallen wollte, so stieg er in den Kyffhäuserberg hinab zu Kaiser Friedrich, dessen Rüstmeister er einst gewesen war. Der Kaiser freute sich ungemein, einen so treuen Diener wiederzusehen, und fragte ihn sogleich, ob die alten Raben noch um den Berg flögen. Und als Peter das bejahte, seufzte der Rotbart. Der Schmied aber blieb bei dem Kaiser im Berge, wo er dessen Lieblingspferd und auch die Pferde der Prinzessinnen beschlägt, bis einst die Raben nicht mehr um den Berg fliegen und die Stuude der Erlösung schlägt. Das wird geschehen, so glaubt das Volk, wenn anf dem Ratsfelde beim Kyffhäuser ein dürrer, abgestorbener Birnbaum wieder zu grünen und blühen beginnt. Dann tritt der Kaiser mit all seinem Gefolge hervor, schlägt die große Befreiungsschlacht und hängt seinen Schild an den grünen Baum. Hierauf begibt er sich mit all den Seinen zur ewigen Ruhe.

Ludwig Bechstein.

Ein Traum.

In Ostfriesland herrschte nach dem Siebenjährigen Kriege große Not unter dem Volk. Die Franzosen hatten den Einwohnern alles genommen, was sie vorfanden, und Überschwemmungen hatten dem Lande viel Schaden getan.

Nun wohnte dort zu jener Zeit, und zwar nicht weit von der holländischen Grenze, ein armer Mann mit seiner Frau in einer kleinen Lehmhütte. Beide waren fleißig und sparsam. Als aber die kalten Wintertage kamen, stieg ihre Not aufs höchste.

Da hatte der Mann eines Morgens einen seltsamen Traum gehabt und sagte zu seiner Frau: »Ich gehe heute nach Emden. Mir hat nämlich geträumt, daß ich da auf der Brücke vor dem Rathaus mein Glück machen werde. Was sagst du dazu?«

»Träume sind Schäume,« antwortete die Frau, »aber du kannst es ja versuchen. Vielleicht findest du dort Arbeit, wenn du auch nicht reich wirst.«

Der Mann zog also feinen wärmsten Rock an und ging nach Emden, wo er zeitig auf der Rathausbrücke anlangte. Es war ein bitterkalter Tag, und niemand kümmerte sich um ihn, wie er da von Morgen bis Abend auf und ab ging. Schon wollte die Sonne sinken, und mit ihr seine Hoffnung, da trat ein Ratsherr an ihn heran nnd sagte: »Lieber Mann, ich sehe, Ihr geht hier den ganzen Tag auf der Brücke hin und her und haltet Euch selbst und den Weg warm. Erwartet Ihr jemand?«

»Ja und nein«, antwortete der Mann und erzählte dem Ratsherrn seinen Traum.

»Träume sind Schäume!« sprach dieser. »Wer das nicht glaubt und sein Bett verkauft, der liegt bald nackt und kalt im Stroh. Ich hatte einmal einen ähnlichen Traum. ‚Du mußt‘, so träumte mir, ‚über die Ems gehen und dich so und so wenden, erst rechts, dann links. Dann kommst du an einen Kreuzweg; an dem Kreuzweg steht ein Häuschen, vor dem Häuschen steht ein Birnbaum, und unter dem Birnbaum liegt ein Schatz begraben.‘ Aber meint Ihr, daß ich daran glaubte? ‚Träume sind Schäume‘, sagte ich mir und dachte nicht weiter daran.«

»Kann wohl sein, Herr, kann wohl sein,« sagte der Mann, »ich will deshalb auch lieber heimgehen. Guten Abend, Herr!«

»Guten Abend und glückliche Reise!« sprach der Ratsherr.

Der Arme ging anfangs langsam dahin, aber je weiter er kam, desto schneller wurde sein Schritt, bis er zuletzt förmlich lief und schweißtriefend vor seiner Lehmhütte anlangte.

Seine Frau saß mittlerweile am Herd und wartete auf ihn. Auf dem Herd stand ein Topf voll Kartoffeln, die kochten schon, aber der Mann wollte nicht kommen, und der Frau wurde angst. Endlich jedoch hörte sie draußen Schritte, die Tür ging auf, und atemlos stürzte er herein.

»Nun setz' dich und iß erst, dann erzähle!« sagte sie.

»Jetzt essen?« erwiderte er. »Dazu haben wir keine Zeit. Hole mir Spaten und Laterne, dann komm mit und hilf mir graben!«

Obgleich die arme Frau fast befürchtete, ihr Mann sei von Sinnen, so tat sie doch, was er ihr befohlen hatte, und in nicht gar langer Zeit fanden die beiden Schatzgräber unter dem Birnbaum einen irdenen Topf voll Geld!

An dem Kreuzwege wurde bald darauf ein neues, freundliches Häuschen gebaut. Die Bewohner hatten nicht nur ihr gutes Brot, sondern halfen auch andern Leuten gern, wenn es not tat. Im Hause aber stand auf dem Schrank der irdene Topf mit einer Schrift daran, die weder der Mann noch die Frau lesen konnte.

Da wurde es wieder einmal Herbst. Es hatte stark geregnet, und die Wege waren grundlos geworden. Ein holländischer Pfarrer trat ins Haus und fragte die guten Leute, ob er sich ein wenig bei ihnen ausruhen dürfe. Sein Wagen, sagte er, stecke nicht weit davon in dem weichen Lehmboden, und es werde wohl eine Stunde dauern, bis der Kutscher weiterfahren könne.

Der Herr Pastor wurde natürlich gebeten, den Ehrenplatz am Herde einzunehmen. Er ließ sich in den großen Lehnstuhl nieder und streckte die kalten Füße gegen das Herdfeuer. Wie er nun so dasaß, fiel ihm der irdene Topf oben auf dem Schrank in die Augen, und er fragte, was daran geschrieben stehe. Die Leute erzählten ihm, der Topf sei ein altes Erbstück, doch die Schrift könnten sie nicht lesen.

Der Pfarrer trat an den Schrank, besah das Gefäß von rechts und von links und sagte: »Nun, lesen kann ich die Schrift wohl: ‚Unter diesem Topf steht noch ein größerer': was das aber bedeutet, weiß ich auch nicht.«

Der Mann und die Frau sahen einander an, als wenn sie sagen wollten: »Wir aber wissen's jetzt«; doch ließen sie den Pfarrer nichts merken.

Mittlerweile war der Kutscher gekommen und meldete dem Pfarrer, er könne nun weiterfahren, der Wagen stehe vor der Tür, und damit nahm der fremde Herr Abschied.

Am Abend desselben Tages hoben Mann und Frau noch den zweiten und größeren Schatz, und auch damit haben sie in den Zeiten, wo das Land unter der Herrschaft Napoleons seufzte, recht viel Gutes getan.

T. Kerkhoff.

Der Zwerg und die Gerstenähre.

Ein reicher Bauer stand in seiner Scheune und schaute zufriedenen Herzens an, was ihm der Sommer und der Herbst gebracht hatten. Bis zum hohen Giebel hinauf war alles voll goldener Garben, und draußen auf dem Felde standen noch Hunderte, so reich war die Ernte gewesen. Dazu war das Stroh so lang und die Ähren so voll wie seit Jahren nicht.

Als er nun so dastand und an das Dreschen im Winter dachte, wie auch an die schweren Säcke Korn, die er dem Müller in der Stadt verkaufen wollte, und an die vielen blanken Taler, die er dafür nach Hause bringen würde, da raschelte etwas ganz leise in einem Haufen Stroh, der neben ihm lag. Der Bauer glaubte, es sei eine Maus, und faßte schon seinen Stock fester, um sie totzuschlagen. Allein wie verwunderte er sich, als statt der Maus eine kleine Gestalt aus dem Stroh hervortrat, die freilich nicht viel größer war, aber auf zwei Beinen ging und ein rotes Käppchen auf dem Kopfe trug! Dieses lüftete der kleine Wicht gar höflich und sprach mit feiner Stimme: »Herr Bauer, ich habe eine große Bitte an Euch.«

»Nun, was willst du denn, kleiner Mann?« fragte der.

»Wolltet Ihr wohl die Güte haben,« sprach der Zwerg, »mir täglich um diese Zeit eine Gerstenähre zu schenken? Es soll nicht zu Eurem Schaden sein.«

Der Bauer, der wohl wußte, daß man gegen solch kleines Volk freundlich sein muß, sprach: »Gewiß, das soll geschehen. Kommt nur immer um die Mittagsstunde her, dann gebe ich Euch gern, was Ihr begehrt.«

Damit trat er ein wenig beiseite, zog aus einer der Garben eine schöne Gerstenähre hervor und reichte sie dem Männlein. Das wandte sich mit nachdenklicher Miene gegen den Haufen Stroh, aus dem es hervorgekommen war, und sprach: »Ihr habt diesen großen Berg vor unsere Höhle geschoben. Wenn er da liegenbleibt, so kann ich mit Eurer freundlichen Gabe nicht in unsere Wohnung zurück.«

»Ist es weiter nichts?« sagte der Bauer und schob mit dem Fuß das Stroh beiseite. Es zeigte sich nun unten an der Wand eine Öffnung so groß wie ein

Mauseloch. Das Wichtlein lüftete wieder sein Käppchen, dankte dem Bauer, nahm die schwere Gerstenähre auf die Schulter und schleppte seine Last unter lautem Schnaufen davon. Den langen Halm in das Loch hineinzubringen, war ihm keine leichte Arbeit, und es dauerte wohl eine halbe Minute, bis der letzte Zipfel in der Öffnung verschwunden war.

Der Bauer ging von nun an alle Mittage in die Scheune und gab dem Zwerg seine Gerstenähre, und von dieser Zeit an gedieh sein Vieh auf eine wunderbare Weise, obgleich es weniger Futter und Pflege verlangte als sonst. Es war eine wahre Lust, die runden, fetten Schweine anzuschauen, die kaum aus den Augen sehen konnten und sich nur mit Mühe an den Futtertrog schleppten. Solch blanke Kühe wie auf seinem Hofe fand man weit und breit nicht. Sie gaben die fetteste Milch, und die Butter verkaufte die Bäuerin zu den allerhöchsten Preisen. Auch die Pferde, die doch täglich nur einige Handvoll Hafer und ein wenig Heu bekamen, waren glatt und schön und zogen Pflug und Wagen doppelt so gut als früher. Ähnlich ging es mit den Hühnern: sie legten fast das ganze Jahr hindurch, und manchmal sogar Eier mit zwei Dottern darin.

Dies alles gefiel dem Bauer und der Bäuerin gar wohl, und da sie recht gut wußten, wem sie den Segen zu verdanken hatten, so priesen sie das Zwerglein alle Tage und reichten ihm gern die gewohnte Gabe.

Eines Tages im Winter aber, als es draußen Stein und Bein fror, saß der Bauer allzu behaglich in seinem Lehnstuhl am warmen Ofen und wartete auf das Mittagessen. Jedesmal, wenn die Tür aufging, roch er schon sein Lieblingsgericht, nämlich Schweinsbraten mit Äpfeln und Pflaumen, und da wollte er natürlich nicht gern in die eisige Winterkälte hinaus, bloß um dem Kleinen in der Scheune seine Gerstenähre zu geben. Er rief deshalb einen seiner Knechte herbei und sagte ihm, was er tun solle.

Dieser, ein vorwitziger Mensch, hatte schon lange gewünscht, das seltsame Männchen zu sehen, von dem man sich im Dorfe die wunderlichsten Dinge erzählte. Und als er nun dem Wichtlein den Halm reichte, kitzelte er es ein wenig damit unter der Nase, so daß es ein possierliches Gesicht machte und anfing zu niesen. Darüber wollte sich der Knecht totlachen. Als aber der Zwerg sich mühte, die Gerstenähre in das Loch hineinzuschleppen, rief der grobe Kerl: »Nun seht doch, wie das kleine Ding zieht und zerrt, als ob der Halm ein Baum wäre!« Kurz, er verhöhnte das Männlein auf alle Weise. Dieses aber ward im Gesicht so blutrot wie seine Mütze und warf zornige Blicke um sich.

Am andern Tage, als der Bauer wieder selbst kam, um dem Wichtlein die Ähre zu geben, wartete er vergebens: es erschien niemand. Er rief es mit schmeichlerischen Worten und gab ihm die schönsten Namen, allein alles war umsonst. Auch am folgenden Mittag kam es nicht. Das Männlein war und blieb verschwunden.

Von nun ab ging alles auf dem Hofe den Krebsgang. Die Pferde, Kühe

DER ZWERG UND DIE GERSTENÄHRE

und Schweine fraßen ganze Berge von Futter auf, waren aber immer hungrig und wurden immer magerer. Den Pferden konnte der Bauer seinen Hut auf die Hüftknochen hängen, wenn er gewollt hätte, und ziehen wollten sie gar nicht mehr, weder Pflug noch Wagen. Die Kühe gaben nur noch die dünnste, blauste Milch, und an Verkauf von Butter war nicht mehr zu denken. Die Schweine rannten magerer als Windhunde unter den Eichbäumen umher, und die Hühner kriegten den Pips und legten Windeier, oder wenn sie einmal ein ordentliches Ei legten, so fraßen sie es selbst auf.

Wie oft hat der Bauer bereut, daß er damals nicht selbst hinausgegangen ist, um dem Zwerglein die gewohnte Gerstenähre zu reichen! Aber die Reue kam zu spät. Er hat denn auch schließlich all sein Hab und Gut mit großem Schaden verkauft und ist ins Ausland gezogen.

Heinrich Seidel.

Der Zwerg und die Gerstenähre.

Die teuren Eier.

In Kleve ritt einmal ein reicher holländischer Kaufmann in einem Gasthof ein und bestellte sich zwölf gekochte Eier. Als sie ihm aber gebracht wurden, konnte er sie nicht verzehren, weil eben ein Eilbote eintraf und ihn in einer dringenden Angelegenheit heimberief. Also verließ er sogleich das Haus, sprang wieder auf sein Pferd und ritt fort, ohne die Eier bezahlt zu haben.

Zehn Jahre später jedoch kehrte der Kaufmann wieder in demselben Gasthof ein. Da sagte er zu dem Wirt: »Ich schulde Euch noch das Geld für die Eier, die Ihr mir vor zehn Jahren kochen ließet. Wie groß ist die Summe?«

»Ja,« sagte der Wirt, »die werden Euch teuer genug zu stehen kommen, Herr.«

»Nun,« meinte der Kaufmann, »ich werde doch wohl ein Dutzend Eier bezahlen können!«

»Das ist eben die Frage«, entgegnete der Wirt. »Aber Ihr werdet ja sehen. Kommt nur morgen aufs Gericht, denn ich habe Euch längst verklagt.«

Der Kaufmann weigerte sich auch nicht. Und als sie nun am nächsten Morgen vor den Richter kamen, rechnete ihm der Wirt vor, aus den zwölf Eiern würden zwölf Küchlein gekommen sein, und die Küchlein würden wieder Eier gelegt haben, aus welchen wieder Küchlein gekommen sein würden, und so fort, zehn ganze Jahre lang, was zuletzt eine ungeheure Summe ausmachte. »Auf dieser Summe aber«, fügte er hinzu, »muß ich durchaus bestehen«, und der Richter verurteilte den Kaufmann auch wirklich dazu, sie zu zahlen.

Ganz niederschlagen verließ der reiche Herr den Gerichtssaal, denn er sah nun Armut und Not leibhaftig vor Augen. Da begegnete ihm ein altes Männlein, das sprach: »Herr, was habt Ihr Trauriges erlebt? Ihr seht ja aus wie die teure Zeit!«

»Ach,« seufzte der Kaufmann, »wozu soll ich Euch das alles erzählen? Ihr könnt mir doch nicht helfen.«

»Wer weiß?« versetzte der Alte. »Ich bin ein guter Ratgeber. Laßt hören!«

Nun erzählte ihm der Kaufmann die ganze Geschichte, und das Männlein sprach: »Wenn es weiter nichts ist, so geht nur gleich zum Richter und sagt ihm, die Sache müsse noch einmal verhandelt werden, denn Ihr hättet einen Rechtsanwalt gefunden. Dann will ich kommen und Euch beistehen.«

»Wenn Ihr das fertigbringt,« sagte der Kaufmann erleichterten Herzens, »so will ich Euch sechshundert Gulden geben!«

»Das wird sich finden«, meinte das Männchen. »Geht nur gleich hin!«

Das tat der Kaufmann, und der Richter setzte einen Tag fest, wo die Sache aufs neue zur Verhandlung kommen und er mit seinem Anwalt erscheinen solle.

Als nun der Gerichtstag kam, war der Holländer zeitig genug da, aber das Männlein kam nicht. Die Gerichtsherren hinter dem grünen Tische fragten schließlich den Kaufmann, wo denn sein Rechtsanwalt sei; die Stunde sei fast vorbei, nach deren Verlauf sie das erste Urteil bestätigen müßten. Da endlich erschien das Männchen, und die Richter wollten wissen, warum er denn so lange ausgeblieben sei.

»Ich habe erst Erbsen kochen müssen«, antwortete das Männchen.

»Was habt Ihr denn mit den Erbsen machen wollen?« fragten die Richter neugierig.

»Die habe ich pflanzen wollen«, gab der Alte zur Antwort.

»Ei,« lachten die Herren, »gekochte Erbsen pflanzt man doch nicht, sonst kommen ja keine Früchte!«

»Und von gekochten Eiern«, fiel das Männchen ein, »wären auch keine Küchlein gekommen! Darum seid so gut, ihr Herren, und sprecht dem Mann hier ein anderes Urteil, denn dieser schuldet dem Wirt ja nur eine kleine Summe für zwölf gekochte Eier, und die will er ihm auch gern zahlen.«

Das leuchtete den Richtern ein; sie sprachen ein anderes Urteil, und der holländische Kaufmann bezahlte dem Wirt das Dutzend Eier mit Zinsen. Als er aber dem Männlein danken wollte, war es verschwunden.

Karl Simrock.

Der starke Drescher.

Eine Geschichte von dem Berggeist Rübezahl.

Es lebte ein Bauer in Schlesien, der war steinreich. Man brauchte eine volle Stunde, um nur einmal über seine Felder zu gehen. Im Sommer stand überall das Korn so hoch, daß es ihn um eine Kopfeslänge überragte, und er selbst war wirklich nicht klein.

Aber so reich der Bauer war, so hartherzig und habgierig war er auch. Seine Knechte mußten doppelt soviel arbeiten wie die bei den anderen Bauern und erhielten doch nur halb soviel Lohn. Daher war er in der ganzen Umgegend als der ärgste Geizhals bekannt, und schließlich hörte auch Rübezahl, der Berggeist, davon. Dieser beschloß deshalb, den Bauer zu züchtigen. Das machte er aber so.

Er nahm die Gestalt eines Knechts an, aber eines sehr schwächlichen, und als solcher ging er zu dem Bauer und sprach: »Ach, Herr, nehmt mich doch als Drescher in Euren Dienst! Ich arbeite für zwei und verlange nur wenig Lohn.«

»Erst muß ich sehen, ob du auch stark genug bist«, sagte der Bauer und ging mit ihm in die Scheune, wo er dem Knecht Arbeit gab. Wie wunderte sich aber der Herr, als er sah, mit welcher Kraft und Gewandtheit der Knecht den Dreschflegel handhabte! Vom frühen Morgen bis zum späten Abend drosch er tapfer drauf los, ohne zu ermüden und ohne mehr als ein kleines Stück Brot dabei zu essen. Da rieb sich der geizige Bauer vergnügt die Hände, denn solch einen Knecht hatte er noch nie gehabt.

Als nun des Dreschers Zeit um war, bat er sich zum Lohn nur so viel Korn aus, wie er forttragen könne. Damit war sein Herr wohl zufrieden, weil er bei sich dachte, das würde ja nicht viel sein. Wie erstaunte er aber, als der kleine Kerl einen der größten Säcke nahm, ihn bis oben an den Rand füllte, und dann noch einen und zuletzt einen dritten und schließlich alle drei auf den Rücken schwang und damit forteilen wollte!

»Holla!« rief der Bauer und versuchte ihm die Säcke herunterzureißen. Doch ehe er sich's versah, drehte sich der dürre Drescher um, packte die ganze Scheune auf den Rücken und fuhr damit in die Lüfte, auf Nimmerwiedersehen!

Da erkannte der Bauer, daß es kein anderer gewesen war als der Berggeist Rübezahl, der ihn betrogen hatte. Er nahm sich aber die Züchtigung so zu Herzen, daß er sich fortan wohl hütete, seine Knechte je wieder zu schinden.

Ferdinand Goebel.

Die befreiten Seelen.

Vor der Seebachmühle hielt ein junger Stadtherr mit der Angelrute in der Hand und sprach einen alten Mann an, der vor der Tür saß: »Ihr seid der Müller, nicht wahr? Ich hätte Lust, Forellen zu angeln. Was verlangt Ihr für die Erlaubnis?«

»Wollt Ihr im Ober- oder im Untersee fischen?« fragte der Alte.

»Im Obersee.«

»Das kostet nichts.«

»Schön Dank.«

Der junge Fischer ging mit geschwinden Schritten dem Bach entgegen, welcher dem höher gelegenen See entfloß, und der Alte sah ihm mit listigem Augenblinzeln nach. Dann rückte er den hölzernen Stuhl aus dem Schatten und ließ sich die wärmende Morgensonne auf den kahlen Kopf scheinen. So saß er wohl eine Stunde lang, da kam der Angler wieder zurück; er sah sehr verdrossen aus.

»Nun?« fragte der Müller.

»Nichts habe ich gefangen«, erwiderte unwirsch der Stadtherr.

»Natürlich«, kicherte der Alte. »Fische fangen, wo keine sind, das kann nicht einmal der heilige Petrus. Und im Obersee gibt's keine Fische.«

»Das hättet Ihr mir gleich sagen sollen.«

»Warum seid Ihr so eilig davongerannt? Aber jetzt kommt mit mir an den Untersee! Dort werdet Ihr reichlich entschädigt werden. Und zu Mittag soll Euch meine Enkelin die Fische blausieden, und ein guter Trunk ist in der Seebachmühle auch zu haben.«

Gegen Mittag kam der Alte mit dem Fremden zurück, und letzterer sah sehr vergnügt drein. »Gebt mir die Fische«, sprach der Müller, »und setzt Euch auf die Bank, bis die Mahlzeit angerichtet ist!« Er trug den reichen Fang ins Haus und nahm dann Platz neben seinem Gast.

Der junge Stadtherr streckte behaglich seine bestiefelten Beine aus und reckte die Arme. »Wie kommt's denn, Alter,« fragte er, »daß es im Obersee keine Fische gibt?«

»Das will ich Euch berichten«, entgegnete der Müller. »Kein Mensch auf Erden weiß das besser als ich. Aber Ihr müßt mir versprechen, reinen Mund zu halten.« Seine grauen Augen funkelten seltsam, und mit gedämpfter Stimme begann er zu erzählen:

»Heutzutage läßt er sich nicht mehr blicken, aber noch vor dreißig Jahren konnte man ihn in mondhellen Nächten am Obersee sitzen sehen, und er war nicht so arg, als man ihn verschrien hatte.«

»Von wem sprecht Ihr?« fragte der Fremde.

»Ei, von meinem Duzbruder, dem Wassermann. Ich fing ihn im Netz und hielt ihn für einen Hecht. Aber als ich ihn ans Ufer gebracht hatte, verwandelte er sich in einen Mann mit langen Zähnen und grünen Haaren und bat mich winselnd um Erbarmen. Was war da zu machen? Ich löste ihn aus den Maschen, und dann wurden wir Freunde und tranken Brüderschaft miteinander.«

»Ihr habt mit dem Wassermann Brüderschaft getrunken?« fragte der Gast und sah den alten Müller mißtrauisch von der Seite an.

»So ist es, und ich habe nie einen lustigeren Kameraden gehabt. Eines Tages lud er mich zu Tisch. Zuvor gab er mir ein Ölfläschchen, und mit dem Öl mußte ich meinen Leib salben. Dann fuhren wir hinunter in den See, wohl fünfzig Klafter tief. Unten aber geleitete mich mein Kamerad in sein Haus, und dann ging's zur Mahlzeit. Schöne Nixen mit schillernden Augen trugen die dampfenden Schüsseln auf und schnalzten mit den schuppigen Schwänzen, daß es eine Lust war. Und Fische aller Art spielten uns zu Häupten wie hier oben die Schwalben und die Schmetterlinge.

Als wir uns gesättigt hatten, führte mich der Wassermann in einen Saal. Da standen irdene Töpfe, hundert und mehr, und in jedem Topf war ein Ticken vernehmbar wie von einer Wanduhr. ‚Das sind die Seelen der Menschen, die im See ertrunken sind‘, erklärte mein Wirt, und mir fuhr ein Schauer über den ganzen Leib. Es war aber auf jedem Topf der Name des Ertrunkenen geschrieben, und mehr als einer war mir bekannt.

Eine Woche später war Kirchtag in Seedorf, und da ich wußte, daß der Wassermann nie einen Kirchweihtanz versäumte, so schloß ich daraus, daß er an diesem Tage nicht zu Hause sein werde. Also salbte ich meinen Leib mit dem zauberkräftigen Öl und tauchte in den See, denn als Christenmensch hielt ich's für meine Pflicht, die gefangenen Seelen zu erlösen. Glücklich fand ich den Weg zu dem Haus des Wassermanns und kam in den Saal, wo die Töpfe standen. Wie Luftblasen stiegen die armen Seelen in die Höhe, als ich die Deckel hob, und ich hob sie alle bis auf einen. Dann sperrte ich in jeden Topf einen Fisch und machte, daß ich auf das Trockene kam.

Am nächsten Abend, als der Mond ins Wasser schien, legte ich mich auf die Lauer. Da sah ich ihn, den Wassermann meine ich, wie er mit einer Weidenrute ingrimmig in den See schlug; dazu schrie er:

›Forelle, Hecht und Aal,
Packt euch allzumal!
Fort, ihr Seelenfresser,
Fort aus meinem Gewässer!‹

Ich schlich mich näher heran und sah, wie die Fische, die blinkenden Rücken aneinandergedrängt, den Bach hinunterflohen bis in den Untersee. Und seit jenem Tag ist der Obersee leer von Fischen. Der Wassermann duldet in seinem Gebiet keinen einzigen mehr, weil er meint, sie hätten ihm die Seelen aufgefressen. Über den Untersee aber hat er keine Gewalt; das macht der Bildstock am Ufer.«

»Und ist der Wassermann nicht hinter Eure Schliche gekommen?« fragte der Fremde.

»Das fürchte ich eben«, versetzte der Alte. »Und ich hüte mich wohl, dem Obersee nahe zu kommen. Aber es hilft alles nichts. Einmal muß ich doch noch hinunter, um die letzte Seele zu befreien, die ich damals vergessen habe.«

»Was war das für eine Seele?«

Der Alte stockte. Endlich sprach er scheu: »Es war die Seele einer bitterbösen Frau, und weil sie mir das Leben zur Hölle gemacht, bevor sie im See ertrank, so wollte ich sie noch eine Weile in dem Topf zappeln lassen.«

Der Stadtherr schauderte. Der alte Müller aber erhob sich von seinem Sitz, legte den Finger auf den Mund und ging ins Haus.

Jetzt erschien auf der Türschwelle ein hübsches blondgezöpftes Mädchen mit weißer Schürze und meldete, die Fische seien angerichtet. »Gelt,« setzte sie hinzu, »der Großvater hat Euch allerhand närrisches Zeug erzählt? Der Arme ist vor zwei Jahren in das Mühlenwehr geraten und mit knapper Not herausgezogen worden. Seit der Zeit ist es hier« — sie tippte mit dem Finger auf die Stirn — »nicht ganz richtig mit ihm, aber er tut niemandem etwas zuleide.«

Darauf führte sie den hungrigen Gast in das Haus, und dieser labte sich an den blaugesottenen Forellen und an dem kühlen Landwein, den ihm die Schöne einschenkte. Der alte Müller kam nicht mehr zum Vorschein.

Als der Fremde im nächsten Sommer wieder in der Seebachmühle vorsprach, trug das blonde Mädchen ein schwarzes Gewand: sie trauerte um den Großvater, der im Obersee ertrunken war.

Die befreiten Seelen.

»In der letzten Zeit«, sprach sie mit nassen Augen, »war er ganz verwirrt und redete immer von seiner Schwiegermutter, die er erlösen müsse. — — — Gott sei seiner armen Seele gnädig!«

Rudolf Baumbach.

Der arme Musikant und sein Kollege.

Im Prater, dem großen öffentlichen Park der alten Kaiserstadt Wien, wurde an einem herrlichen Sommertage ein Volksfest gefeiert, zu dem sich Tausende von geputzten und fröhlichen Menschen eingefunden hatten. Hier und da sah man aber auch schlecht gekleidete Bettler, Orgelmänner, Harfenspieler, Geiger und andere verschämte Arme, die auf milde Gaben von ihren glücklicheren Mitmenschen hofften und in der Tat manchen Kreuzer davontrugen. Nur einem war es noch nicht gelungen, die Aufmerksamkeit der Vorübergehenden auf sich zu lenken, obgleich er sich die größte Mühe zu geben schien: das war ein alter grauköpfiger Geiger.

Schon lange stand er im Schatten eines hohen, breiten Baumes und fiedelte tüchtig drauf los. Die rechte Hand, die den Bogen führte, hatte nur drei Finger. Sein Gesicht war durch eine tiefe Narbe entstellt. Das eine Bein war vom Knie herab von Holz. Um seine Schultern hing ein abgetragener Soldatenmantel. Kurz, alles kennzeichnete ihn als Invaliden, und wer ihn kannte, der wußte auch, daß er im Jahre 1809 tapfer mitgefochten hatte in der Schlacht bei Aspern, wo Erzherzog Karl den bis dahin unbesiegten Napoleon schlug.

Freilich genoß der Alte eine kleine Pension; da diese aber nicht zu seinem Lebensunterhalt genügte, so hatte er sich auf die Musik verlegt, die er sozusagen von seinem Vater ererbt hatte, denn der war ein Böhme gewesen, und die Böhmen sind ja alle von Natur musikalisch.

Vor unserm Geiger, der sich manchmal zur Stütze an den Baumstamm lehnte, saß aufrecht und mit des Invaliden Hut im Maule sein treuer Pudel, um etwaige hingeworfene Geldstücke einzusammeln. Bis zur späten Nachmittagstunde jedoch war der Hut noch ganz leer, und wenn es so weiterging, mußten Herr und Hund sich ohne Abendbrot schlafen legen.

Da trat aus der vorbeiwogenden Menge ein fein gekleideter Herr hervor, der den Alten schon eine Zeitlang beobachtet hatte, drückte ihm ein Goldstück in die Hand und sprach freundlich, aber in gebrochenem Deutsch: »Leiht mir doch Eure Geige auf ein Stündchen! Ihr seid schon müde, und ich bin noch frisch.«

Mit einem Blick des Dankes reichte der Geiger sein Instrument dem Fremden,

DER ARME MUSIKANT UND SEIN KOLLEGE

denn was dieser wollte, konnte er sich wohl denken. Auch war die Geige keine von den schlechtesten, und nachdem der Herr sie ordentlich gestimmt hatte, klang sie fast glockenrein.

»Jetzt, Kollege,« sprach er endlich, »will ich den Leuten eins aufspielen, und Ihr mögt das Geld annehmen.« Damit fing er an zu spielen, daß der Alte neugierig die Geige betrachtete und meinte, es sei seine eigene gar nicht mehr, so hell und voll, so freudig und dann wieder so traurig und klagend quollen die Töne aus ihr hervor.

Nun blieben auch die Vorübergehenden stehen und wunderten sich des seltsamen Schauspiels. Selbst die Kutschen der Vornehmen hielten an, und bald regnete es nicht nur Kupfer, sondern auch Silber und Gold in den Hut, so daß der Pudel ihn nicht mehr halten konnte und vor Ärger oder Vergnügen zu knurren begann.

»Macht den Hut leer!« riefen die Leute dem Invaliden zu. »Er wird leicht noch einmal voll.« Das tat der Alte denn auch, und richtig! bald mußte er ihn zum zweiten Male in den Sack leeren, in welchem er seine Violine zu tragen pflegte.

Der Fremde aber stand da mit leuchtenden Augen vor der ungeheuren Menschenmasse und entzückte mit seinem Spiel aller Herzen. Ein Bravo folgte dem andern, und keiner wich vom Platze.

Als nun aber des Invaliden Kollege schließlich in die Melodie der österreichischen Nationalhymne »Gott erhalte Franz, den Kaiser!« überging, da flogen Hüte und Mützen von den Köpfen, und ein jeder sang das Lied bis zu Ende mit. Rasch gab der Unbekannte dann die Geige dem Alten zurück und verschwand, ehe dieser ihm noch ein Wort des Dankes sagen konnte.

»Wer war das?« rief das Volk.

Da trat ein Herr vor und sagte: »Ich kenne ihn wohl, es war der berühmte Alexander Boucher, der hier seine Kunst im Dienste der Barmherzigkeit übte. Laßt uns aber auch seinem edlen Beispiel folgen!«

Damit nahm er seinen eigenen Hut, ging herum und sammelte noch einmal, und aufs neue flogen die Geldstücke hinein. Dann rief er laut: »Boucher lebe hoch!« »Hoch! hoch! hoch!« rief das Volk, und der alte Musikant, dem die Tränen in den Augen standen, faltete die Hände und sprach ein inbrünstiges Gebet für seinen Kollegen.

W. O. von Horn.

Das Gegengeschenk.

Ein großer Herr hatte sich einmal im Walde verirrt und kam gegen Abend an die Hütte eines armen Köhlers. Der war selbst über Land, und die Frau kannte den gnädigen Herrn nicht, doch beherbergte sie ihn, so gut sie konnte, setzte ihm von ihren besten Erdäpfeln vor und sagte, er müsse leider auf dem Heuboden schlafen, denn es sei nur ein einziges Bett im Hause.

Da nun aber der große Herr auch großen Hunger mitgebracht hatte und todmüde war, so schmeckten ihm die Erdäpfel so gut wie die frischesten Eidotter, und auf dem duftenden Heu schlief er besser als auf den weichsten Daunen. Das rühmte er denn auch gegen die Frau, als er sich am nächsten Morgen wieder auf den Weg machen wollte, und schenkte ihr dabei ein Goldstück, welches sie zum Andenken behalten solle.

Sobald der Köhler heimkehrte, erzählte ihm seine Frau von dem vornehmen Gast und zeigte ihm das Geschenk. Aus der Beschreibung, die sie ihm von dem hohen Herrn machte, schloß der Köhler ganz richtig, daß es der Fürst des Landes gewesen war, und sagte: »Es freut mich ungemein, daß ihm die Erdäpfel wie Eidotter geschmeckt haben, doch ein Wunder ist es nicht, denn bessere wachsen nirgends auf der Welt als hier in unserm sandigen Waldboden. Allein ein Goldstück für ein bescheidenes Abendbrot und eine Nacht auf dem Heuboden, das ist allzuviel! Ich will mich nächster Tage aufmachen und dem Fürsten einen ordentlichen Korbvoll Erdäpfel bringen; er wird sie wohl nicht ausschlagen.«

Es dauerte keine acht Tage, so stand auch der Köhler in seinem Sonntagsrock und mit dem Korb in der Hand vor dem fürstlichen Schloß und begehrte Einlaß. Anfangs wollten ihn die Schildwachen und Lakaien nicht durchlassen; er kehrte sich aber wenig daran und sagte, sie sollten dem Fürsten nur melden, daß er ja nichts von ihm begehre, sondern etwas bringe, und wer etwas bringe, der sei doch überall willkommen.

So kam er denn auch wirklich in den Audienzsaal und sprach: »Gnädiger Herr, Ihr habt neulich bei mir zu Hause geherbergt und eine Schüssel Erdäpfel nebst einem Nachtlager auf dem Heu mit einem Dukaten bezahlt. Das war zuviel,

DAS GEGENGESCHENK

obschon Ihr ein großer Herr seid. Darum bringe ich Euch noch ein Körbchen von den Erdäpfeln, die Euch wie frische Eidotter geschmeckt haben. Mögen sie Euch wohl bekommen, und wenn Ihr wieder einmal bei uns einkehrt, so stehen Euch noch mehr zu Diensten.«

Die Einfalt und Herzlichkeit des guten Mannes gefielen dem Fürsten gar sehr, und weil er auch gerade bei guter Laune war, schenkte er ihm einen Hof mit dreißig Acker Land.

Nun hatte aber der Köhler einen reichen Bruder, der neidisch und habsüchtig war. Als dieser von dem Glück des Köhlers hörte, dachte er: »Das könnte mir auch blühen. Ich hab' ein Pferd, das dem Fürsten gefällt; doch meinte er neulich, als ich sechzig Dukaten dafür forderte, es sei ihm zu teuer. Jetzt geh' ich hin und schenk' es ihm, denn hat er dem Bruder einen Hof mit dreißig Acker Land für ein Körbchen Erdäpfel geschenkt, so wird mir gewiß noch ein viel größeres Gegengeschenk zuteil.«

Da nahm er das Pferd aus dem Stall und führte es stracks vor das fürstliche Schloß, ließ seinen Knecht damit halten und drängte sich geradeswegs durch die Schildwachen und Lakaien in das Audienzzimmer.

»Fürstliche Gnaden,« sagte er, »ich weiß, daß Euch mein Pferd neulich in die Augen gestochen hat. Für Geld hab' ich es damals nicht lassen wollen, aber seid jetzt so gnädig und nehmt es zum Geschenk von mir an! Es steht schon draußen vor dem Schloß und ist ein so stattliches Tier, wie Ihr kaum eins in Eurem Marstall habt.«

Der Fürst merkte sogleich, wo der Hase hüpfte, und dachte bei sich: »Warte nur, du Gaudieb, dich will ich bezahlen!«

»Ich nehme Euer Pferd von Herzen gern an, lieber Mann,« sprach er, »obgleich ich kaum weiß, was ich Euch dafür zum Gegengeschenk geben soll. Doch es fällt mir eben ein, daß ich ein Körbchen Erdäpfel stehen habe, die wie frische Eidotter schmecken und mir einen Hof mit dreißig Acker Land gekostet haben. Damit ist Euer Pferd reichlich bezahlt, ich hätte es ja neulich für sechzig Dukaten haben können.«

Darauf ließ der schlaue Herr dem Manne das Körbchen mit Erdäpfeln reichen und entließ ihn in Gnaden. Das Pferd aber ward in den fürstlichen Marstall geführt.

Karl Simrock.

Wie der alte Hermesbauer gestorben ist.

Auf einer kleinen Anhöhe liegt der Hermeshof und schaut weit ins stille Tal nach Zell hinab bis zur Wallfahrtskirche. In diese war der alte Bauer, solange er noch gesund war, manchen Samstag gewandelt »der Mutter Gottes zuliebe«, und als er krank und kränker ward, hatte er manchmal seine Kinder in die Kapelle hinabgesandt, damit sie um eine glückliche Sterbestunde beteten. Der Kaplan von Zell aber brachte ihm öfters die heilige Wegzehrung. Darum fürchtete der Hermesbauer das Sterben auch nicht.

Es war ein heißer Sommertag, als der Sensenmann auf dem Hermeshof anklopfte, um den Bauer zu seiner Frau, die schon seit Jahren auf dem Kirchhofe von Zell ruhte, abzuholen. Die Kinder, alle erwachsen, umstanden das Sterbelager des Vaters. Drunten im Tal arbeiteten Knechte und Mägde, um die Weizenernte heimzubringen. Drüben von der Kinzig her zog ein Gewitter dem Tale zu. Schon rollte der Donner in der Ferne.

»Der Himmel selbst flammt auf, wenn Fürsten sterben«, sagt Shakespeare, und ein deutscher Hofbauer ist auch ein Fürst. Er war es wenigstens noch zu Zeiten des alten Hermesbauern. Der hörte im Sterben die Stimme des kommenden Wetters und wußte, daß die Ernte drunten lag am Fuße des Hügels.

»Ich kann allein sterben«, hub der Alte zu seinen Kindern zu reden an. »Helft ihr drunten den Leuten Garben binden und sorgt für euer Brot zur Winterszeit! Ich brauch' keins mehr, ich wart' auf den Winter drunten im Gottesacker.«

Hinter dem uralten Kasten in der Sterbekammer stand eine alte, lange Flinte, im Hause von jeher nur »der Brummler« genannt. Schon der Urahn des Sterbenden hatte mit dem Brummler das Neujahr und die Kirchweih ins Tal hinuntergeschossen. Mit ihm wollte auch der sterbende Hermesbauer seinen Tod ansagen. »Legt mir den Brummler«, so sprach er weiter, »geladen unters Kammerfenster und bindet ans Schloß eine Schnur! Die gebt ihr mir in die Hand.« So geschah es, und alsdann redete der Alte weiter: »So, jetzt geht ihr hinab und helft Garben binden, und der Vater wartet auf den Tod. Wenn der kommt, zieh' ich die Schnur am Brummler. Wenn ihr den im Tal drunten hört, dann kniet nieder und betet ein Vaterunser und

WIE DER ALTE HERMESBAUER GESTORBEN IST   33

‚Herr, gib ihm die ewige Ruhe!' — denn euer Vater ist tot. Und jetzt behüt' euch Gott! Bleibt brav, wie Vater und Mutter es gewesen sind!«

Nun gab er jedem seiner Kinder die Hand zum Abschied und mahnte sie zur Eile mit den Worten: »Aber jetzt geht schnell, 's donnert schon wieder.«

Der Alte hatte allezeit seinen Willen, fest wie Eisen. Sein letzter Wille aber war heute wie Diamant. Die Kinder, immer gewohnt, ihm zu folgen, gehorchten auch hier. Weinend gingen sie den Hügel hinab, und unter Tränen banden sie ihre Garben. Tränenden Auges schauten sie von Zeit zu Zeit von der Arbeit hinauf zum Hermeshof, ob sie nicht vor dem Donnern des Himmels den Brummler überhört hätten.

Eben war die letzte Garbe gebunden und geladen, da fuhren Blitz und Schlag übers Tal hin. Eine plötzliche Stille folgte dem Zucken und Rollen vom Himmel her — da fällt ein Schuß vom Hof herab: der Brummler gibt das Todessignal des Vaters. Neben dem Erntewagen knieen die Kinder und beten ein Vaterunser und »Herr, gib ihm die ewige Ruhe, und das ewige Licht leuchte ihm!«. Dann fahren sie ihre Garben den Berg hinauf ins Vaterhaus. Der Vater ist tot, da sie seine Stube betreten. Die Ernte ist daheim, und der Vater auch.

Heinrich Hansjakob.

Bruder Klaus und die treuen Tiere.

Es war einmal ein frommer Einsiedel, den die Leute Bruder Klaus hießen. Im Schatten alter Eichen auf einer Waldwiese stand seine Zelle, und drei Kameraden teilten mit ihm den engen Raum, ein Fuchs, ein Waldkater und ein Hase. Er hatte die Tiere von ihrer frühsten Jugend an aufgezogen, und da war es ihm nicht schwer geworden, sie so aneinander zu gewöhnen, daß sie wie Geschwister aus e i n e r Schüssel aßen und auf e i n e m Lager schliefen.

Bruder Klaus lebte gerade nicht schlecht. Die umwohnenden Bauern versorgten ihn reichlich mit Speise und Trank, und daher litten auch die drei Tiere keinen Mangel.

Aber es kamen schlimme Zeiten. Mißwachs und Hagelschlag hatten die Erntehoffnung zunichte gemacht, und die Liebesgaben der Landleute flossen spärlich. Am Ende, als der bleiche Hunger durch die Dorfgassen schlich, blieben die Spenden ganz aus, und der arme Einsiedel sah sich auf die Früchte des Waldes angewiesen. Aber die Holzäpfel und die Schlehen wollten ihm gar nicht behagen, und er magerte sichtlich ab.

Die Not ihres Herrn ging den drei Tieren sehr zu Herzen, zumal da sie selber unter dem Mangel schwer zu leiden hatten. Am besten noch befand sich der Hase, denn in der Umgebung der Einsiedelei wuchs Gras und Klee in Menge, aber Kater und Fuchs vermißten schmerzlich die fetten Bissen, die ihnen Bruder Klaus vordem gereicht hatte, und sie begannen, den Hasen mit scheelen Augen anzusehen.

Eines Tages, als der letztere im Bergklee seine Mahlzeit hielt, traten Fuchs und Kater vor den Einsiedel, und der Fuchs hub also an zu sprechen:

»Lieber Vater! So kann es nicht länger fortgehen. Allzulange schon entbehrst du kräftiger Nahrung, und die Kutte schlottert bedenklich um deinen abgezehrten Leib. Wie wäre es, wenn wir den Langgeöhrten schlachteten und brieten? Ein saftiger Hasenrücken würde dir guttun, und überdies ist es ja der Hasen Bestimmung, in der Pfanne zu schmoren.«

So sprach der Fuchs. Aber Bruder Klaus runzelte die Stirn und sprach zürnend:

BRUDER KLAUS UND DIE TREUEN TIERE

»Mitnichten, du Arger! Der Hase hat, wie ihr beide auch, Salz und Brot mit mir gegessen. Ferne sei es von mir, das heilige Gastrecht in schnöder Weise zu verletzen! Hebet euch weg!«

Jetzt ergriff der Waldkater das Wort und sprach schmeichelnd: »Deine Rede, mein Vater, klingt lieblich wie Harfensaiten und Schalmeien. Wie aber, wenn der Hase selbst sich erböte, den Opfertod für dich zu leiden?«

»Dann freilich — — —« sprach Bruder Klaus und zog die Schultern in die Höhe. »Aber das wird der Hase wohl bleibenlassen.«

Mit diesen Worten entließ er die Tiere.

Am andern Morgen, als der Einsiedel eine Wassersuppe genossen und sein Glöcklein geläutet hatte und ausruhend auf der Steinbank vor der Tür saß, kamen Fuchs, Kater und Hase heran, stellten sich vor der Bank auf und verneigten sich. Dann nahm der Fuchs das Wort:

»Bruder Klaus, du bist uns allezeit ein gütiger Herr gewesen und hast jeden Bissen mit uns geteilt. Darum halten wir es für unsere Pflicht, dir jetzt, da du Not leidest, nach Kräften beizustehen und dein teures Leben zu fristen. Es ist notwendig, daß du Fleischnahrung zu dir nehmest. Vergönne mir, mein Vater, daß ich für dich in den Tod gehe! Hier stehe ich. Tu mit mir nach deinem Gefallen!«

Da sprach der Waldkater: »Freund, du sprichst wie ein Tor. Weißt du nicht, daß Fuchsfleisch eine höchst ungesunde Speise ist? Willst du unsern Wohltäter vor der Zeit unter den Rasen bringen?«

Der Fuchs seufzte tief auf. Bruder Klaus aber sprach gerührt: »Lebe, du treues Tier, und freue dich deines Lebens!«

Darnach erhob der Kater seine Stimme: »Wenn schon einer von uns sein Leben lassen soll, so will ich der eine sein. Herr, nimm mein Opfer an, ich bitte dich!«

»So?« sprach der Fuchs. »Glaubst du etwas Besseres zu sein als ich — du, ein fleischfressendes Krallentier? Nein, Herr, das Fleisch dieses Maushundes, dem die Knochen allenthalben hervorstehen wie die Dornen am Schlehbusch, darfst du nimmermehr genießen!«

»Geh hin, mein Freund!« sprach Bruder Klaus zu dem Kater. »Der Wille, nicht die Gabe macht den Geber. Ich danke dir. Dein Opfer nehme ich nicht an.«

Jetzt, meinte der Hase, dürfe er, ohne sich den Vorwurf des Undanks zuzuziehen, hinter seinen beiden Gesellen nicht zurückbleiben, zumal da er nicht zu befürchten habe, beim Wort genommen zu werden. Er verneigte sich also vor dem Einsiedel und sprach:

»Wenn ich auch zuletzt komme, so ist doch mein Eifer dir zu dienen nicht geringer als der meiner Kameraden. Nimm mich hin, ehrwürdiger Vater! Ich sterbe gern für dich.«

Bruder Klaus und die treuen Tiere.

BRUDER KLAUS UND DIE TREUEN TIERE

Da fuhr Bruder Klaus mit dem Ärmel seines härenen Gewandes über die feuchten Augen, beugte sich zu dem Hasen nieder und ergriff ihn bei den Ohren.

»Dir werde dein Wille, du treues Tier!« sprach er und trug den Hasen in die Klause.

Nach einiger Zeit kam er zurück und hängte den blutigen Hasenbalg auf einen Pfahl seines Zaunes zum Trocknen auf. In seinen Augen aber leuchteten Tränen der Rührung.

Am Abend gab es in der Klause Hasenpfeffer und am nächsten Mittag Hasenbraten mit Kraut, und unter dem Tisch saßen Fuchs und Kater und labten sich an den Knöchelchen, welche der Einsiedel den treuen Tieren zuwarf.

Rudolf Baumbach.

Der bekehrte Stiefelknecht.

In der Amtsstube des Amtmanns stand ein Stiefelknecht, der brummte unzufrieden vor sich hin: »Es ist doch ein jämmerlich Ding um das Leben, wenn man immer so im Winkel stehen und auf die Herren Stiefel warten muß! Und wie beschmutzt kommen sie oft an, wie grob behandeln sie mich armen Knecht! Wenn ich den einen ausziehe, so tritt mich der andere. Ja, die Stiefel haben's gut, die bekommen die Welt zu sehen. Während ich hier in der dunklen Ecke stehe, gehen sie im Sonnenschein spazieren, und wenn sie müde heimkommen, dann heißt's: ‚Stiefelknecht her!', und ich muß die großen Herren ausziehen, sie aber machen sich's bequem.«

Die Stiefel, denen diese Rede galt, gehörten dem Schreiber. Er hatte sie ausgezogen und an die Wand gestellt, denn in der Amtsstube trug er lieber ein Paar weiche Schlappschuhe an den Füßen. Bei der Rede des unzufriedenen Stiefelknechts machten beide Stiefel lange Schäfte, gerade wie die Menschen bei anzüglichen Reden anderer Leute lange Gesichter zu machen pflegen.

Da stieß der Stiefel des rechten Beines den Stiefel des linken Beines an und sprach: »Hast du's gehört, Bruder? Der dumme Stiefelknecht nennt uns Herren und meint, wir hätten's gut, weil er nicht weiß, wie gut er selber daran ist. Der Lump hat den leichtesten Dienst von uns allen. Aber wir, wir werden den ganzen Tag durch dick und dünn gejagt. Im Sommer ersticken wir fast vor Staub, im Winter frieren wir steif im Schnee, und wenn's regnet, ersaufen wir fast. Und dann — ach! das Pflaster und all die scharfen Steine, die auch kein Erbarmen kennen! Ich möchte nur wissen, wieviel Haut sie mir heute schon wieder abgekratzt haben, denn ich glaube wahrhaftig, ich bin jetzt unten beinah durchsichtig geworden. Es ist ein mühseliges Leben, wenn man immer den Diener spielen muß.«

Der Stiefelknecht horchte auf.

»Bruder,« sprach jetzt der Stiefel vom linken Bein zu dem Stiefel vom rechten Bein, »das ewige Treten wollte ich mir noch gefallen lassen, aber das Rumpeln mit der Bürste am Abend oder am frühen Morgen, das verdrießt mich am meisten. Ich möchte bloß wissen, warum wir bei all unserm Elend auch noch glänzen sollen.

DER BEKEHRTE STIEFELKNECHT

Da hat's unser Herr, der Schreiber, gut. Dort sitzt er bequem auf seinem Bock und schreibt. Wenn ich doch auch ein Schreiber wäre!«

»Das meine ich auch«, seufzte der Stiefelknecht.

Der Schreiber spritzte seine Feder aus, reckte sich ein wenig und seufzte: »Gottlob, daß wieder ein Tag vorbei ist! So ein Schreiber hat doch das jämmerlichste Leben. Was ist er anders als ein armseliger Federknecht? Da lob' ich mir's, wenn man sein eigener Herr ist, wie der Amtmann. Der arbeitet nur, wenn er Lust hat, und wird alle Tage dicker. Ich habe die Plackerei satt. Ja, wäre ich doch auch Amtmann!«

Er zog seufzend die Stiefel an und steckte die Schlappschuhe in die Tasche seines fadenscheinigen Rockes. Da trat der Herr Amtmann ein und sagte brummig: »Du kannst nach Hause gehen, es ist Feierabend. Du weißt gar nicht, wie gut du's hast.«

»Der höhnt auch noch«, dachte der Schreiber, machte einen ungeschickten Bückling und ging, und die Stiefel knarrten.

Der Amtmann ging in seine Wohnstube zurück. Weil er aber die Tür offen stehen ließ, konnte der Stiefelknecht alles hören, was darin vorging, und bald hörte er auch den Amtmann im tiefsten Baß brummen: »Da läuft er hin, der lockere Schreiber. *Das* Volk hat's gut! Nun setzt er sich zu einem Glase Bier und schmaucht in aller Ruhe seine Pfeife. Und ich? Bis morgen soll die Arbeit fertig sein. Da liegt sie, noch kaum angefangen. Was nur der Herr Minister denkt! Immer mehr Arbeit und keinen Heller Zulage! Der Geier hole solchen Dienst! Ach, wenn ich doch mein eigener Herr wäre! Ja, ja, der Minister hat gut befehlen.«

»Sonderbar!« dachte der Stiefelknecht. »Der Dicke klagt auch.«

Da pochte es an der Tür. »Herein!« rief der Amtmann. Es war sein Hausarzt.

»Gut, daß Sie kommen, Herr Doktor«, sagte der Amtmann. »Ich befinde mich gar nicht wohl und muß noch die Nacht hindurch arbeiten. O der Dienst, der Dienst!«

Der Doktor befühlte des Amtmanns Puls und besah ihm die Zunge; dann sagte er: »Legen Sie sich schlafen, bester Freund! Ihnen fehlt weiter nichts als Ruhe.«

»Jawohl, schlafen!« brummte der Amtmann. »Doktorchen, Sie haben's gut. Sie sind Ihr eigener Herr.«

Der Doktor hielt sich den Bauch vor Lachen und rief: »Ich mein eigener Herr? Aller Welt Diener bin ich. Tag und Nacht läßt man mir keine Ruhe. Glauben Sie mir, lieber Freund, der Arzt ist die geplagteste aller Kreaturen. Ja, wenn ich mein eigener Herr wäre! So viele Kranke es in der Stadt gibt, so viele Herren habe ich, und Herrinnen dazu, und ich sage Ihnen, gerade die Herrinnen verstehen's am besten, mich zu quälen!«

Der Doktor ging, und der Stiefelknecht dachte: »Wieder ein Knecht mehr. Ich bekomme viel Gesellschaft.«

Da klopfte es wieder, und der Herr Minister trat herein und entschuldigte sich höflich, daß er noch so spät komme.

»Endlich mal ein wirklicher Herr!« dachte der Stiefelknecht bei sich.

»Mein lieber Herr Amtmann,« sprach der Minister, »schaffen Sie mir gefälligst bis morgen früh die Schriftstücke, welche auf diesem Bogen hier verzeichnet stehen; ich brauche sie notwendig. Ich komme eben vom Fürsten; er ist in der übelsten Laune, und ich habe einen schweren Stand mit ihm gehabt. Am liebsten hätte ich sogleich mein Abschiedsgesuch eingereicht, dann wäre ich mein eigener Herr.«

Bei diesen Worten horchte der Stiefelknecht hoch auf.

»Aber es geht nicht«, fuhr der Minister fort. »Ich darf den Fürsten, meinen allergnädigsten Herrn, nicht im Stich lassen.«

»Was ist denn geschehen?« fragte der Amtmann erschrocken.

»Ach!« seufzte der Minister, »wir sollen Geld schaffen, viel Geld, und alle Kassen sind doch leer. Glauben Sie mir, kein Mensch hat's so sauer wie ein Minister!«

»Aber wozu brauchen wir denn Geld?« fragte der Amtmann. »Sollen wir etwa Zulage erhalten?«

»Zulage?!« rief der Minister. »Nein, sicher nicht! Eher könnte es Abzüge geben! Der Krieg ist vor den Toren, das Heer wird auf den Kriegsfuß gesetzt, und dazu braucht der Fürst Geld, Geld und wiederum Geld! Der arme Herr hat keine ruhige Stunde mehr, die Sorgen lassen ihn nicht schlafen. Kurz, es ist eine böse Zeit.«

Der Minister seufzte, der Amtmann seufzte auch; der Stiefelknecht aber seufzte nicht. Er hatte alles mit angehört und lachte nun in sich hinein: »Knechte, lauter Knechte! Nicht einmal der Landesfürst ist sein eigener Herr!«

Und von dieser Stunde an war der Stiefelknecht mit seinem bescheidenen Lose zufrieden und diente den Herren Stiefeln als geduldiger Knecht.

Julius Sturm.

Die Wunderlampe.

Bei den Bauern oben in den Bergen wurden wir Schneider für die langen Winterabende zumeist mit Spanlicht bedient. Das war ein ehrliches, gesundes Licht und uns lieber als Kerzenlicht.

Wenn wir den ganzen, langen Abend bei solchen Unschlittschwänzlein nadeln sollten, von denen volle zwölf auf ein Pfund gingen, da sagte mein guter Meister manchmal: »Hausfrau, das ewige Lämplein in der Kirche ist mir lieber als dein Licht da.« Dann antwortete die Hausfrau wohl: »Meine Gießform ist leider nicht größer«, denn sie goß die Kerzen selber.

Beim Kaufmann jedoch brannten wir größere Kerzen, von denen acht oder sogar nur sechs auf ein Pfund gingen. Die gaben freilich einen helleren Schein, das heißt, wenn sie ordentlich geschneuzt wurden; trotzdem besorgten wir alle feineren Arbeiten beim lieben Tagesschein und verschoben die gröberen Sachen auf das Kerzenlicht.

Einmal nun im Advent arbeiteten wir beim Kaufmann. Dieser kehrte spätabends von Graz heim. Als er uns um das matte Kerzenlicht kauern und lugen sah, klopfte er den Schnee von den Schuhen, blinzelte uns an und sagte: »Na, Schneider, heut' hab' ich was heimgebracht für euch!«

Und als die Waren ausgepackt wurden, da kam eine stattliche Öllampe zum Vorschein und ein langes Rohr aus Glas dazu und ein grüner Papierschirm und ein Zwilchstreifen und ein kleines, feuchtes Fäßlein.

»Was du alles für Sachen hast!« sagte mein Meister.

»Das alles miteinander«, berichtete der Kaufmann, »gehört zu dem neuen Licht, das aus Amerika gekommen ist — das Petroleum. Es brennt so hell wie der Tag. Wirst es schon sehen!«

Er füllte die Lampe aus dem Fäßlein und zog den Zwilchstreifen durch das glänzende Ding mit der eichelförmigen, geschlitzten Kapsel. Dann setzte er die Bestandteile zusammen, zündete das hervorstehende Ende des Dochtes an, stülpte das bauchige Glasrohr darüber, daß wir meinten, so nahe an der Flamme müsse es gewiß zerspringen — und »Nun«, sagte er, »sollt ihr einmal sehen!«

Und wir sahen es. Es war ein gar trübes Licht, das mit seinem schwarzen, stinkenden Rauch sogleich das Glasrohr schwärzte. Der Kaufmann drehte an dem feinen Schräublein den Docht weiter hinauf, da rauchte es noch mehr. Er drehte ihn tiefer nieder, da wurde es finster, und als wir zu lachen begannen, knurrte er: »Na, mir scheint, dieser Lampenhändler hat mich sauber angeschmiert! Aber ich hab's doch selber gesehen in der Stadt, wie das Zeug wunderschön brennt!«

»Versuchen wir's einmal«, sagte mein Meister, »und tun das Glasröhrlein ganz weg!« Aber sogleich riß er seine Finger mit einem hellen Aufschrei davon. Als dann das Glas mittels eines Lappens entfernt war, brannte die Flamme noch viel trüber, und das Kerzenlicht daneben zuckte nicht ohne Schadenfreude hin und her.

Nachdem wir mit der Lampe noch allerlei versucht hatten und die Stube endlich voll Rauch geworden war, schalt der Hausherr auf die höllische Flamme und blies sie aus. Die Kerze brannte nun mit stiller Würde fort, und mein Meister sagte: »Ja, ja, das sind die Ganzgescheiten heutzutag'! Bisweilen schmiert man sie halt doch an! Die alten Leut' sind auch keine Esel gewesen.«

»Was ist denn das für ein Öl, das Petroleum?« fragte der Geselle.

»Es soll aus der Erde herausrinnen«, erklärte der Kaufmann.

»Ja so!« rief der Geselle. »Dann wird's freilich nichts taugen, dann ist's das helle Wasser.«

»Sei mir still, ich mag nichts mehr davon hören!« sagte der Kaufmann und stellte die Lampe in den Winkel.

Nun vergingen zwei Tage. Da kam der Thomastag, und mein Meister und der Hausherr gingen noch vor Tagesanbruch zur Frühmesse. Ich saß allein bei der Kerze und schneiderte. Bald trat die junge Viehmagd herein, die vorhin im Stalle die Kühe gemolken hatte, und setzte sich an meinen Tisch, um an ihr Christtagskleid ein seidenes Schleiflein zu nähen. Da wollten wir doch gar zu gern noch einmal die neue Lampe anzünden, da niemand mehr im Hause war, der es uns verwehrt hätte.

So holten wir denn die neue Lampe aus dem Winkel hervor, stellten sie sorgfältig mitten auf den Tisch und zündeten sie an. Es war aber dasselbe trübe, rußende Licht wie das erstemal. Ich drehte den Docht höher und tiefer und zuletzt so tief, daß er ganz in die eichelförmige Hülse zurückging. Und nun wurde es auf einmal hell: aus dem Spalt strahlte eine breite, blendend weiße, rauchlose Flamme hervor. Beide erschraken wir vor dem hellen Schein, der auf Tisch und Wand und unsern Gesichtern lag.

So sind wir ganz zufälligerweise dem Geheimnis der Wunderlampe auf die Spur gekommen, daß man nämlich den Docht nicht in die freie Luft hineinstehen lassen, sondern ganz in den Spalt versenken muß, wenn er brennen soll.

DIE WUNDERLAMPE

Als die beiden Alten aus der Kirche zurückkehrten, rief der Hausherr freudig aus: »Da haben wir's ja! Wer hat's denn fertiggebracht?«

»Der Peter«, antwortete die kleine Viehmagd, denn ich getraute mir nicht den Mund aufzutun.

Einmal noch ist die Kerze neben der neuen Lampe angezündet worden, aber ach, wie armselig war ihr Licht! »Schäm' dich!« rief der Meister und blies sie undankbar aus.

Ich wüßte aber keine andere Neuerung, die beim Landvolk so rasch Eingang gefunden hat, wie vor vierzig Jahren die Petroleumlampe.

Peter Rosegger.

Kurze Reise nach Amerika.

Der alte Schuhmacher Johann Matthias Palmberger war gestorben, und auf seinem Schemel war ihm sein Sohn Andreas gefolgt. Schon etliche Tage hatte der junge Mann, oft in tiefe Gedanken verloren, dagesessen, als endlich eines Morgens die Mutter zu ihm herantrat und sprach: »Andres, dir fehlt was, und ich weiß auch gar wohl, wo dich der Schuh drückt, ohne daß du es mir zu sagen brauchst. Dir gefällt es nicht mehr in deines Vaters Hause, und der Hoffartsteufel macht es dir zu enge. Du möchtest ein großer Herr Schuhmacher werden, wie du sie auf deiner Wanderschaft in Nürnberg und Frankfurt gesehen hast, und weißt doch nicht, daß du hier wärmer sitzest als hundert andere Meister, die keinen Knieriemen mehr an den Fuß bringen, sondern nur zuschneiden. Aber in Gottes Namen! Willst du fort, so geh, denn halte ich dich zurück, so bleibst du ewig unzufrieden; versuchst du's aber, so wird es dich bald gereuen. Andres, es ist ein großer Unterschied zwischen einer Wanderschaft von etlichen Jahren und einem Abschied von Mutter und Heimat auf immer!«

Andreas drehte sich halb auf seinem Schemel herum und sprach: »Mutter, nun ich mir alles recht überlegt habe, kann ich Euch sagen, daß ich nicht mehr hier bleibe.«

»Warum nicht, Andres?« fragte die Witwe und schien sich über seine Rede sowenig zu wundern, als hätte er gesagt, die neuen Stiefel, an denen er noch arbeitete, seien nun fertig, und sie könne sie noch vor Abend dem Gastwirt unten im Dorfe bringen, der sie bestellt hatte.

»Das will ich Euch kurz sagen, Mutter«, antwortete Andreas. »Es ist hier nichts mit der Schusterei. Was einer in diesem Neste ist, das muß er sein Leben lang bleiben.«

»Da hast du recht«, versetzte die Mutter. »Dein seliger Vater hat wohl an die zwanzig Knieriemen zerrissen an sich und an dir, und schließlich hat es doch nur in seinem Lebenslauf geheißen: ,Der ehrbare Johann Matthias Palmberger, Altschuhmacher und Schutzverwandter dahier.' Nichts dahinter und nichts davor.«

»Eben darum will ich auch nach England,« fuhr der junge Schuhmacher fort,

»oder nach Amerika. Da hat schon mancher sein Glück gemacht!«

»Jawohl, sein Glück gemacht!« stimmte die Witwe dem Sohne bei. »Gerade jetzt erzählt man wieder viel von einem Sattlergesellen aus Schneeberg in Sachsen, — Ackermann heißt er — der ging über Paris nach London in England und ward daselbst ein so reicher und angesehener Mann, daß jetzt die Grafen und Fürsten in seinem Hause aus und ein gehen wie bei unsereinem die Hühner. Seinen armen Freunden in Schneeberg schickt er aber ein Geldstück um das andere.«

»Ich werde Euer auch nicht vergessen, liebe Mutter!« versicherte der junge Mann auf dem Schemel und stellte die Stiefel des Wirts auf die Seite, nachdem er die letzte Hand darangelegt hatte. »Ich werde Euch schon von Zeit zu Zeit schreiben, wie es mir geht. Und wenn Ihr in einem Briefe von mir leset: ‚Euer dankbarer Sohn, Hofschuhmachermeister Seiner Majestät des Königs von Großbritannien, Schottland und Irland', — dann dürft Ihr Euch flugs aufmachen wie der Erzvater Jakob zu seinem Sohne Joseph in Ägyptenland. Denn ich wollte mich Euer nicht schämen, und wenn ich König würde!«

»Bis dahin«, versetzte die Mutter, indem sie sich mit der Schürze eine Träne aus dem Auge wischte, »darfst du dir um meinetwillen keine Sorge machen, denn ein neues Haus, wie wir es haben, zwei Kühe im Stall, etliche Morgen Ackerland und eine Wiese an der Altmühl sind für ein Witweib mehr als genug.«

Sie hatte noch nicht ausgeredet, als Andreas schon anfing, um seinen Schemel herum aufzuräumen. Die Mutter aber wehrte es ihm und sprach: »Lieber Sohn, das überlaß mir! Nimm nur das Handwerkszeug, das du als Geselle auf der Wanderschaft brauchst, und schnalle dein Bündel! Der Ranzen, den du vor drei Jahren aus der Fremde mitgebracht, ist noch ganz gut und hängt drüben in der Kammer. Indes habe ich Zeit, dir zum Abschied dein Leibgericht zu kochen. Denn du sollst erst gegen Abend ausziehen und heute nicht weiter als nach Merkendorf gehen. Du möchtest dir sonst die Füße wundlaufen.«

Und so geschah es denn auch. Andreas schnallte sein Wanderbündel, aß sein Leibgericht mit gutem Appetit und großem Beifall, plauderte noch ein paar Stunden mit der Mutter über dies und jenes und ging dann, von ihr bis vor die Haustür geleitet, zum Dorf hinaus.

Die Witwe aber sprach bei sich, als sie in ihrem Stüblein allein war: »Ich lasse alles liegen und stehen, auch seinen Schemel, denn allzulange wird er nicht wegbleiben.« Und als eine Stunde darauf die Nachbarin ein Paar Schuhe zum Flicken brachte, nahm sie diese ruhig an und sagte: »Morgen abend könnt Ihr wiederkommen und sie abholen, da werden sie fertig sein.«

Andreas aber, je weiter er ging, desto länger wurde ihm der Weg nach England und Amerika. Schon auf den Wiesen zwischen den beiden nächsten Ortschaften gelobte er, sich mit der Neuen Welt nicht einzulassen. In dem großen, düsteren Mönchswalde gab er auch England auf. In dem tiefen Sande jenseit des

Waldes machte er sich schon das näher gelegene Frankfurt zum Endziel seiner Wanderschaft. Und als er nun Merkendorf erreichte und ihm da und dort aus den Stuben ein heimliches Abendlicht entgegenschimmerte, wie vom Himmel die ersten Sterne, ja, da fühlte er ganz und gar, was es heiße, Mutter und Heimat auf Nimmerwiedersehen zu verlassen.

So kam er in die Herberge, nippte ohne großen Appetit an dem Bier, das ihm vorgesetzt wurde, und legte sich dann todmüde zwischen die Würzburger Fuhrleute, die auf dem Stroh in der Stube umherlagen. Sein Wanderbündel nahm er dabei zum Kopfkissen. Dann löschte der Wirt die mit Schmalz gefüllte Lampe aus, und die Stube blieb nur noch matt vom Licht des Mondes erhellt.

Andreas hatte aber einen schlimmen Platz gewählt. Sein Schlafkamerad zur Linken schien nämlich von einer Schlägerei zu träumen. Wenigstens schlug er mit seinen großen und harten Fäusten gewaltig um sich und traf dabei den Schuhmacher so ins Genick, daß dieser erschrocken aufsprang und sich nach einer anderen Schlafstätte umschaute. Bald erspähte er auch dicht an der Wand zwischen dem Fenster und der Stubentür so etwas wie eine lange, schmale Tafel oder Bank, auf der weiter nichts stand als ein leerer Scheffel. Nachdem er den vorsichtig herabgenommen und auf den Fußboden gestellt hatte, hob er seinen Ranzen hinauf und streckte sich dann selbst ganz nach seiner Bequemlichkeit auf der vermeintlichen Tafel oder Bank aus; sie war auch gerade lang genug für seine nicht allzu große Gestalt, obgleich sie gern etwas breiter hätte sein können.

Wenige Minuten darauf schloß ihm ein sanfter Schlaf die Augen, und eine liebliche Erinnerung aus seiner frühsten Jugend zog, in einen Traum verwandelt, durch seine Seele. Es träumte ihm, er liege als etwa achtjähriger Knabe, zum Baden entkleidet, auf dem flachen Ufer der Altmühl und wolle sich in dem schwarzen Schlamm wälzen, um dann seinen Kameraden plötzlich als Mohr zu erscheinen. Lange war es ihm, als könne er über ein Brett, das ihm im Wege lag, nicht in den Schlamm hinuntergelangen; endlich aber wich das Hindernis, und er sank bis an den Hals in die weiche Masse hinein. Eine Weile gefiel es ihm prächtig darin; da er sich aber mehr und mehr auf die Seite drehte, bis er zuletzt fast auf dem Bauch lag, hörte das mollige Gefühl allmählich auf: Mund und Nase füllten sich mit dem eindringlichen Brei, er war dem Ersticken nahe und begann ängstlich nach Luft zu schnappen.

Darüber erwachte Andreas und erkannte nun, daß er statt in dem Schlamm der Altmühl in einem mit Teig angefüllten Backtrog lag. Solche langen Tröge brauchen nämlich die Gastwirte dortzulande, wenn sie für Hochzeiten, Kirchweihen und andere Festlichkeiten Brot oder Kuchen backen wollen. Was er träumend für ein in dem schwarzen Schlamm liegendes Brett gehalten, war der Trogdeckel gewesen, und als dieser schließlich aus seiner wagerechten Lage wich und umkippte, war der Träumer samt seinem Wanderbündel in den weißen, gärenden Brotteig hinabgeglitten.

Ehe noch Andreas seine Badewanne mit wachenden Augen gründlich beschaut hatte, war er auch schon mit einem Sprunge heraus. Aber was nun anfangen? Hätte er Lärm geschlagen, so würde der Zorn des Wirts, dem er das Hochzeitsbrot verdorben hatte, und der Spott der Fuhrleute, Dienstboten und Kinder haufenweise über ihn gekommen sein. Er beschloß also, wie der Iltis aus dem Taubenschlag ohne Abschiedsgruß davonzugehen, schüttelte sich, daß die Teigflocken weit umherflogen, nahm Hut, Stock und Ranzen und ging durchs Fenster wieder hin, wo er hergekommen war. Dabei lief er, was er nur konnte, um noch vor Tagesanbruch zu seiner Mutter zu gelangen, und schwitzen tat er unter seinem Überzuge wie ein Schinken, der, mit Teig umwickelt, im Backofen schmort.

Seine Mutter hatte indessen auch nur wenig geschlafen, denn ihre Hoffnung auf die baldige Wiederkehr ihres Sohnes war doch allmählich etwas gesunken. So trat sie denn, als der Morgen graute, unter die Haustür und sah den Wiesengrund hinab, der fast bis an den Mönchswald vor ihr lag. Und es währte auch nicht lange, so erblickte sie eine weiße Gestalt, die von unten heraufkam und einem Müller- oder Bäckergesellen glich, bis sie endlich in dem wandelnden Teig ihren Andreas erkannte.

Ob sie bei seinem Einzug mehr Freude oder mehr Erstaunen zeigte, war schwer zu unterscheiden. Auch hielt sich Andreas nicht lange bei dieser Frage auf, sondern schlüpfte aus Furcht, von den Nachbarn gesehen zu werden, so schnell wie möglich unter Dach und Fach.

Eine Stunde darauf, nachdem er die Teigkruste abgewaschen und sich in sein Hausgewand geworfen hatte, saß er schon wieder auf seinem Erbschemel und flickte, als sei zwischen gestern und heute gar nichts Besonderes vorgefallen, die Schuhe, welche die Nachbarin am vorigen Abend hereingebracht hatte.

Fort in die Fremde begehrte er nicht mehr, sondern suchte sich nach dem Wunsche der Mutter eine Lebensgefährtin aus und hielt nach einigen Monaten eine große Hochzeit.

Etliche Tage zuvor aber fiel ihm der Hochzeitsteig wieder ein, den er auf seiner Reise nach Amerika verdorben hatte, und er schickte dem Wirt in Merkendorf zur vollen Entschädigung drei neue Kronentaler mit der Post, jedoch ohne Namensunterschrift.

Karl Stöber.

Wie man Diebe fängt.

An einem Juliabend im Jahre 1836 saß ein alter Seekapitän auf der Veranda seines schönen, großen Landhauses, ein halb Stündlein von der holländischen Stadt Haarlem. Und warum sollte er auch nicht dort sitzen? Hatte er sich doch draußen auf See vierzig Jahre lang Wind und Wetter um die Ohren wehen lassen, und sein Gesicht sah aus wie eine verwitterte Felswand.

Er rauchte vom feinsten Kubatabak aus einem echten türkischen Kopf und trank dazu langsam aus einer echten japanischen Tasse den teuersten Mokkakaffee, dachte an seine Fahrten auf fremden Meeren und freute sich, daß er das Seine ins trockene gebracht und nun in Frieden genießen konnte. Denn drinnen im Hause waren allerhand rare Schätze aus fernen Ländern aufgestapelt, und außerdem viel Silber und Gold in schweren Truhen.

Sein Diener, ein alter Matrose, den er nach Haarlem geschickt hatte, um Einkäufe zu machen, war zur Stunde noch nicht wieder aus der Stadt zurück. Da nun aber die Sonne schon untergegangen war und die feuchten Nebel heraufstiegen, so dachte der alte Mynheer: »Du willst doch in deinem Alter nicht noch den Schnupfen kriegen«, klopfte seine Pfeife aus, ging hinein, verschloß die Tür und legte sich bald darauf ins Bett.

Er mochte wohl so im ersten Halbschlummer liegen und von den Chinesen träumen mit ihren Mandelaugen und langen Zöpfen, da hört er am Fenster etwas bohren, als ob einer da hereinwolle statt durch die Haustür. Er steht also behutsam auf und merkt auch sogleich, daß wirklich jemand draußen unterm Fenster ist, der ihm nächtlings, und zwar unangemeldet, einen Besuch machen will, vielleicht weniger ihm selbst als seinen goldenen Vögeln. Da fällt's nun dem Alten siedendheiß auf die Seele, daß leider alle seine Säbel, Flinten und Pistolen in der Waffensammlung am andern Ende des weitläufigen Hauses sind: er hat deshalb kein einziges Stück, womit er sich wehren kann, und weiß zuerst nicht recht, was er anfangen soll.

Wie man Diebe fängt.

Mittlerweile ist der Dieb mit seinen Vorbereitungen fertig geworden und hat eine Fensterscheibe aus dem Rahmen entfernt. Da aber ist auch unser alter Seemann seinerseits bereit, ihn zu empfangen.

Er hat sich nämlich schnell besonnen, daß auf dem Tisch neben seinem Bett eine Flasche Selterwasser steht, fest zugekorkt und oben noch mit dem Draht darum. Schnell hat er den Draht abgenommen und hält nun den Daumen auf den Kork, stellt sich hinter den Fenstervorhang und wartet ab.

Eben steckt der Dieb seinen Kopf durch die Scheibe und denkt: »Wo der durchgeht, geht auch der ganze Leib nach!« Da drückt der alte Herr an dem Kork der Flasche, die er vorher noch tüchtig geschüttelt hat: es knallt wie eine Pistole, und der Kork mitsamt dem Selterwasser fährt dem Langfingrigen auf die Stirn und ins Gesicht. Der glaubt nicht anders, als daß er zum Tode getroffen sei und das Blut ihm bereits übers Gesicht laufe, biegt sich vor Schrecken vom Fenster zurück und stürzt dann von der Leiter in den mehrere Fuß tiefer liegenden Hof hinab.

Nun wußte aber der alte Kapitän aus seinem Seeleben, daß man einem geschlagenen Feinde keine Ruhe gönnen darf. Er stieg deshalb sofort dem Einbrecher nach, der noch betäubt am Boden lag, und band ihm den Hals mit seinem langen Schnupftuch von echter chinesischer Seide so fest zu, als ob's ein Halseisen wäre. Und da der Dieb auch glücklicherweise einen derben Strick mitgebracht hatte, womit er wohl die gestohlenen Sachen zusammenschnüren wollte, so brauchte der Kapitän diesen, um ihm auch noch die Hände auf dem Rücken festzubinden. Darauf machte er seinen alten Tyras von der Kette los und brachte mit dessen Beistand den Übeltäter noch in derselben Nacht hinein auf das Haarlemer Polizeiamt.

Dafür bekam er denn auch vom König von Holland ein ganz besonderes Dankschreiben, daß er einen so gefährlichen Spitzbuben eigenhändig eingefangen und abgeliefert hatte.

Merke drum: Das Selterwasser ist ein gut Wässerlein, und zwar nicht bloß gegen den Durst und allerhand Krankheiten, sondern auch, um Diebe damit zu fangen!

Emil Frommel.

Die Grenzfichte.

Um die Mitte des vorigen Jahrhunderts hausten in der Nähe eines süddeutschen Dorfes zwei große Bauern, der Dohlenhamer und der Ermansperger, jener im Tal, dieser auf der Höhe. Sie lebten zwar in keiner tödlichen Feindschaft miteinander, allein sie hatten doch einen eigentümlichen Streit unter sich, der nicht enden zu wollen schien.

Gerade auf der Grenze nämlich, wo ihre Ländereien zusammenstießen, erhob sich eine tausendästige, dunkle Riesenfichte, die gewiß schon einer der Urgroßväter gepflanzt hatte, und die im Laufe der Zeit zum Gegenstand des Streites zwischen den beiden Großhöfen geworden war. Noch immer stand sie von Axt und Säge unversehrt da, denn je mehr sie wuchs, desto weniger war der eine der nunmehrigen Großbauern geneigt, den prächtigen Bretterbaum mit dem andern gemeinsam zu fällen und redlich zu teilen; im Gegenteil, jeder behauptete steif und fest, die Fichte stehe auf seinem Grund und Boden und gehöre ihm allein zu eigen.

So vernünftig waren die beiden Bauern allerdings gewesen, daß sie nicht gleich Advokaten annahmen und denen zusammen zwanzigmal mehr zahlten, als die ganze Grenzfichte wert war. Allein tief drinnen im Herzen schlug dennoch einem jeden der großbäuerliche Stolz und Neid.

Wenn der Dohlenhamer nun einmal Hilfe im Hause brauchte, so ging er beileibe nicht zu seinem nächsten Nachbar, dem Ermansperger, sondern eine schöne Strecke weiter fort, und der Ermansperger machte es seinerseits ebenso. Natürlich herrschte die gleiche Kälte auch zwischen ihren Weibern und Kindern, ihren Mägden und Knechten, ihren Vettern und Basen, — ja sogar die Hofhunde hatten zuletzt den Groll in den Nasen und knurrten aufeinander!

Brave Männer versuchten oftmals, die starren Streithänse auszusöhnen, aber vergebens. »Gehört mir doch die Fichte allein!« sagte jedesmal der Dohlenhamer mit stechenden Augen und verbissenen Lippen. Aber ebenso sprach auch der Ermansperger. So wurden denn die Friedenstifter ihrer Liebesdienste endlich müde.

Obgleich die beiden Hartnäckigen, wie gesagt, nicht im Dorf wohnten, so zog ihr Streit doch immer weitere Kreise, bis zuletzt auch mancher mit hineingeriet, der es gern vermieden hätte. So ging es einst dem derben Hufschmied, und als er sich nicht mehr zu helfen wußte, brach er in die zornigen Worte aus: »Wenn doch nur einmal das Donnerwetter in die vermaledeite Grenzfichte schlüge!«

Aber Jahr um Jahr verging. Ein Gewitter nach dem andern zog wie sonst ohne Blitzschlag über Dorf und Höhe dahin, und die herrliche Fichte streckte ihre Äste immer höher, immer breiter aus.

Nun schrieb man das Jahr 1845. Das Gesinde der beiden Großhöfe war auf den anstoßenden Feldern mit dem Binden der Erntegarben beschäftigt. Die feindlichen Bauern selbst standen beaufsichtigend unter ihren Leuten. Von Zeit zu Zeit warfen sie, der Dohlenhamer von rechts, der Ermansperger von links, einen begehrlichen Blick hinauf zur Fichte und dann eine finster grollende Miene hinüber zum Nachbarn. Das Gesinde merkte es und blinzelte mit händellüsternen Gesichtern; zugleich aber beeilten sich alle unter dem kalten, scharfen Blick ihrer Herren, denn aus Nordwest zogen über das wellige Gebirge rabenschwarze Wetterwolken heran.

Schon standen die Weizengarben in Reih' und Glied aufgerichtet. »So! Jetzt heim! Geschwind!« befahl hüben der Ermansperger und drüben der Dohlenhamer. Aber wie man sich anschickte, das Feld zu verlassen und das schützende Dach zu gewinnen, fegte schon mit unheimlichem Sausen eine schwefelgelbe Wolke über ihren Häuptern dahin. Ein jäher Blitzstrahl, ein Donnerkrach, als hätten Riesenfäuste tausend Planken mit einem Male entzweigebrochen, und — von der verwünschten Grenzfichte lag die rechte Hälfte auf dem Felde des Dohlenhamer und die linke auf dem des Ermansperger. Vom Gipfel bis zur Wurzel war sie unparteiisch gespalten und geteilt.

Die beiden Großbauern standen starr vor Schrecken und bekreuzten sich. Dann traten sie zur Grenzfichte heran und blickten erstaunt in das Werk des feurigen Schiedsrichters. »Da liegt nun, was jedem gehört!« sagte der Dohlenhamer ernst und streckte seinem Nachbarn die Hand hin.

»Das war der drohende Finger Gottes: unser Streit ist entschieden!« sprach der Ermansperger sichtlich bewegt und ergriff die dargebotene Rechte.

»Da hat der Blitz den Richter gemacht!« erzählten sich nun alle und dachten dabei an die Worte des Dorfschmieds. Noch heute aber lebt das seltsame Gewitter fort im Gedächtnis und Munde des Volks, das Ermansperg und Dohlenham umwohnt.

Joseph Schlicht.

Das Abenteuer im Walde.

Es regnete, was vom Himmel herunterwollte. Die Tannen schüttelten den Kopf und sagten zueinander: »Wer hätte am Morgen gedacht, daß es so kommen würde!« Es tropfte von den Bäumen auf die Sträucher, von den Sträuchern auf das Farnkraut und lief in unzähligen kleinen Bächen zwischen dem Moose und den Steinen. Am Nachmittag hatte der Regen angefangen, und nun wurde es schon dunkel, und der Laubfrosch, der vor dem Schlafengehen noch einmal nach dem Wetter sah, sagte zu seinem Nachbar: »Vor morgen früh wird es nicht aufhören.«

Derselben Ansicht war eine Ameise, die bei diesem Wetter durch den Wald mußte. Sie war am Vormittag mit Eiern in Tannenberg auf dem Markt gewesen und trug jetzt das dafür gelöste Geld in einem kleinen, blauen Leinwandbeutel nach Hause. Bei jedem Schritt seufzte und jammerte sie. »Das Kleid ist hin,« sagte sie, »und der Hut auch! Hätt' ich nur den Regenschirm nicht stehenlassen, oder hätt' ich wenigstens die Überschuhe angezogen! Aber mit Zeugschuhen in solchem Regen ist gar kein Weiterkommen!«

Während sie so sprach, sah sie gerade vor sich in der Dämmerung einen großen Pilz. Freudig ging sie darauf zu. »Das paßt,« rief sie, »das ist ja ein Wetterdach, wie man es sich nicht besser wünschen kann. Hier bleib' ich, bis es aufhört zu regnen. Wie es scheint, wohnt hier niemand — desto besser! Ich werde mich sogleich häuslich einrichten.«

Das tat sie denn auch. Sie war eben daran, das Regenwasser aus den Schuhen zu gießen, als sie bemerkte, daß draußen eine kleine Grille stand, die auf dem Rücken ihr Violinchen trug.

»Hör', Ameischen,« hub die Grille an, »ist es erlaubt, hier unterzutreten?«

»Nur immer herein!« erwiderte die Ameise. »Es ist mir lieb, daß ich Gesellschaft bekomme.«

»Ich habe heute«, sagte die Grille, »im Heidekrug zur Kirmes aufgespielt. Es ist ein bißchen spät geworden, und nun freue ich mich, daß ich hier die Nacht bleiben kann, denn das Wetter ist ja schrecklich, und wer weiß, ob ich noch ein

Wirtshaus offen finde.«

Also trat das Grillchen ein, hing sein Violinchen auf und setzte sich zu der Ameise. Noch nicht lange saßen sie da, so sahen sie in der Ferne ein Lichtchen schimmern. Wie es näher kam, erkannten sie es als ein Laternchen, das ein Johanniswürmchen in der Hand trug.

»Ich bitt' euch,« sagte das Johanniswürmchen höflich grüßend, »laßt mich die Nacht hier bleiben! Ich wollte eigentlich nach Moosbach zu meinem Vetter, habe mich aber im Walde verirrt und weiß weder aus noch ein.«

»Nur immer zu!« sagten die beiden. »Es ist recht gut für uns, daß wir Beleuchtung bekommen.« Gern folgte das Johanniswürmchen der Einladung und stellte sein Laternchen auf den Tisch.

Der Schein des Lichts führte ihnen bald einen Wanderer zu, der ziemlich ungeschickt über Laub und Moos herangestolpert kam. Es war ein Käfer von der großen Art. Ohne »Guten Abend« zu sagen, trat er ein.

»Aha!« rief er, »so bin ich doch recht gegangen, und dies ist die Zimmergesellenherberge.« Mit diesen Worten setzte er sich, holte seinen Schnappsack hervor und begann sein Abendbrot zu verzehren. »Ja, ja,« sagte er, »wenn man den ganzen Tag über Holz gebohrt hat, dann schmeckt das Essen!« Als er fertig war, stopfte er sich seine Pfeife, ließ sich vom Johanniswürmchen Feuer geben, zündete an und fing an, ganz gemütlich zu rauchen.

Unterdessen war es draußen ganz dunkel geworden und das Wetter schlimmer als vorher, da traf zur allgemeinen Verwunderung noch ein später Gast ein. Schon seit längerer Zeit hörte man in der Ferne ein eigentümliches Schnaufen; dies kam langsam näher und näher, und endlich erschien unter dem Pilz eine Schnecke, die ganz außer Atem war.

»Das nenne ich laufen!« rief sie. »Wie bin ich gejagt! Ordentlich das Seitenstechen hab' ich bekommen. Ich will nur gleich bemerken, daß ich im nächsten Dorfe eine Bestellung zu machen habe, die Eile hat. Aber niemand kann über seine Kräfte, besonders wenn er sein Haus mitschleppen muß. Wenn die Gesellschaft erlaubt, will ich hier ein Stündchen rasten; dann kann ich nachher wieder galoppieren, als gälte es, den Dampfwagen einzuholen.«

Niemand hatte etwas dagegen, daß sich die Schnecke ein gemütliches Plätzchen aussuchte. Da setzte sie sich vor ihre Haustür, holte ihr Strickzeug hervor und fing an zu stricken.

So waren nun die fünfe da versammelt, als die Ameise das Wort nahm und also sprach: »Warum sitzen wir hier so trübselig beieinander und langweilen uns, da wir uns doch die Zeit auf angenehme Weise verkürzen könnten? Ich habe daran gedacht, daß wir uns Geschichten erzählen sollten, und gern würde ich selbst den Anfang machen, wenn ich nur eine recht hübsche Geschichte wüßte. Nun ist mir

DAS ABENTEUER IM WALDE 55

aber eben etwas noch Besseres eingefallen. Ich sehe, daß die Grille ihr Violinchen bei sich hat. Wenn sie nicht gar zu müde ist, möchte ich sie bitten, uns ein lustiges Stückchen zu spielen, damit wir eins tanzen können.«

Dieser Vorschlag der Ameise fand allgemeinen Beifall. Die Grille ließ sich auch nicht lange nötigen, sondern stellte sich sogleich mit ihrem Violinchen in die Mitte und spielte das lustigste Tänzchen herunter, welches sie auswendig wußte, während die anderen um sie herumtanzten. Nur die Schnecke tanzte nicht mit. »Ich bin«, sagte sie, »nicht gewöhnt an das schnelle Herumwirbeln; mir wird zu leicht schwindelig. Aber tanzt, soviel ihr wollt! Ich sehe mit Vergnügen zu und mache meine Bemerkungen.« Die anderen ließen sich denn auch gar nicht stören, sondern jubelten so laut, daß man es auf drei Schritt Entfernung hören konnte.

Aber ach, durch welch ein furchtbares, ungeahntes Ereignis wurde ihr Fest plötzlich unterbrochen! Der Pilz, unter welchem die lustige Gesellschaft tanzte, gehörte leider einer alten Kröte. An schönen Tagen saß sie oben auf dem Dache, wie die Kröten zu tun pflegen; trat aber schlecht Wetter ein, so kroch sie unter den Pilz, und es konnte ihretwegen regnen von Pfingsten bis Weihnachten. Diese Kröte nun war am Nachmittag nach dem nächsten Moor zu ihrer Base, einer Unke, gegangen, und sie hatten sich bei Kaffee und Napfkuchen so viel erzählt, daß es darüber dunkel geworden war. Jetzt am Abend kam die Kröte ganz leise nach Hause geschlichen. Über dem Arm hatte sie ihren Arbeitsbeutel hängen, und in der Hand trug sie einen roten Regenschirm mit messingener Krücke. Als sie den Jubel in ihrem Hause hörte, trat sie noch leiser auf. So kam es, daß die Leutchen drinnen sie nicht eher gewahr wurden, als bis sie mitten unter ihnen stand.

Das war eine unerwartete Störung! Der Käfer fiel vor Schreck auf den Rücken, und es dauerte fünf Minuten, ehe er wieder auf die Beine kommen konnte. Das Johanniswürmchen dachte zu spät daran, daß es sein Laternchen hätte auslöschen sollen, um in der Dunkelheit zu entwischen. Die Grille ließ mitten im Takt ihr Violinchen fallen, die Ameise sank aus einer Ohnmacht in die andere, und selbst die Schnecke, die sonst nicht leicht aus der Fassung zu bringen ist, bekam Herzklopfen. Sie wußte sich aber schnell zu helfen: sie kroch in ihr Häuschen, riegelte die Tür hinter sich ab und sprach zu sich: »Was da will, kann kommen! Ich bin für niemand zu sprechen.«

Nun hättet ihr aber hören sollen, wie die Kröte die armen Leute heruntermachte! »Sieh einmal an,« rief sie zornig und schwang ihren Regenschirm, »da hat sich ja ein schönes Lumpengesindel zusammengefunden! Ist das hier eine Herberge für Landstreicher und Dorfmusikanten? Ich sag' es ja, nicht aus dem Haus kann man gehen, gleich ist der Unfug los! Augenblicklich packt ihr jetzt eure Siebensachen ein, und dann fort mit euch, oder ich will euch schon Beine machen!«

Das Abenteuer im Walde.

DAS ABENTEUER IM WALDE

Was war zu tun? Die armen Leute wagten gar nicht, sich erst aufs Bitten zu legen, sondern nahmen still ihre Sachen auf, riefen der Schnecke durchs Schlüsselloch zu, daß sie mitkommen solle, und als auch diese sich fertig gemacht hatte, zogen sie alle miteinander von dannen.

Das war ein kläglicher Auszug! Voran das Johanniswürmchen, um auf dem Wege zu leuchten, dann der Käfer, dann die Ameise, dann das Grillchen und zuletzt die Schnecke. Der Käfer, der eine gute Lunge hatte, rief von Zeit zu Zeit: »Ist hier kein Wirtshaus?« Aber alles Rufen war vergeblich.

Als sie ein Stück gegangen waren, merkten sie, daß die Schnecke nicht mehr bei ihnen war. Sie riefen alle zusammen in den Wald zurück: »Schnecke! Schnecke! Beeile dich!« — erhielten aber keine Antwort. Die Schnecke mußte wohl so weit zurückgeblieben sein, daß sie diese Rufe nicht mehr hören konnte.

Die andern zogen betrübt weiter, und nach langem Umherirren fanden sie unter einer Baumwurzel ein leidlich trockenes Plätzchen. Da brachten sie die Nacht zu unter großer Unruhe und ohne viel zu schlafen. Waren sie auch mit heiler Haut davongekommen, so blieb es doch immerhin ein schlimmes Abenteuer, und die mit dabeigewesen sind, werden daran denken, solange sie leben.

Johannes Trojan.

Wie die Wodansmühle entstand.

In der Nähe meines Heimatdorfes, eine kleine halbe Stunde bergaufwärts, befand sich eine schmale Waldblöße, durch welche ein Bach dahinrauschte. Dort lagen Trümmer aller Art umher, und an der einen Seite des Baches ließ sich so etwas wie ein alter Graben erkennen, der gewöhnlich trocken war und nur nach schweren Gewittern oder während der Schneeschmelze Wasser führte. Niedrige, brandgeschwärzte Mauerreste daneben zeigten, daß hier einmal ein Gebäude gestanden hatte, und ein runder, halbversunkener Stein mit einem viereckigen Loch in der Mitte schien anzudeuten, daß es eine Mühle gewesen sei. Auch hieß diese Stätte noch in meinen Kinderjahren die Wodansmühle, obwohl sogar die ältesten Leute sich nicht erinnerten, daß es dort je eine Mühle oder einen Müller gegeben habe.

Nur einer machte hiervon eine Ausnahme, das war mein Großvater. Der stak voll alter Geschichten und Mären und war ein nachdenklicher Mann; was man ihn auch fragen mochte, er wußte Bescheid. Dann erzählte er, wie alles gewesen, und kannte und nannte es bei Ort und Namen und Zeit, und das tat er immer in seiner eigenen, wunderlichen Weise, die einem jeden zu Herzen ging.

Einmal fragte ich ihn, warum man denn den Ort »Wodansmühle« heiße, da doch nirgends eine Mühle zu sehen sei.

»Dinge und Menschen vergehen,« sagte der alte Mann, »aber Namen bleiben. Doch du sollst wissen, wie es mit der Mühle war, denn eine Mühle hat hier wirklich einmal gestanden. Wie käme sonst der Mühlstein in den Wald? Mühlsteine, die wild wachsen, gibt es nicht. Also höre zu!

In uralten Zeiten war drunten noch kein Dorf. Ein jeder baute sein Haus für sich mitten in das Feld hinein, das ihm gehörte, damit er alles hübsch nahe und beisammen habe und nicht so viele Schritte zu tun brauche. So wohnten die Bauern einzeln und verstreut über das ganze Land hin, gerade wie die Füchse und Dachse in ihren Gruben.

Aber ein Haus gab es, wo jetzt unser Dorf steht, das war eine Schmiede. Schon damals kreuzten sich drunten zwei große Heerstraßen, und wenn Züge bewaffneter

WIE DIE WODANSMÜHLE ENTSTAND

Männer oder reisende Händler aus fernen Landen mit Rossen und Wagen und Karren vorbeikamen, dann hatte der Schmied, der auch eine Herberge hielt, alle Hände voll zu tun. Es war ein Ort, wo man etwas sehen und hören und lernen konnte. Menschen jedes Stammes und jedes Standes trafen hier zusammen und erzählten sich, was Neues und Wunderbares in der Welt passiert war. Fahrende Spielleute, die von einem Fürstenhof zum andern zogen, sangen hier oft ihre Lieder zum Lobe großer Könige und Helden, deren Kriegsruhm damals die Welt erfüllte.

Auch über mancherlei neue und geheime Künste berichtete man, die jenseits des Rheinstroms oder der Alpen von fremden, dunkelhaarigen Völkern geübt wurden. Seltsame Werkzeuge, Waffen und Münzen waren da zu sehen, welche man in Tausch und Kampf mit den Fremden als kostbare Schätze oder Gedenkzeichen davongetragen hatte.

Bei all solchen Gelegenheiten horchte der Schmied wohl auf, vernahm, was gesagt, und betrachtete, was gezeigt wurde, offenen und nachdenklichen Sinnes, wie ein verständiger Mann es tut, und machte sich über alles seine eigenen Gedanken. So währte das Leben in Werkstatt und Herberge den ganzen Frühling und Sommer hindurch, bis unwegsames Wetter im Spätherbst den Verkehr hemmte, und bis der schweigsame Schnee die weiten Lande in eine weiße Einöde verwandelte und stöbernd gewaltige Wälle auf der Wetterseite der Schmiede aufwarf. Dann ward es gar still da unten, und das Klappern und Klingen der Hammerschläge erstarb, wie der Herzschlag in eines toten Mannes Brust.

In einer wilden Märznacht nun, als der Schnee bereits am Schmelzen war, lag einmal der Schmied auf seinem Lager und lauschte im Einschlafen auf das schurrende Geräusch der Steinblöcke, die der überschäumende Bach zu Tal schob. Da drang es plötzlich an sein Ohr wie Heulen und Brausen. Erst unbestimmt und aus weiter Ferne, aber rasch sich nähernd, wie auf Fittichen des Sturmes, schwoll es an zu einem entsetzlichen, hohlen und tiefen Getöse, untermischt mit Pfeifen, Stöhnen und einzelnen wilden Schreien. Dazwischen erklang es wie das langgezogene nächtliche Geheul von Hunden und wie dumpfdröhnender Hufschlag.

Der Schmied war starr vor Entsetzen. Es war, als ob der Lärm durch alle Lücken des Hauses hereindränge und an allen Türen rüttelte, als ob gräßliche Stimmen durch die Esse herabriefen. Da, mit einem Schlage, hörte alles auf, es ward eine Weile totenstill, aber gleich darauf erscholl vom Hoftor her ein lautes, ungestümes Pochen und der herrische Ruf: ‚Auf da! Mach' auf!'

Der Schmied sprang von seinem Lager, eilte ans Tor und schob die schweren Riegel zurück. Da erblickte er beim ungewissen Widerschein des Schnees eine stolze, hochragende männliche Gestalt in weitem, wehendem Mantel und breitem Schlapphut, und neben der Gestalt einen riesigen Schimmel.

‚Mein Gaul hat ein Eisen gebrochen beim schnellen Ritt,' redete ihn der nächtliche Reiter mit tiefdröhnender Stimme an, ‚und du sollst ihn mir frisch beschlagen. Aber spute dich, denn mein Weg ist noch weit!' Damit nahm er den Schimmel beim Kopf und führte ihn in den Hof vor die Schmiede.

Nun begann der Schmied seinen Vorrat von Hufeisen von den Pflöcken herabzunehmen, aber alle erwiesen sich als viel zu klein.

‚Nimm dein Werkzeug und schmiede mir ein neues!' rief der Reiter ungeduldig. ‚Wie du es schmiedest, wird's recht.'

Schweigend machte sich der Schmied an die Arbeit, schürte das Feuer, fachte es mit dem großen Blasbalg aus Bockshaut an und schmiedete drauf los, daß die Funken weit umherstoben: das Hufeisen paßte wie angegossen.

‚Du bist ein wackerer Meister mit dem Hammer,' sagte der fremde Reiter, als der Schmied das Eisen heiß aufgenagelt hatte, ‚aber ein unweiser Mann. Weshalb fragst du nicht?'

‚Herr,' entgegnete der Schmied demütig, ‚meine Väter haben mich gelehrt, daß es weise sei, bei der Arbeit zu schweigen und vorlaute Fragen zu meiden, denn dieses sei die Art der Weiber. Da Ihr mir aber eine Frage freistellt, so sagt mir, woher Ihr kommt zu so ungewohnter Stunde, und wohin Eure Fahrt geht!'

> ‚Ich komme heint von der Friesen Strand
> Und fahre stracks ins Böhmerland!'

erwiderte der Reiter. ‚Bis gestern bin ich auf Schiffen gewesen; nun muß ich mich wieder ans Roß gewöhnen.'

‚Wer seid Ihr, Herr?' war des Schmieds zweite und erstaunte Frage. ‚Der schnellste Renner würde ja zu diesem Ritt mehr als sieben Tage brauchen!'

Der Reiter lachte. Er warf dem Schmied das alte, zerbrochene Hufeisen hin, sprang auf den Rücken seines Schimmels und rief: ‚Da hast du deinen Lohn! Und damit du weißt, wessen Roß du beschlagen: ich bin der Wode, der mächtige Führer des Geisterheeres, und brause in Sturm und Wetter über See und Land, wo man Schlachten schlägt, und wo Männer fallen auf dröhnender Walstatt!' Bei diesen Worten hufte sein Roß, sprang über die sieben Ellen hohe Hofmauer und verschwand in der dunklen Nacht.

Zugleich aber erhob sich von neuem das wilde, grausige Getöse. Erde und Luft, bis zu den tiefstreichenden Wolken hinan, wimmelten von gespenstischen Gestalten, die in rasendem Ritte vorübersausten. Voran Weiber zu Roß mit wehenden Haaren, hinterher bleiche Krieger, die aus offenen Wunden bluteten. Heulend sprangen Hunde dazwischen mit funkelnden Augen und lechzenden Zungen, von denen feuriger Geifer floß, und darüber flatterten Raben mit rauhem Gekrächze. Immer neue, wilde Gestalten tauchten auf und drängten und schoben einander in eiligem Zuge, unaufhörlich, endlos! Da schlugen plötzlich kreischende Stimmen aus dem Getümmel an sein Ohr: ‚Weg frei! Platz da, oder du mußt mit!' Und wie von unsichtbarer Gewalt getrieben, trat der Schmied von dem offenen

WIE DIE WODANSMÜHLE ENTSTAND

Tor zurück, warf beide Flügel zu und schob die Riegel vor. Dann brach er ohne Besinnung zusammen.

Als er zu sich kam, war es heller Morgen, und der nächtliche Spuk erschien ihm wie ein Traum. Da sah er neben sich etwas in der Sonne blinken. Es war das gebrochene Hufeisen, das ihm der Wode als Lohn zugeworfen hatte, und als er es aufhob, siehe! da war es von gediegenem Golde. Nun wußte er, daß er den gewaltigen Gott der Schlachten und toten Heerscharen, den weisen Zauberer und Wanderer mit seinem wütenden Gefolge selbst gesehen hatte, und verwahrte sein goldenes Hufeisen zum Andenken an das nächtliche Abenteuer. Bald darauf aber drang auch die Kunde ins Land, daß vier Tage nach jener Nacht im Böhmerlande eine blutige Schlacht geschlagen worden sei.

Als der Frühling wiederkehrte und die liebe Sonne die Straßen wieder getrocknet und wegsam gemacht hatte, nahm eines Abends ein fremder Mann Herberge in der Schmiede. Dieser führte mancherlei dem Schmied unbekanntes Werkzeug mit sich und sagte, er reise an den Hof eines Königs, um dort neue Kunst auszuüben. Da nun der Schmied ihn fragte, wozu all das seltsame Gerät nütze sei, erzählte ihm der Fremde von einer neuen Art, Körner zu mahlen.

‚Eure Weiber', sprach er, ‚sind übel daran, denn sie haben viel Mühe, jeden Tag genügend Getreide in ihren Handmühlen zu zerquetschen. Bei uns zu Hause dagegen schütten die Leute das Korn einfach zwischen zwei große, runde Steine, die sich schnell aufeinander drehen, nicht von Menschenkraft getrieben, sondern von der Gewalt der Sturzbäche und mittels eines Wasserrads. Das schafft anders, kann ich Euch sagen. Ein Bauer braucht nur einige Tage, um für das ganze Jahr seinen Vorrat von feinstem Mehl zu mahlen. Weise Männer aber wissen zu berichten, diese neue Kunst stamme von dem mächtigen Gotte Wodan, auch Wode oder Wanderer geheißen, der ein großer Zauberer ist und aller Kunst und Weisheit Meister.'

Sobald der Schmied dies vernahm, erzählte er dem Fremden, wie er kürzlich den Gott leibhaftig gesehen und seinen Schimmel beschlagen habe, und zeigte zum Beweise das goldene Hufeisen vor. Da er nun aber auch ein kluger und unternehmender Mann war, der gern aus allem Neuen, wenn es gut war, Nutzen zog, so ward er mit dem Fremden handelseinig, daß er ihm eine Mühle bauen solle, und zwar ganz nach der Art, wie Wodan es die Menschen gelehrt habe. Zum Lohn dafür versprach er ihm des Gottes Hufeisen.

Am andern Tage zogen die beiden den Bach entlang bergaufwärts, und der Fremde hielt die Stelle, wo das Wasser ein so starkes Gefälle hat, für die geeignetste zu seinem Werk. Die Mühle wurde alsobald gebaut und zu Ehren des Gottes die Wodansmühle genannt.

Späterhin, als fremde Horden aus Osten in diese Gegend hereinbrachen und die einzelgelegenen Bauernhöfe plünderten und verwüsteten, fanden die Leute, daß es besser sei, sich zusammenzusiedeln und in Dörfern beieinander zu wohnen, zu Schutz und Trutz und gegenseitiger Hilfe in Kriegs- wie in Friedenszeiten.

Da ist denn ein Streit entstanden, ob sie sich um die Schmiede oder um die Mühle anbauen sollten. Endlich ist ein alter, erfahrener Mann aufgestanden, der war klüger als alle anderen miteinander und hat gesagt: ‚Die Mühle brauchen wir nur einmal im Jahre, zu der Zeit, wo unser Korn reif ist; aber die Schmiede brauchen wir alle Tage. Laßt uns also das Dorf um die Schmiede bauen!'

Und so ist es denn auch geschehen, und die Schmiede steht noch heute mitten im Dorfe, wie es recht und billig ist.«

Rudolf Vogel.

Der Lindenbaum.

Vor längerer Zeit hielt ich mich einige Jahre hindurch in einer kleinen Stadt auf und war dort an einen alten Herrn empfohlen, der ein Studiengenosse meines Vaters gewesen war. In dem Hause dieses Mannes ging ich aus und ein und genoß dort viel Freundlichkeit.

Herr Doktor Lindow war ein stattlicher und jovialer Sechziger und ein großer Natur- und Gartenfreund, der herrliche Blumen und köstliches Obst zog, und sein Garten, der sich in glücklicher südlicher Lage in Terrassen zu einem kleinen See hinabsenkte, war im Sommer und Herbst ein wahres Füllhorn köstlicher Dinge.

Am Ende des Gartens befand sich auf einer kleinen Erhöhung eine mächtige Lindenlaube, die sich auf den stillen, von Schilf und Weiden umkränzten See öffnete, und dort saß ich eines schönen Abends im August in heiterem Gespräch mit dem alten Herrn, der an jenem Tage besonders aufgeräumt war. Vor uns auf dem Tische stand eine mächtige Schale mit köstlichen Pfirsichen, Reineclauden und Aprikosen, in den Gläsern schimmerte eine vorzügliche Sorte von Rheinwein, und ringsum ertönte in den stillen Abend hinein das fröhliche Getöse spielender Kinder, der Enkel und Enkelinnen meines Gastfreundes. Unter diesen war ein zwölfjähriger Junge, der sich durch große körperliche Gewandtheit auszeichnete. Plötzlich hörten wir dessen Stimme aus dem Wipfel eines Baumes, der seine Zweige wagerecht nach dem Ufer des Sees hinausstreckte. »Großvater!« rief der Junge, »nun passe mal auf, wie ich es jetzt schon gut kann!«

Damit war er auf einen der wagerechten Zweige hinausgerutscht und hing plötzlich an den Knien daran, mit dem Kopfe nach unten. Zu meinem Schreck ließ er sich dann los, griff aber geschickt in das Laub des unteren Zweiges, daß sein Körper im Fallen sich wendete und der Kopf wieder nach oben kam, und so von Ast zu Ast rutschend und stürzend gelangte er, indem er rechtzeitig seinen Fall durch wiederholtes Eingreifen in die Zweige milderte, glücklich unten an.

»Gut, mein Sohn,« rief Herr Lindow, »kannst mal herkommen!« Nachdem er den Knaben für seine Leistung reichlich mit Obst belohnt hatte, wandte er sich zu mir und sagte: »Eine alte Familienkunst, die ich schon von meinem Vater gelernt habe, und die hoch in Ehren gehalten wird, seitdem sie mir einmal einen so großen Dienst geleistet hat.«

»Welcher Art war dieser Dienst?« fragte ich etwas verwundert.

Der Doktor lehnte sich in seinen Gartenstuhl zurück und sah sinnend vor sich hin wie einer, der sich eine Geschichte im Geiste zurechtlegt, und sagte dann: »Sie wissen doch, daß ich als Student zu zehnjähriger Festungshaft verurteilt worden bin?«

»Ja, gewiß!« antwortete ich. »Damals, als auch Fritz Reuter zu dieser Strafe verdammt wurde, und aus denselben Gründen.«

»Gewiß,« fuhr Lindow fort, »allein ich hatte es in einer Hinsicht besser als Reuter, da ich meine Zeit in der einzigen kleinen Festung meines engeren Vaterlandes absitzen durfte, wo ich es verhältnismäßig gut hatte. Diese war nun eigentlich gar keine Festung mehr, denn die Außenwerke hatte man längst geschleift, und nur ein auf einem steilen Felsen gelegenes Kastell war übriggeblieben, welches dann und wann als Gefängnis benutzt wurde. Dort hatte ich ein ganz wohnliches Zimmer, allerdings mit schwerer, eisenbeschlagener Tür und einem tief in die dicke Mauer eingeschnittenen, stark vergitterten Fenster.

Ich war der einzige Festungsgefangene dort, denn mehr dergleichen politische Verbrecher hatte das kleine Fürstentum nicht hervorgebracht, und man ließ mir am Tage ziemlich viel Freiheit, doch wurde ich nachts sorglich eingeschlossen. Wie sollte ich auch entkommen? An drei Seiten fiel der Felsen wohl an die hundert Fuß steil ab, und an der vierten, wo sich zwar ein Weg ins Tal hinabschlängelte, war mir der Ausgang durch hohe Mauern und mächtige Tore mit Schildwachen davor genügend versperrt.

Über Mangel an Aussicht konnte ich mich an diesem Orte freilich nicht beklagen, denn der Felsen war ein letzter Ausläufer des am Horizonte dämmernden Gebirges und lag als einzige wesentliche Erhöhung in einer sanft gewellten Ebene. Aber nichts ist wohl geeigneter, die Sehnsucht nach der Freiheit zu verschärfen, als ihr steter, ungehinderter Anblick. Und an schönen Sommersonntagen wurde diese Sehnsucht fast zum körperlichen Schmerz in mir, denn an solchen krabbelten auf allen Wegen die Menschen aus dem Städtchen hervor in die freie Natur, wie Ameisen aus ihrem Haufen. Auf der Landstraße rollten Wagen und schritten leichtfüßige Wanderer den blauen Bergen zu. Von den Gasthäusern vor dem Tore wehten Fahnen, während aus dem Grün der Landschaft farbige Mädchenkleider und helle Strohhüte hervorschimmerten und bald von hier, bald von dort eine Tanzmusik oder das Rollen von Kegelkugeln zu mir heraufschallte. Dann kamen auch wohl leichtgeflügelte Schmetterlinge aus der Tiefe emporgeflattert, glätteten ihre Flügel ein wenig auf dem durchsonnten Rasen des Walles und taumelten dann sorglos weiter in die Freiheit. Die Schwalben, die sich um das alte Gemäuer des Kastells jagten, schossen dicht über mich hin und riefen wie zum Hohne: ‚Komm mit, komm mit!'

Als nun dies alles wieder einmal an einem gewissen Sommersonntag geschah, da glaubte ich's nicht mehr ertragen zu können und begab mich auf die entgegengesetzte Seite des Felsens, wo mir der Anblick der Stadt und das fröhliche Getümmel um sie her gänzlich entzogen war. Hier strömte aus der weiten Heidefläche ein Fluß dicht an die eine Wand des Felsens heran und bildete mit diesem einen Winkel, in welchem ich gerade unter mir den großen Garten eines wohlhabenden Fabrikanten sah, und etwas weiter entfernt dessen Landhaus. Deutlich wie eine gut gezeichnete Landkarte lag der Garten mit seinen sauberen Steigen, Rasenflächen und Gebüschgruppen unter mir, aber auch ebenso leblos wie eine Landkarte war er meist, denn außer einem alten Gärtner, der sich dort zu tun machte, und seiner ebenso alten Frau hatte ich noch niemals einen Menschen darin gesehen.

So saß ich nun dort an jenem Sonntagnachmittag, ließ meine Beine über den Rand des Felsens baumeln und schaute abwechselnd in die saubere grüne Einsamkeit zu meinen Füßen und dann über den Fluß hinweg auf die eintönige Heide. Da überkam mich mit einemmal ein Gedanke, der mein Gehirn mit einem solchen Rausch erfüllte, daß ich mich zurücklehnte und meine Hände in das Gras klammerte aus Furcht, von einem Schwindel ergriffen zu werden und plötzlich hinabzustürzen.

Es stand nämlich in dem letzten Winkel des Gartens ein uralter Lindenbaum, und zwar so nahe an dem Felsen, daß seine Zweige diesen fast berührten. Seine ungeheure grüne Kuppel wogte gerade unter mir, die Entfernung konnte nicht mehr als zwanzig Fuß betragen. Sonderbar, daß mir dies bisher nie so aufgefallen war wie jetzt! Wenn ich in den Baum hineinsprang, war ich ja so gut wie unten. Es hatte auch gar keine Gefahr, denn die dichtbelaubten, elastischen Zweige würden mich sanft aufnehmen und den Sturz mildern, und dann: wie oft hatte ich mich nicht als Knabe so von Zweig zu Zweig absichtlich aus Bäumen fallen lassen! Das war eine Kunst, die gefährlicher aussah, als sie war, und mir schon oftmals den Beifall erstaunter Zuschauer eingebracht hatte. Wenn ich das hier ausführte, konnte ich ja in ein paar Sekunden unten sein. Und dann war ich frei!

Aber wie lange? Ich war ohne Mittel, denn genügendes Geld bekam ich als Gefangener natürlich nicht in die Hände, und obwohl die Landesgrenze nicht allzuweit entfernt war, so wäre mir die Flucht doch wohl nur in einem bereitstehenden Wagen mit schnellen Pferden gelungen. Auch fehlten mir Legitimationspapiere, und diese waren höchst nötig, um mich an der Grenze auszuweisen. Woher dies alles nehmen?

Doch diese Gedanken kamen mir alle erst später bei ruhiger Überlegung; zunächst berauschte mich der Gedanke, wie leicht ich entkommen konnte, wenn ich wollte, so sehr, daß ich förmlich in ihm schwelgte. Falls ich dort hinabsprang und mich von Zweig zu Zweig stürzen ließ, war Gefahr nur dann vorhanden, wenn sich zu große Lücken zwischen den Ästen fanden, oder wenn diese in bedeutender Höhe vom Boden aufhörten. Ich suchte mir einen anderen Ort auf dem Felsen, legte mich dort auf den Bauch und betrachtete die Linde ans größerer Entfernung von der Seite. Sie war so normal gewachsen, wie dies für einen Musterbaum ihrer Art nur möglich ist, die grüne Kuppel zeigte keinerlei Unterbrechung, und die untersten Zweige hingen bis auf den Boden hinab.

Plötzlich ertönten stramme, taktmäßige Tritte und riefen mich aus meinen Gedanken zurück. Der Posten, der in dieser Gegend stand, ward abgelöst, und es schien mir klug, mich zu zeigen, da man sonst wohl nach mir geforscht hätte. Ich ging deshalb schnell hinter den Wällen herum und kam, scheinbar gelangweilt, an einer anderen Stelle wieder zum Vorschein, setzte mich auf eine alte Kanone und schaute wieder auf die Stadt und das fröhliche Treiben der Landstraßen hin.

Im Geiste aber war ich bei meinem alten Lindenbaum. Ich stand am Rande des Felsens und suchte mit dem Fuße nach einem sicheren Absprung. Nun war es so weit. Los! Mich schauderte zwar ein wenig, aber es mußte sein. Wie mir das grüne Laubwerk um die Ohren sauste! Ich war gerade richtig gesprungen, der Ast gab mächtig nach, aber er brach nicht. Ich ließ ihn nicht los, bis er sich tief auf den nächsten gebeugt hatte, und dann rauschte und rutschte ich durch die knickenden kleineren Zweige tiefer und tiefer von einem Aste zum anderen und schnell war ich unten. Jetzt hinab an den Fluß und durch die seichten Sommergewässer an das andere Ufer! Hier das kleine Kieferngehölz verbarg mich einstweilen. Aber ich mußte weiter, — weiter über freie Räume, wo ich fernhin sichtbar war. Nur immer vorwärts der Grenze zu! Vielleicht bemerkte mich doch niemand. Ein Flüchtling muß Glück haben. Da: ‚Bum!' Was war das? Ein Alarmschuß von der Festung! Nun ging die Hetzjagd an.

So sehr hatte ich mich in diese Gedanken vertieft, daß es mich wie eine Erleichterung überkam, als ich mir plötzlich klarmachte, daß ich ja noch kein gehetztes Wild war, sondern ganz gemächlich am Sonntagnachmittag auf einer alten Kanone saß und bloß spintisierte.

Von nun ab ließ mich der Fluchtgedanke aber nicht mehr los, und sooft ich es nur ohne Aufsehen zu tun vermochte, studierte ich meinen alten Lindenbaum, bis ich ihn zuletzt fast auswendig konnte. Den verhängnisvollen Sprung habe ich im Geiste so oft gemacht, daß es nicht zu zählen ist. Dabei zermarterte ich mich mit Grübeleien, wie ich mir Geld und alles sonst zur Flucht Nötige verschaffen möchte, verwarf einen Plan nach dem anderen und kam zu keinem Ende damit. Denn alles hing davon ab, daß ich Briefe sicher aus der Festung beförderte, und ich fand niemand, dem ich mich hätte anvertrauen mögen.

Indes war die Zeit der Sommerferien für die Schulkinder gekommen, und als ich eines Tages wieder in den sonst so verlassenen Garten des Landhauses hinabschaute,

DER LINDENBAUM

bemerkte ich dort eine wundervolle Veränderung. Was mir an weiblichen Wesen auf der Festung zu Gesicht kam, war nicht dazu angetan, mich zu verwöhnen, denn es gehörte zu der Gattung der Regimentsmegären und Scheuerdrachen; deshalb erschien mir wohl das junge, etwa siebzehnjährige Mädchen dort unten wie ein Wunder von Schönheit und lieblicher Bildung, und es erfüllte mich etwas wie Dankbarkeit gegen den Schöpfer, der solche wohlgerundete Anmut mit leichter Meisterhand in die Welt gestellt hatte.

Während das junge Mädchen, langsam alles betrachtend, durch den Garten ging, wurde sie von einem ungefähr vierzehnjährigen Knaben umschwärmt, der mit einem Bogen von Eschenholz leichte Rohrpfeile in die Luft schoß und sich an ihrem hohen Fluge vergnügte. Durch einen Zufall stieg einer dieser Pfeile bis zu mir empor und fiel neben mir nieder. Dadurch wurde der Knabe meiner gewahr und machte seine Schwester auf mich aufmerksam. Ich nahm meinen Hut ab und warf, indem ich grüßte, den Pfeil wieder hinunter. Mein Schicksal und meine Anwesenheit auf der Festung waren in der ganzen Stadt bekannt, und so mochten diese jungen Leute auch wohl gleich wissen, wen sie vor sich hatten. Denn sie sprachen miteinander und sahen zu mir empor, der Knabe unverhohlen und voll Neugier, das Mädchen flüchtiger, aber, wie es mir schien, mit einem Ausdruck von Mitleid in den schönen Zügen.

Da ich nun fortwährend mit Fluchtgedanken beschäftigt war und alles, was mir passierte, mit diesen in Zusammenhang brachte, so fiel mir auch jetzt sogleich ein, daß sich hier eine Gelegenheit biete, wieder mit der Außenwelt in Verbindung zu treten. Wenn das schöne Mädchen mir vielleicht auch nicht helfen konnte, so würde sie doch gewiß nicht einen armen Gefangenen verraten, der sich vertrauensvoll in ihre Hand gab. Aber ein Zweifel fing sofort an mich zu plagen, nämlich, ob ich das Mädchen wiedersehen würde. Vielleicht war sie nur zu einem kurzen Besuch in diesem Landhause und kam nie wieder. Aber dennoch arbeitete ich im Geiste schon an einem ausführlichen Brief, in welchem ich meine Lage und alles, was zu meiner Befreiung nötig war, gründlich auseinandersetzte.

Als ich gegen Abend wieder in meine Zelle eingeschlossen wurde, schrieb ich alles sorgfältig auf und setzte die Mittagsstunde von zwölf bis ein Uhr zu einer Antwort von ihrer Seite fest. Um diese Zeit befanden sich auf der Festung alle beim Essen, und ich wurde folglich am wenigsten beobachtet. Auch pflegte sich dann die Schildwache in meiner Nähe einer stillen, innerlichen Beschaulichkeit hinzugeben. Ihre Antwort sollte das Mädchen auf ein Zettelchen schreiben, dieses mit ein wenig Wachs oder Pech an einen Rohrpfeil kleben und durch ihren Bruder zu mir hinaufschießen lassen.

Mit fieberhafter Spannung wartete ich am anderen Tage darauf, daß die Schöne wieder im Garten erschiene, doch vergebens: alles blieb leer. Nur der Knabe tollte eine Weile dort herum und übte sich mit langen, schlanken Gerten, die er als Wurfspieße benutzte. Endlich, am Nachmittag, sah ich das helle Kleid aus dem Grün hervorleuchten. Das Mädchen ging langsam durch den Garten und verschwand unter dem alten Lindenbaum. Es dauerte eine Ewigkeit, bis sie wieder zum Vorschein kam, nun aber wandelte sie auf dem Steige unter mir hin. Jetzt galt es. Ich räusperte mich, so laut ich konnte, und sobald sie aufblickte, zeigte ich meinen mit einem Steine beschwerten Brief. Als sie verwundert und etwas verwirrt wegsah, warf ich ihn hinab. Er fiel ihr gerade vor die Füße, und ich bemerkte, wie sie erschrak und im ersten Augenblick weiterging, ohne ihn aufzunehmen. Dann besann sie sich, kehrte um, hob das Papier auf und ging damit unter den Lindenbaum zurück. Nach einer Weile kam sie wieder hervor und schritt, mir den Rücken wendend, langsam auf das Haus zu. Wie im Krampfe zog sich mein Herz zusammen, als sie so, ohne ein Zeichen zu geben, davonging. Doch da! Plötzlich blieb sie stehen und ließ flüchtig den Blick zu mir heraufgleiten. Dann wendete sie sich wieder ab, nickte dreimal eindringlich mit dem Kopf und lief eilig dem Hause zu.

Beinahe hätte ich laut aufgejauchzt, als ich dies bemerkte, und den ganzen Abend hatte ich die größte Not, die außerordentliche Heiterkeit zu unterdrücken, die mich erfüllte.

Am anderen Tage ging alles gut. Der Knabe kam und schoß mit seinen Rohrpfeilen wie zur Übung an dem Felsen in die Höhe. Dann nahm er einen anderen Pfeil, zielte sorgfältig und schoß ihn zu mir empor. Es war zu kurz: ich sah den leichten Boten bis dicht an meine Hand steigen und dann wieder zurücksinken. Das zweite Mal aber gelang es; ich löste schnell den kleinen, schmalen Zettel ab und warf den Pfeil wieder hinunter.

Sie schrieb: ‚Ich will alles tun, was ich kann. Mein Onkel will mir dabei helfen. Sie dürfen ihm vertrauen, wie auch meinem Bruder Paul, der alles weiß und stolz auf dies Geheimnis ist. Haben Sie guten Mut! In vierzehn Tagen kann alles bereit sein.'

Diesen kleinen Zettel drückte ich an meine Lippen, las ihn wohl hundertmal und bewahrte ihn als meinen größten Schatz.

Über die nächsten vierzehn Tage will ich kurz hinweggehen. Genug, die Stunde war da, wo alles bereit war, und zwar sollte die Flucht am hellen Mittage stattfinden. Das Glück begünstigte mich in jeder Hinsicht. Am Vormittage stieg ein Gewitter auf; über der Heide stand eine blauschwarze Wolkenwand, in der die Blitze zuckten, und der Donner ertönte lauter und lauter.

Einige Minuten nach zwölf stand ich an dem Rande des Felsens und wartete auf den nächsten Donner, der das Geräusch meines Sturzes übertäuben sollte. Da zuckte ein greller Blitz auf. ‚Eins, zwei, drei, vier, fünf, sechs, sieben, acht...' zählte ich unwillkürlich, und dann knatterte und rollte es mächtig in den Wolken. ‚In Gottes Namen!' sagte ich innerlich und sprang zu.

Wie ich hinuntergekommen bin, weiß ich noch heute nicht. Es donnerte, rauschte und sauste mir um die Ohren, Zweige schlugen mir ins Gesicht, und mit einem Male hatte ich Boden unter den Füßen. Ich eilte schnell durch Laubengänge, die mich den Blicken verbargen, dem Ausgange zu. Wie oft hatte ich diesen Weg schon im Geiste gemacht! Da, in der Nähe des geöffneten Gartentores stand, von Buschwerk gedeckt, eine helle Gestalt. Sie war es. In überschwellender Dankbarkeit streckte ich ihr beide Hände entgegen, und da Worte unsere Empfindungen nicht ausdrücken konnten, so küßten wir uns, als könne es gar nicht anders sein. Aber sie drängte mich bald von sich: ‚Schnell, schnell,' rief sie, ‚und reisen Sie glücklich!' O Wonne und Qual, in der Nußschale eines kurzen Augenblicks vereinigt!

Doch ich mußte weiter. Auf der Straße sah ich den Knaben Paul, dem ich in einiger Entfernung folgen sollte. Er führte mich zu einem kleinen Gehölz in der Nähe, wo eine Kutsche mit zwei schönen Pferden hielt. Ein ältlicher Mann, der dabeistand, schob mich hinein und rief mir zu: ‚Im Wagenkasten ist ein neuer Anzug und was Sie sonst noch brauchen, in der Seitentasche Geld und Papiere. Reisen Sie mit Gott!' Ich wollte ihm danken, allein die Pferde zogen an, und fort ging's in Sturm und Regen und rollendem Donner, was die Gäule laufen konnten.

Nun, ich kam nach allerlei kleinen Abenteuern über die Grenze und weiter und war frei. Frei und doch wieder gefangen, denn den Kuß am Gartentor vergaß ich mein lebelang nicht.«

Mit diesen Worten schien Herr Lindow seine Erzählung beenden zu wollen. Da aber trat Frau Lindow zu uns heran, die schon eine Weile bei einigen Gemüsebeeten in unserer Nähe beschäftigt gewesen war. »Nun,« fragte sie, »was erzählst du denn da wieder für eine lange Geschichte?«

»Oh,« antwortete er ihr in scheinbar gleichgültigem Tone, »es ist die Geschichte von dem berühmten Kuß am Gartentor!«

»Ach du!« sagte Frau Lindow. »Ja, das kommt davon, wenn man sich mit Verbrechern einläßt.«

Mir ging plötzlich ein Licht auf, entzündet an dem schimmernden Glanze der Augen, mit dem die beiden alten Leute einander ansahen.

»Alte,« rief der Doktor, »denkst du daran, daß es jetzt gerade vierzig Jahre sind seit jenem verhängnisvollen Kuß? Komm, laß uns anstoßen auf ein glückliches Alter!«

Wir erhoben uns, und die Gläser klangen aneinander. Dann küßten die beiden Alten sich, und ein Abglanz wie von ewiger Jugend verklärte ihre glücklichen Gesichter.

Heinrich Seidel.

Übungen.

These exercises can be used for either oral or written drill.

It is taken for granted that the student already knows the common pronouns, the inflection of haben, sein, *and* werden *and of the weak verb, and has become familiar with the words found early in every grammar, such as* aber, groß, gut, immer, so, zwei, drei, weil, *and so on.*

It is furthermore assumed that these exercises will be taken up in the order in which they appear here, the questions in each instance being answered before the translation into German is begun. This is mentioned because in some cases the English exercise that is set for translation contains words which do not occur in the text on which the exercise is based but which are found in the questions.

Parentheses, in addition to their ordinary use, enclose hints on translation, the vocabulary form of words to be used in properly inflected form, or words to be inserted in the German that are not required in English.

Square brackets enclose words that are to be omitted in German.

Words connected by a tie or ties are to be rendered by a single word.

The same abbreviations are used in these exercises as in the vocabulary.

Die Fliege, die in die Schule ging.

A. 1. Wie kam die Fliege in die Schulstube? 2. Warum war das Fenster offen? 3. Was lernte die Fliege in der Schule? 4. Wem gab die Fliege die erste Gesangstunde? 5. Wie kam es, daß sie sich in der ersten Gesangstunde beinahe den Hals brach? 6. Welches Lied lehrte sie ihren zweiten Schüler? 7. Gab die Fliege ihre dritte Gesangstunde einem Schüler oder einer Schülerin? (Ich stelle diese Frage, weil man auf deutsch sagt: *der* Esel, *der* Fisch, aber *die* Ente.) 8. Können Sie mir nun auch sagen, ob unsere Fliege ein Gesanglehrer war oder eine Gesanglehrerin? 9. Glauben Sie, daß die Ente wirklich taub war? 10. Warum kann die Fliege jetzt keine Gesangstunden mehr geben? 11. Von wie vielen Tieren handelt diese Geschichte?

ÜBUNGEN

12. Wenn Sie in den Stammformen *fliegen, flog, ist geflogen* statt des g ein h setzen, was bedeuten die Formen dann auf englisch?

B. 1. It was a hot summer⌣day. 2. The window of the schoolroom was open. 3. The children in the school were singing a song. 4. The fly was very (sehr) *curious and flew through the window into the schoolroom.*

5. She soon (position!) learned the song which the children were singing. 6. Then (dann) *she went into the wide world and gave the other* (ander) *animals singing⌣lessons.*

7. On the meadow she saw (sehen) *an old donkey grazing (infinitive), and she taught him her song. 8. But the old donkey was a very ungrateful fellow, for he almost broke her neck (to⌣her the neck).*

9. Thereupon (darauf) *the fly caught⌣sight⌣of a fish in the brook and wanted⌣to* (wollen) *give him a singing⌣lesson. 10. He was also ungrateful and splashed water on her.*

11. The fly flew onward, but only with great difficulty. 12. At⌣last (zuletzt) *she met the duck, who was waddling along (walked quite, ganz, crooked). 13. And the duck was the most ungrateful of* (von) *all (uninfl.) the animals: she swallowed the poor* (arm) *singing⌣teacher.*

Der Fuchs und der Krebs.

A. 1. Von welchen zwei Tieren handelt diese Geschichte? 2. Welches von diesen beiden Tieren ist das größere? 3. Wie kriecht der Krebs? Und wie läuft der Fuchs? 4. Um wieviel Mark wetteten Krebs und Fuchs miteinander? 5. Wieviel ist eine Mark ungefähr in amerikanischem Gelde? (*cent*, Cent) 6. Liegen Hamburg und Bremen weiter nach Norden als Berlin und Leipzig, oder liegen Leipzig und Berlin weiter nach Süden als Bremen und Hamburg? 7. Welche von diesen vier Städten ist die größte? Welche ist die zweitgrößte? 8. Welcher von den beiden Wettläufern gab dem anderen einen Vorsprung? 9. Welches war das schlauere von den beiden Tieren? 10. Womit hielt sich der Krebs an dem Schwanz des Fuchses fest? 11. Wie kam es, daß der Krebs zuletzt dem Ziele näher war als der Fuchs? 12. Wie verspottete der Fuchs den Krebs wieder, als sie ans Ziel kamen? (Antwort: Er nannte den Krebs usw.) 13. Wer mußte die Wette zahlen? 14. Was tat der Fuchs, als er beschämt davonging? 15. Nennen Sie mir ein anderes Tier, welches das auch tut, wenn es sich schämt!

B. 1. One day a crab (Krebs) *was crawling through the green grass of a little meadow, quite slowly and always backward. 2. A fox who saw the crab wanted⌣to* (wollen) *tease him a little* (ein wenig), *so* (also) *he asked: "Crab, why do you run so fast?" 3. This mocking question* (Frage) *did not please the crab. 4. "Fox," he* said, "I see you don't know me. I can (kann) run faster than you. Will (willst) you bet with me?" 5. "Certainly!" answered the fox. "How much? One mark?" 6. "Oh no!" said the crab. "I never (nie; position!) bet less (weniger) than ten marks. But I will give you a good long start." 7. "A start you say!" cried the fox mockingly. "How big shall the start be?" 8. "From your head to your tail. Does that suit you?" 9. "Yes indeed (jawohl)," said the sly fox, but he did not know (wissen) that the crab was much (viel) slier than he. 10. "All right then (Gut also)," said the crab. "If you now step right (gerade) in⌣front⌣of me, your tail touches my head, doesn't it (nicht wahr)? And that is exactly the length of your body. 11. I will then count (zählen): One, two, three! and the race can begin."

12. Now when (When now) the crab stood close behind the fox, he laid⌣hold⌣of the fox's tail with his claws. 13. This (dies) the fox did not notice at all because his tail was so big and bushy. 14. Thereupon the crab cried as (so) loud [as] he could (können): "One, two, three!"

15. "Go it!" answered the fox, and the race began. 16. Never in all his life had the fox run so fast. 17. Finally, as he almost (already) touched the goal, he turned (himself) around quickly. 18. No (kein) crab was to be seen (to see). 19. "Are you not a stupid fellow (Kerl), Crab?" he shouted. "But where are you then (denn)?"

20. "Here I am," answered the crab, "at (an) the goal! Don't you see (siehst) me?" 21. And sure⌣enough (richtig), there sat (sitzen) Mr. Crab, quietly waiting (and waited quietly) for the slow fox. 22. "How is this (comes that)?" said the frightened fox. "The cuckoo must have helped you!"

23. I do not know (weiß) whether (ob) the cuckoo actually (wirklich) helped the crab, but this (that) I know [for] certain: the fox was⌣obliged⌣to pay the bet, and I also saw that one (einer) of (von) the two tucked a long (lang), bushy tail between his legs and went away ashamed.

Gevatter Tod.

A. 1. Sagen Sie mir doch, warum Klaus nicht einen seiner Verwandten oder Freunde bat, Pate zu seinem dreizehnten Kinde zu werden! 2. Wer war der erste Fremde, an den sich Klaus wandte? 3. Woher wußte der liebe Gott, was der Arme wollte, ehe dieser es ihm sagte? 4. Geben Sie die Stammformen von *b e t e t e , b a t* und *b o t* ! 5. Wie sahen die beiden anderen Fremden aus, denen Klaus auf der Landstraße begegnete? 6. Welchen von den beiden nahm er zum Paten für sein Kind? Warum? 7. Wann war die Kindtaufe? 8. Wie alt, glauben Sie, war der Junge ungefähr, als der Tod ihn in den finstern Wald führte? 9. Was verstehen Sie unter einem Heilkraut? 10. Wissen Sie auch, was Sauerkraut ist? 11. Woher wußte der junge Arzt immer, ob seine Kranken sterben oder wieder gesund werden würden? 12. Was ist ein Hofarzt? 13. Wissen Sie auch, was ein Tierarzt ist? 14. Durch welche List betrog

ÜBUNGEN 73

der Wunderdoktor den Tod? (Antwort: Dadurch, daß er usw.) 15. Wann wurde der junge Arzt zum zweitenmal an des Königs Hof gerufen? 16. Was sollte er zum Lohn bekommen, wenn er die Prinzessin wieder gesund machte? 17. Erklären Sie, warum der Tod nun den Arzt zu hassen begann! 18. Woher wissen Sie, daß es nicht dunkel in der unterirdischen Höhle war? 19. Wie lang war das Lebenslicht des jungen Arztes? 20. Was geschah, als der Tod das Lebenslicht seines Paten umstieß?

B. 1. One day (the) poor Klaus was looking for a godfather for his thirteenth child, when (da, with inversion) he met the (dear) Lord, before whom every tree, every flower, [and] even (ja) every blade of grass bowed low. 2. When, however, Klaus said to God: "Why have the rich always enough to eat, and why must the poor always go hungry?" (da) the Lord disappeared (verschwinden), so that Klaus saw him no more.

3. Then Klaus met the Devil, who promised him to make his little son rich if he took (pres. subj.) him for a (zum) godfather; but Klaus told him he should (sollen; pres. subj.) go home to his grandmother.

4. Finally (endlich) he met a thin, scrawny man who also offered himself, and him (der) he begged to come to (zu) the christening of the child, which was to be on Sunday.

5. Now when (When now) the boy was fourteen (vierzehn) years old, the thin, scrawny fellow (Kerl), who was none other than (the) Death, gave the youngster a healing herb, which grew (wachsen) only in a certain (gewiß) dark forest. 6. "You shall become the most famous physician on earth," he said. 7. "Use this herb whenever you see me standing (infinitive) at the head of your patient, and he will get well again. 8. But whenever I stand at his feet, he must die anyway (doch); and if you then (dann) use the herb, you will fare ill."

9. Now once (Once now) the king was so sick that his court physician had given him up. 10. Then (da) the king's daughter sent for the famous physician and asked him whether (ob) he could (können; pres. subj.) save her beloved father. 11. He saw (the) Death standing at the king's feet, but with [the] assistance (Hilfe) of the servants he quickly turned the bed around, gave the king three drops of (von) the healing herb, and behold! (siehe da!) the king was saved.

12. A year afterward the beautiful princess herself fell sick, and that (zwar) so seriously that the king said: "Whoever restores my dear daughter to health shall have her to (the) wife and be (become) king after me."

13. Once more the marvelous doctor cheated (the) Death out of (um) a patient, but this time (diesmal) (the) Death led him away into the cave where all [the] life-lights of (the) men burn. 14. When the youth asked (the) Death where his light was (pres. subj.), (the) Death pointed to a little candle which (just, eben) was about to (wollen) go out. 15. "Dear Godfather," begged the doctor, "will you not at⁀once set the little⁀stump on a new, long candle? 16. I should so much like to (möchte so gern) *marry the young princess!"*

17. *(The) Death took the doctor's candle in (the; acc.) one hand and one of the longest in the other, but then* (dann) *he purposely let the little [one] fall* (fallen), *and it went out.* 18. *Hardly* (kaum) *had it gone out when* (so, *with inversion*) *the doctor too fell down and died.*

Der Schmied von Jüterbog.

A. 1. Wie hieß der Schmied von Jüterbog? 2. Woher wissen Sie, daß der Schmied sein Handwerk gut verstand? (Antwort: Es wird uns erzählt, daß usw.) 3. Was wird von der Salbe gesagt, die Peter besaß? 4. Gibt es wirklich eine solche Salbe? 5. In wessen Heere hatte der Schmied gedient? 6. Und in welchen Ländern war er mit dem Kaiser gewesen? 7. Wie alt wurde der Schmied von Jüterbog? 8. Warum wird das graue Männlein der Schutzgeist des Schmieds genannt? 9. Was bekam der Schmied zum Lohn dafür, daß er des grauen Männleins Esel beschlug? 10. Sagen Sie mir auf deutsch, was ein Dieb ist! 11. In was verwandelte Peters Schutzgeist die Eisenstangen? 12. Was war das für ein Trank, der in Peters Flasche war? 13. Glauben Sie, daß es einen solchen Trank gibt? 14. Seien Sie so gut, und sagen Sie mir, warum der Schmied nicht selbst auf den Birnbaum hinaufstieg! 15. Wie ist es gekommen, daß der Tod ein so dürres Gerippe geworden ist? 16. Was mußte der Tod dem Schmied versprechen, ehe dieser ihn laufen ließ? 17. Wer half dem Tod, als dieser sich an dem Schmied rächen wollte? 18. Warum mußte der Teufel durchs Schlüsselloch, wenn er in des Schmieds Stube wollte? Und kam er wirklich ganz hinein? 19. Wäre es nicht besser gewesen, wenn der Schmied und seine Gesellen den Teufel gleich ganz totgeschlagen hätten? 20. Warum taten sie das nicht? 21. Warum wurde es dem Schmied so einsam auf Erden, daß er sich auf den Weg nach dem Himmel machte? 22. Weshalb wollte ihn Petrus nicht in den Himmel hineinlassen? 23. Wo ging Schmied Peter dann hin? Und ging es ihm dort besser? 24. Wo fand er zuletzt Zuflucht? 25. Wonach fragte ihn sein alter Herr, der Kaiser Rotbart, sogleich? 26. Warum heißt Kaiser Friedrich der Erste der Rotbart? 27. Wie nannten ihn die Italiener? 28. Wo ist der Kyffhäuser? 29. Was für Arbeit bekam Schmied Peter im Kyffhäuser? 30. Wie lange muß der Kaiser noch mit seinem Gefolge dort bleiben?

B. 1. *Peter was an uncommonly able and clever blacksmith.* 2. *One day he had shod the gray little⁀donkey of Saint Peter, his patron⁀saint, and had demanded no pay for⁀it* (dafür). 3. *Then* (da) *the saint* (heilig, *used as a subst.*) *said: "I will grant you three wishes, Peter, but you must* (müssen) *not forget the best."*

4. *Thereupon* (darauf) *the blacksmith said: "This is my first wish: If I see a thief in my pear⁀tree,* (so) *he shall not be able to come down again against my*

will. 5. Secondly: Nobody shall be able to enter my room without my consent, except through the keyhole. 6. And thirdly: There (es) shall always be a good dram in my bottle."

7. Now Peter lived on and on, until (bis) he was more than [a] hundred years old, for what he drank (trinken) every day (acc.) out of his bottle was an elixir‿of‿life, but that he did not know. 8. When (the) Death finally knocked at his door, the smith said: "Won't you first (erst) climb‿up into my pear‿tree and fetch me a couple of pears?" 9. (The) Death climbed up, and Peter shouted: "Stay where you are!" and (the) Death had‿to stay up there until he had promised to let Peter alone.

10. Soon afterward the Devil, (the) Death's best friend, came (in order, um) to fetch the blacksmith. 11. Peter quickly locked his door, held a leather sack in front of the keyhole, and caught (fangen) the Devil in‿it (darin). 12. Then he and all his workmen hammered away at the Devil and made (lassen) him promise never to come back.

13. Now neither (weder) (the) Death nor (noch) the Devil could fetch (the) old Peter, but he became tired of this earthly‿life, so (also) he knocked at the gate‿of‿heaven (heaven's‿gate). 14. Saint Peter looked out and said: "Whoever (wer) forgets to wish the best, namely (the) eternal bliss, to him (der) the gate‿of‿heaven remains closed."

15. Thereupon Peter tried his luck in (the) hell, but (doch) even (sogar) the Devil slammed the gate in his face.

16. Finally the tired old blacksmith found refuge with (bei) Emperor Frederick, the Redbeard, in‿the Kyffhäuser‿Mountain, and not only refuge, but also work (Arbeit), for the emperor, his princesses, and their retinue have many, many horses, and Peter has‿to shoe them all.

Ein Traum.

A. 1. Wann war der Siebenjährige Krieg? 2. Was für eine Hütte ist eine Lehmhütte? 3. Ist ein Mann immer ein Mensch? und ein Mensch immer ein Mann? 4. Warum ging dieser arme Mann auf die Brücke vor dem Emdener Rathaus? 5. Warum habe ich eben nicht gesagt: »... auf die Brücke vor *das* Emdener Rathaus?« Ich frage hier bei dem Zeitwort »ging« doch: »Wohin ging der Mann?«! Nicht wahr? Erklären Sie mir das, bitte! 6. Wem erzählte der arme Mann seinen Traum? 7. Setzen Sie die direkte Rede des Ratsherrn von »Du mußt über die Ems gehen« bis »begraben« in die indirekte Rede um, und zwar so, daß diese von »Ihm träumte« abhängt! 8. Warum eilte der arme Mann nun so schnell nach Hause? 9. Was hatte seine Frau für ihn gekocht? 10. Was befahl er ihr, und wobei mußte sie ihm helfen? 11. Erzählen Sie die Geschichte nun selbst ein wenig weiter, und zwar bis dahin, wo der holländische Pfarrer dem Mann und seiner Frau die Schrift an dem ersten Topf vorliest! 12. So, nun will ich eine von den Schülerinnen dieser Klasse bitten, einer anderen Schülerin einige Fragen über das Ende dieser Geschichte zu stellen: Fräulein S., fragen Sie Ihre Nachbarin zur Linken oder zur Rechten!

B. 1. After the Seven Years' War we were all in great distress. 2. My wife and I were living at that time in a small hut not far from the town [of] Emden. 3. Though (obgleich) *we were both very economical, (so) we nevertheless* (doch) *remained poor.*

4. Now I had had a strange dream one winter⌣morning. 5. I had been dreaming what⌣follows (folgendes)*: I was walking up and down on the bridge in front of the town⌣hall of Emden. 6. The sun was already about to set, and it was growing colder and colder (always colder). 7. Nobody had bothered himself about me or spoken with me. 8. But just as* (gerade wie) *I was thinking* (denken) *to* (bei) *myself: I had better* (will lieber) *go home, an old woman* (Weib) *who was quite lame* (lahm) *stepped up to me and said: "Young man, if you go across the Ems and turn first to⌣the⌣right and then to⌣the⌣left, (so) you will get to a crossroads. 9. At the crossroads you will see a hut and behind* (hinter) *the hut a tall* (hoch) *pear⌣tree. 10. Under this pear⌣tree a Frenchman (has) buried* (vergraben) *a treasure during* (während) *the war. 11. The Frenchman is dead, and I myself cannot..."*

12. Here I woke up (aufwachen) *and saw my wife sitting (infinitive) at the hearth (and) cooking potatoes. 13. Quite out⌣of⌣breath I rushed up to her* (auf sie zu) *and told her my dream, for all that* (was) *the lame old woman had said pointed to* (passen auf; acc.) *our house. 14. "Dreams are bubbles," said my wife; "sit down and wait till* (bis) *the potatoes are done* (gar)*!" 15. When, however, I actually* (wirklich) *fetched a spade and began to dig, she thought I was crazy.*

16. Well (nun)*, what was I to* (sollen) *find? An earthen pot! 17. And if you* (ihr) *ask me: "Was [there] anything in⌣it* (darin)*?" (so) I say: "It was not empty* (leer)*," for soon afterward we built (us) a new house.*

18. But (doch; without inversion) *my story is not yet at* (zu) *[an] end. 19. Outside* (außen) *on the pot [there] was some writing which neither my wife nor I could read, but we didn't bother ourselves much about⌣it* (darum)*. 20. One day, however, a Dutch parson who was taking a short rest at our house saw the old pot up on the cupboard and read the writing. 21. "What does this mean?" he asked. "I read here that a still larger pot stands under this [one], but I don't see it." 22. "That we don't know, (Mr.) Parson," answered my wife quickly.*

23. Before evening, however, we not only knew what it meant, but we also had dug⌣out (ausgraben) *the larger pot, and there* (es) *was more money in⌣it than in the smaller [one]. 24. Now, wasn't that an odd dream?*

Der Zwerg und die Gerstenähre.

A. 1. Waren die Garben schon alle in der Scheune? 2. Wie viele Mark machen einen Taler? 3. Was wollte der Bauer mit dem Stock tun? 4. Redete das Männlein den Bauer mit *du* an oder mit *Sie* oder mit *Ihr*? 5. Und welches Fürwort brauchte der Bauer, wenn er das Männlein anredete? 6. Um was bat der Kleine den Bauer? 7. Sagen Sie noch einmal die Stammformen von *bat, bot* und *betete* her; sie sind gar zu wichtig! 8. Was lag dem Zwerg im Wege, daß er mit der Gerstenähre nicht wieder in seine Höhle zurückkonnte? 9. Erzählen Sie uns nun kurz, wie das Vieh des Bauers gedieh! 10. Warum ging der Bauer an dem einen Tage nicht in die Scheune? 11. Sagen Sie uns, was Ihr Lieblingsgericht ist! 12. War es im Dorfe bekannt, wem der Bauer und die Bäuerin ihren Segen verdankten? 13. Was für ein Mensch war der Knecht des Bauers? Und wie behandelte er den Zwerg? 14. Konjugieren Sie: Darüber wollte ich mich totlachen! 15. So, nun stellen Sie selbst ein paar Fragen über die Kühe, Pferde, Schweine und Hühner des Bauers, damit wir zu hören bekommen, wie nun alles anders wurde, nachdem das Männlein nicht mehr erschien! Herr D., fragen Sie zuerst einmal Fräulein N., wie es mit der Milch und der Butter stand, ob die Milch noch so weiß war wie früher, usw.!

B. 1. *There* (es) *are two farmers in our little village whose name⁀is* (heißen) *Meyer.* 2. *Peter Meyer has but a small farm with an old barn and a house in which [there] are only two rooms and a kitchen* (Küche), *but he and his wife are always happy* (glücklich) *and contented, even* (auch) *when the harvest has not been good.* 3. *As* (da) *they have neither* (weder) *hired man nor* (noch) *maidservant* (Magd), (so) *they are⁀obliged to do all [the] work themselves, even* (sogar) *the threshing in winter.* 4. *But when farmer Peter sells his heavy sacks [of] grain in (the) town, the miller says: "Such grain I don't find far or (and) near" and pays* (zahlen) *him the very⁀highest price for⁀them.* 5. *Peter Meyer's horse—he has only one—is sleek and strong and draws the wagon or the plow better than many* (manch; *with or without infl.*) *[an]other horse in the village.* 6. *To look at their pigs is a positive delight, for they* (der) *are so fat that they can hardly drag themselves to the feeding⁀trough.* 7. *And then* (dann) *you* (ihr) *should just* (einmal) *see the milk from their two cows and the butter which the farmer's⁀wife makes of⁀it* (daraus). 8. *And their hens,—well* (nun), *they* (der) *seem* (scheinen) *to lay all the year round.* 9. *[In] short, on Peter's farm everything prospers.*

10. *But with* (bei) *Hans Meyer everything is going backward.* 11. *Five years ago (before five years) he was a very rich man; but although* (obgleich) *he still has four horses, a dozen* (Dutzend) *cows, and I know* (weiß) *not how many pigs and hens, yet he is growing* (so wird er doch) *poorer from day to day.* 12. *In the village people tell each other strange things about a little wight that had made the farmer rich, but never appeared again after one of Hans Meyer's farm hands had tickled him under the nose with a barley⁀ear (with a barley⁀ear under the nose).* 13.

Whether that is true or not, I cannot say.

Die teuren Eier.

A. 1. Der Kaufmann war doch reich, nicht wahr? 2. Warum bezahlte er denn die Eier nicht? 3. Wie viele Jahre vergingen, bis der Kaufmann wiederkam? 4. Warum bezahlte er auch dann die Eier nicht sogleich? 5. Erzählen Sie, wie der Wirt dem Kaufmann den ungeheuren Preis der Eier vorrechnete! 6. Wissen Sie die richtige Antwort auf die alte Frage: »Was war erst, das Ei oder die Henne?« 7. Wo sollte der Streit zwischen dem Wirt und dem Kaufmann entschieden werden? Und wie wurde er entschieden? 8. Wer versprach dem Kaufmann, ihm zu Hilfe zu kommen? 9. Was war wohl der Grund, warum das Männlein, der Rechtsanwalt des Kaufmanns, so spät aufs Gericht kam? Was meinen Sie? 10. Was fanden die Richter Lächerliches an der Antwort des Männleins? 11. Warum lachten die Richter nicht mehr, nachdem das Männlein ihnen seine Ansicht gesagt hatte? 12. Kennen Sie das Sprichwort von dem, der am besten lacht?

B. 1. *After we had been (use* sein) *riding an hour* (Stunde), *we turned in at an inn and asked the host whether he had [any] fresh* (frisch) *eggs.* 2. *He said the hens* (Huhn) *were not laying very well just⌣then* (gerade), *but his wife could (pres. subj.) perhaps spare* (ablassen) *us a dozen.* 3. *"That's much more than we can eat," said I. "Bring (use* Sie *throughout) me three, please, boiled, and soft* (weich)." 4. *"And me also three," said my friend, "but hard* (hart)." 5. *After a while* (Weile) *the eggs were brought in* (herein) *by* (von) *a maid* (Magd), *and the (Mr.) host, who was sitting not far from our table, told us that he had brought⌣an⌣action⌣against a certain* (gewiß) *rich merchant in our town whom we both knew well.* 6. *"Why have you done that?" asked my friend.* 7. *"Because he ordered a dozen boiled eggs here and went away without paying⌣for them," was the answer.* 8. *"When was that?" my friend asked again.* 9. *"Just five years ago."* 10. *"Why* (ei)," *cried my friend, "then you can sue him for* (auf; *acc.) a tremendous sum, for don't you see, twelve chickens would have come out of the twelve eggs, and the chickens would have laid eggs in their turn, and so on, five long years!* 11. *If you take* (annehmen) *me for* (als) *your attorney and give me (the) half* (Hälfte) *of the money, (so) I'll reckon it up for you. What do you say to⌣that (thereto)?"* 12. *"That's (a) good advice* (Rat)," *said the old [man], "but let me first ask my wife.* 13. *All [the] money that we take⌣in* (einnehmen) *for eggs belongs* (gehören) *to⌣her."*

14. *The hostess* (Wirtin) *came in* (herein), *and my friend repeated* (wiederholen) *his advice.* 15. *After listening (she had listened,* zuhören) *attentively* (aufmerksam) *she laughed and said: "Do you know, (my) gentlemen, what the judge would* (würde) *say to⌣that?"* 16. *"Well* (nun)?" *asked my friend curiously.* 17. *"I (have) once* (einmal) *heard of a blockhead* (Dummkopf) *who planted boiled peas, and he*

is still waiting for (auf; *acc.*) *the crop. 18. But if you can show me a single* (einzig) *chicken that (has) crept* (kriechen) *out of a boiled egg,* (so) *the merchant shall pay. 19. Otherwise* (sonst) *he owes you only a small sum with interest for twelve boiled eggs."*

Der starke Drescher.

A. 1. Wie behandelte dieser Bauer seine Knechte? 2. Rübezahl wird hier »der Berggeist« genannt. Wissen Sie noch, wie der heilige Petrus in der Geschichte von dem Schmied von Jüterbog genannt wird? 3. Warum nahm der reiche Bauer den Drescher nicht sofort in seinen Dienst? 4. Was für Arbeit gab der Bauer dem neuen Knecht? 5. Womit dreschen die Bauern ihr Korn aus? 6. Wo wächst das Korn? Und wo wird es ausgedroschen? 7. Woran erkannte der Bauer, daß der Drescher Rübezahl gewesen war? (Antwort: Daran, daß usw.) 8. Woher wissen Sie, daß der Bauer sich nach der Züchtigung besserte?

B. **Practice in the Uses of the Subjunctive**

1. He asked me where Silesia was. 2. If the old peasant were not so hardhearted and avaricious, he would give his farm hands more pay. 3. People said that Rübezahl was known in all the region around. 4. He said he would assume the shape of a big, strong thresher. 5. Then I asked the farmer whether his men had already had something to eat. 6. If my time had not been up, I should have filled the sack before (ehe) *I went away.* 7. The farmer would not have been cheated by (von) Rübezahl if he had not himself tried (versuchen) *to cheat his hired men.*

Die befreiten Seelen.

A. 1. Erzählen Sie uns, wie es kam, daß der junge Stadtherr nicht *e i n e n* Fisch in dem Obersee fing! 2. Wozu lud ihn der Müller ein? 3. Was ist eine Enkelin? 4. Schreiben Sie den Satz: »Zu Mittag soll Euch... zu haben« in eine indirekte Aussage um, und zwar so: Der Müller sagte, zu Mittag usw.! 5. Tun Sie das ebenfalls mit dem Satze: »Wie kommt's denn... gibt?« (Der Fremde fragte, wie...)! 6. Wie beschreibt der Müller seinen Duzbruder? 7. Was ist der Unterschied zwischen einem Ölfläschchen und einem Fläschchen Öl? 8. Warum ging der Wassermann so gern zum Kirchtag in Seedorf? 9. Woher wissen Sie, daß die Menschenseelen in den Töpfen nicht tot waren? 10. Merken Sie genau auf den Satz, den ich jetzt bilden werde: »In dieser Geschichte wird der Wassermann von dem Müller um die Menschenseelen betrogen«! Sie verstehen den Satz, nicht wahr? Nun, dann bilden Sie selbst drei solche Sätze, je einen aus den folgenden Geschichten: »Der Fuchs und der Krebs«, »Gevatter Tod«, »Der starke Drescher«! Also: »In der ersten Geschichte wird der usw.«. 11. Warum hatte der Müller die Seele seiner

Schwiegermutter nicht befreit? 12. Was geschah, als er es später versuchte? Und wann geschah das?

B. 1. *Toward noon the young city⌣gentleman returned from the Upper⌣Lake, not having (and had not) caught a single* (einzig) *trout.* 2. *But after he [had] fished all the (the whole) afternoon* (Nachmittag) *in the Lower⌣Lake, he had enough for* (zu) *a meal, and the granddaughter of the old miller was⌣to prepare the fish for him.*

3. *While* (während) *she was doing that, the old [man] told him a long story about the water sprite who dwelt (pres. subj.) in the Upper⌣Lake and once had been (perf. subj.) his very⌣best friend.* 4. *"And how did you* (ihr) *become (perf.) friends?" asked the young man.* 5. *"I had caught him in my net," said the miller, "but I released him from the meshes, and then he invited me to dinner."* 6. *"What? And you did not drown (perf.)?"* 7. *"Oh no, because I anointed myself with the oil which he gave me before* (ehe) *we went down into⌣the water."* 8. *"But why are you friends no longer (now no friends more)?"* 9. *"Well, after dinner* (Tisch) *the sprite showed me in his magnificent* (prächtig) *hall more than [a] hundred earthen jars, which were all ticking* (ticken) *audibly.* 10. *This ticking, he said, came from the souls of the people that had drowned in the lake.* 11. *On one of* (von) *the jars [there] was written the name of my mother-in-law, who had been dead ten years (was already ten years dead).* 12. *She had been a most⌣cantankerous woman and had made my life a hell, but because I thought* (meinen) *she had now been struggling long enough, I wanted⌣to set her soul free.* 13. *So* (also) *I quickly lifted the cover, and like an air⌣bubble her poor soul went up.* 14. *God be merciful to her!* 15. *As⌣soon⌣as* (sobald) *the water sprite saw what I had done, he took a willow⌣switch and whipped away* (lospeitschen) *at* (auf) *me, but I succeeded* (gelingen; *impers.*) *in reaching (coming to the) dry⌣land."*

16. *Here the miller's granddaughter, a pretty lass with blond braids, announced that the trout were done⌣to⌣a⌣turn, and the hungry fisherman went into⌣the house with her.* 17. *There she told him, tapping (as,* indem, *she tapped) her forehead with her finger, that something was not quite right with her dear old grandfather, but that he (that he, however,) harmed nobody.*

Der arme Musikant und sein Kollege.

A. 1. Sagen Sie uns, was Sie unter dem »Prater« verstehen, unter einer »Kaiserstadt«, unter einem »Volksfest«! 2. Woran konnte man den armen Geiger als alten Soldaten erkennen? 3. Wer wurde in der Schlacht bei Aspern geschlagen, und von wem? 4. Was bedeutet das Wort »Pension«, wie es hier in diesem Lesestück gebraucht wird? Und kennen Sie noch eine andere Bedeutung des Wortes? 5. War der alte Musikant ganz allein, oder hatte er noch einen Freund bei sich? 6. Wieviel Geld

ÜBUNGEN 81

hatte der Pudel schon eingenommen, als der fremde Herr für den Alten zu spielen begann? 7. Was würden Sie sagen, wenn ich behauptete, daß der arme Musikant nur eine sehr schlechte Geige gehabt habe? 8. Erzählen Sie, was geschah, nachdem der fein gekleidete Herr anfing zu spielen! 9. Warum knurrte der Pudel? 10. Was für ein Stück spielte der Fremde zuletzt, und was taten die Leute dann? 11. Wie kam es, daß der arme Musikant seinem gütigen Kollegen nicht einmal danken konnte? 12. Wie bekam das Volk zu wissen, wer der Fremde war? 13. Wie würden Sie auf deutsch sagen: *"Long live the good old musician!"*?

B. 1. *This story treats of* (handeln von) *a poor musician who had been [a] soldier and had lost* (verlieren) *his left* (link) *leg and two fingers of the right hand in the battle of Aspern.*

2. *Although he enjoyed a small pension,* (so) *he had nevertheless* (doch) *been ͜ obliged ͜ to take to the violin in order* (um) *to earn* (verdienen) *his daily bread; but that he could [do] the more easily* (um so leichter) *because he was a Bohemian and had inherited (the) music, so ͜ to ͜ speak, from his father.* 3. *Whenever he played, his poodle—the only* (einzig) *friend (that) he had—was accustomed* (pflegen) *to sit upright before him, with the old [man's] hat in his (in ͜ the) mouth.*

4. *Once* (einmal) *the poor musician had been playing all day in a big public park where a popular ͜ festival was being celebrated, yet* (doch) *when evening came (it became evening) the hat was (always) still empty.* 5. *Then* (da) *a gentleman stepped up to* (herantreten zu *or* an) *the fiddler and said: "If you are ͜ willing ͜ to lend me your violin,* (so) *I shall be glad ͜ to* (use a construction with gern) *play for you for an hour or so."*

6. *That the old [man] did only too gladly.* 7. *And how the gentleman played!* 8. *And how the coins now flew into the poor old hat—copper, silver, and gold!* 9. *Even* (sogar) *the most aristocratic people had* (lassen) *their carriages stop, and the poodle growled because he could not hold the heavy hat any longer.* 10. *Finally the good colleague played "God save Francis, the Emperor!" and everybody joined in the song, for that is the Austrian national ͜ hymn.* 11. *But when the disabled soldier wanted to thank the strange gentleman, he* (dieser) *had (already) vanished.*

Das Gegengeschenk.

A. 1. Konjugieren Sie: »Ich hatte mich verirrt«! 2. Wenn Sie die Geschichte mit der Überschrift »Ein Traum« in diesem Buche gelesen haben, so sagen Sie mir, wie dort die Erdäpfel genannt wurden! 3. Wie sieht ein Eidotter aus? 4. Wie erklären Sie den Konjunktiv »solle« in dem Relativsatz »welches sie zum Andenken behalten solle«? 5. Ziehen Sie die drei Wörter »Fürst des Landes« in eins zusammen! 6. Was für Boden würden Sie wählen, wenn Sie gute Erdäpfel pflanzen und ernten wollten? 7. Warum wollten die Schildwachen und Lakaien den Bauer mit seinem Korbe nicht durchlassen? 8. Wozu lud der Bauer den Fürsten ein, als er ihm die Kartoffeln brachte? 9. Warum hatte der Fürst dem Bruder des Köhlers das Pferd nicht schon lange abgekauft? 10. Ging der Bruder des Köhlers allein mit seinem Pferde nach dem Schloß des Fürsten? 11. Worauf hatte des Köhlers Bruder gerechnet? (Antwort: Er hatte darauf gerechnet, daß usw.) 12. Hatte er sich dabei verrechnet oder nicht? 13. Wo blieb das Pferd?

B. 1. Good morning, Mr. Collier. 2. Good morning, Mrs. Fisher. How do you do (goes it [to] you), if I may (dürfen) *ask? 3. [I] thank [you], very well. I see you [have] come with two big baskets to-day. What are you bringing us? 4. New potatoes in (the) one and eggs in the other. 5. I am very glad of it (that rejoices,* freuen, *me very), for I know that your eggs are always fresh and good, and my husband (man), who cares still more for* (noch lieber essen) *potatoes than I, always says, nowhere in the world [do] they grow better than in your sandy forest⁀soil. 6. In⁀that he is (has) right, (gracious) Madam* (Frau). *Has he also told you when he (has) tasted our potatoes for* (zu) *the first time* (Mal)*? 7. No. When was that? 8. About* (ungefähr) *eight weeks ago (before about eight weeks), shortly before your wedding* (Hochzeit). *He had lost his way in the forest and was⁀obliged⁀to stay⁀over⁀night* (herbergen) *with us. My wife served him [some] of our very⁀best potatoes, and as* (da) *we had only one large bed in the house, he had⁀to sleep in the hayloft. When he started off again the next morning, he told us that the potatoes had tasted to him even* (noch) *better than our fresh eggs, and that he had slept on the fragrant hay as on the softest down. 9. I hope* (hoffen), *Mr. Collier, that he paid you well for the dish [of] potatoes and his night's⁀lodging. 10. Only too well, Madam. Before he went away, he gave our little daughter a goldpiece, and it wasn't a week before* (so) *he sent* (schicken) *his hired man with a second return⁀present. 11. I really* (doch) *should⁀like⁀to* (mögen) *know what kind of present that was. 12. This horse here, a magnificent creature! I should⁀be⁀willing⁀to bet that our gracious sovereign himself has no better [one] in his stables. And now be so good, Mrs. Fisher, and accept these eggs and potatoes as [a] wedding⁀present* (Hochzeitsgeschenk) *from us. If they agree with you, [there] are (still) more at your service. 13. I accept them with all my heart* (herzlich gern), *and as⁀soon⁀as we can, my husband and I will come⁀out* (hinauskommen) *to your house (to you) in order* (um) *to thank your wife herself and (to) see your little daughter.*

Wie der alte Hermesbauer gestorben ist.

A. 1. Was tat der alte Hermesbauer, als er selbst nicht mehr zur Kirche gehen konnte? 2. Wie sagen Sie auf deutsch: "*He did that to please his friend*"? 3. Wer ist der Sensenmann? Und warum wird er so genannt? 4. Womit waren die Knechte und Mägde beschäftigt? 5. Welcher Dichter wird hier zitiert? 6. Worin unterscheiden

ÜBUNGEN

sich die Stammformen der schwachen Zeitwörter auf »-ieren« von denen der meisten anderen schwachen Zeitwörter? 7. Wozu war der Brummler früher oft gebraucht worden? 8. Was sollten die Kinder tun, sobald sie den Brummler hörten? 9. Warum fürchteten die Kinder, daß sie den Brummler überhören könnten? 10. Wie lauten die Stammformen von dem Zeitwort »überhören«? 11. Ist es trennbar oder untrennbar, und welcher Teil des Zeitworts trägt den Ton? 12. Welche zwei verschiedenen Bedeutungen hat das Wort »daheim« in dem letzten Satze dieser Geschichte?

B. 1. After we had read the story of (the) Farmer Hermes, our teacher (Lehrer *or* Lehrerin) *asked* (stellen *or* tun) *the following* (folgend) *questions: First* (erstens), *where the Hermes Farm was situated (subj.), and who had brought (subj.) (the) Farmer Hermes the holy communion when he* (dieser) *became (ind.) so ill that he could (ind.) no longer (more) go to the little chapel. 2. Secondly, whether the farmer's wife had died (subj.) before him or after him. 3. Thirdly, how many of us knew (subj.) in* (unter) *whose reign* (Regierung) *Shakespeare had written (subj.) his first plays* (Schauspiel). *4. Fourthly, why the farmer's children had (subj.) looked up from time to time to the Hermes Farm when they were (ind.) below in the valley. 5. Fifthly, whether the children had succeeded (subj.;* gelingen; *impers.) in bringing their sheaves up the hill (in)to⌣the[ir] father's⌣house.*

Bruder Klaus und die treuen Tiere.

A. 1. Unter was für Bäumen stand die Zelle des Einsiedels? 2. Wie viele Kameraden hatte Bruder Klaus, und wie viele Hände und Füße hatten alle Bewohner der Zelle zusammen? 3. Woher kam es, daß die Gaben der Landleute nicht mehr so reichlich flossen wie vormals? 4. Was ist der Unterschied zwischen »Landleute« und »Landsleute«? 5. Wie schmecken die Schlehen, süß oder sauer? 6. Wovon ernährte sich der Hase? 7. Warum nannten Fuchs und Kater den Hasen den »Langgeöhrten«? 8. Kennen Sie noch ein anderes vierbeiniges Tier, welches ebenfalls wegen seiner langen Ohren verspottet wird? 9. Welchen bösen Rat gaben Fuchs und Kater dem Einsiedel, und warum wollte dieser ihren Rat nicht annehmen? 10. Wie erging es dem Hasen schließlich?

B. Practice on Passive Constructions

1. Er hatte die drei Tiere aufgezogen: *The three animals had been brought up by* (von) *him.* 2. Die umwohnenden Bauern versorgten Bruder Klaus reichlich mit Speise und Trank: *Brother Klaus was richly provided with food and drink by the neighboring peasants.* 3. Es wäre besser, wenn wir den Langgeöhrten schlachteten und brieten: *It would have been better if the long-eared⌣fellow had been killed and roasted.* 4. Mit diesen Worten entließ der Einsiedel die Tiere: *With these words the beasts were dismissed by the hermit.* 5. Das Glöcklein läutet jeden Morgen: *The*

bell is rung every morning. 6. Der Einsiedel wird dein Opfer nicht annehmen: *Your sacrifice will not be accepted by the hermit.* 7. Du sollst den Hasenbalg auf den Zaunpfahl aufhängen: *The hareskin is to be hung up on the fence post.* 8. Wenn genug zu essen da wäre, so würde er die Knochen den treuen Tieren zuwerfen: *If there were enough to eat, the bones would be thrown to the faithful beasts.*

Der bekehrte Stiefelknecht.

Aus diesem Stück von dem bekehrten Stiefelknecht wollen wir uns die folgenden Redensarten merken und einüben:

1. Seite 49: »... auf d i e Herren Stiefel warten«: *a. I shall wait for him. b. He always waited for me. c. If you had waited for her, you would have come too late.*

2. Seite 49: »... die Stiefel haben's gut«, auch Seite 54: »... kein Mensch hat's so sauer wie ein Minister«: *a. Fred had an easy time of it as long as* (solange) *he was with his uncle* (Onkel). *b. You will have a hard time of it there. c. If I had a hard time of it here, I should not stay.*

3. Seite 50: »... gehen sie im Sonnenschein spazieren«: *a.. We had been taking a stroll in the forest. b. Will you go for a walk with me this afternoon?*

4. Seite 50: »... sie aber machen sich's bequem«: *a. Come in* (herein) *and make yourself comfortable. b. After I had made myself comfortable, I began to read.*

5. Seite 50: »... trug er lieber« und Seite 53: »Am liebsten hätte ich...«. Merken Sie sich: »Ich lese gern« *I like to read* oder *I am fond of reading.* »Aber ich singe (noch) lieber« *But I prefer to sing* oder *I like singing still better.* (»Aber ich singe lieber, als daß ich lese« *But I had rather sing than read.*) »Am liebsten jedoch spiele ich die Flöte« *Best of all, however, I like playing the flute* oder *What I prefer above all, however, is playing the flute.* — Nun sagen Sie auf deutsch: *a. Are you fond of dancing* (tanzen)? *Yes, I am very fond of dancing. b. If you had rather go on foot* (zu Fuß), *why don't you say so (it)? c. She prefers walking to driving (goes rather on foot than that she drives,* fahren). *d. What I prefer above all, however, is riding on horseback* (reiten). *e. I should have liked best to stay at home to-day. f. I think he will prefer to read this book rather than the other.*

6. Seite 51: »... wenn er Lust hat« und »Ich habe die Plackerei satt«. Merken Sie sich: »Ich habe Lust (keine Lust) es zu tun« *I feel (don't feel) like doing it.* »Ich habe keine Lust dazu« *I don't feel like it.* »Ich habe es (die Sache, das Singen, Tanzen usw.) satt« *I am tired of it (of the thing, of singing, of dancing, etc.).* Sagen Sie also auf deutsch: *a. Do you feel like taking a stroll with me? b.. If you feel like taking a walk, why don't you do it? c. If I had felt like it, I should have done it. d. I don't feel at all* (gar) *like speaking with him. I am heartily* (herzlich) *tired of him. e. If I were not so tired of riding* (Reiten), *I should buy me a horse again.*

ÜBUNGEN 85

7. Seite 52: »Ich befinde mich gar nicht wohl«. Merken Sie sich: »Ich befinde mich (sehr) schlecht« *I feel (very) ill (sick)!* Sagen Sie auf deutsch: *a. How do you feel now, Mr. Collier? [I] thank [you], Mrs. Fisher, I feel (already) much better than an hour ago. b. I always feel (am) best when it is warm and dry* (trocken). *c. If he had felt ill when we were there, he would have told us (it).*

Die Wunderlampe.

1. On one of those long winter⁀evenings shortly before Christmas (Weihnachten) *(the) Father returned from Graz, shook the snow from his shoes, called us all together* (zusammenrufen), *and said: "Now you shall just see what kind of Christmas⁀present* (Weihnachtsgeschenk) *I have brought you!"*

2. While (während) *he unpacked his wares, (the) Mother said: "I hope it is a new American* (amerikanisch) *kerosene⁀lamp, for I am heartily tired of the dim candlelight."*

3. "You have guessed (erraten) *it, Mother," he laughed, "and now I'll show you what a wonderfully⁀fine light it gives. 4. First* (erst) *you fill the lamp with kerosene from this keg here. 5. Then you take the burner* (Kapsel) *with the wick in⁀it and screw* (schrauben) *it on* (darauf), *this way* (so). *6. Then you light the wick and quickly put this glass⁀tube over⁀it: there⁀now* (so)*!"*

7. "But it smokes," I cried; "the glass⁀tube is getting all (ganz) *black, and I don't see the light at all!" 8. "Be still, Peter," said (the) Father, "or I'll..." 9. Then he turned the wick up a little higher, and as* (da) *it then smoked still more, he turned it down again, but there* (es) *came no bright light yet.*

10. At (in) that (dieser) *moment* (Augenblick) *my older brother Fred said: "Perhaps the wonderful⁀lamp will burn* (pres.) *brighter if we remove the glass⁀tube altogether," and with⁀that he tried to take it* (dieser) *off* (abzunehmen), *but it was so hot that he screamed aloud* (laut aufschreien) *as⁀soon⁀as his fingers touched* (berühren) *it. 11. The rest of us children (We other, weak infl., children) laughed at* (über, *acc.*) *him.*

12. "Well," said our mother finally, "I should not wonder (it would, sollen, *not surprise,* wundern, *me), Father, if the wick were still standing too high. 13. Turn it down lower, please, till it goes clear back into the shell."*

14. Hardly (kaum) *had (the) Father done that when* (so) *the flame blazed forth out of the slit, so bright that we were almost* (beinahe) *frightened. 15. "Mother," cried he, "you have done it! The lamp belongs* (gehören) *to you! 16. But I was (already) beginning to think* (believe) *that the merchant had taken me in. 17. Now we'll blow out all [the] candles!"—and so* (das) *we did.*

Kurze Reise nach Amerika.

A. 1. Warum kann man von Deutschland aus nicht ganz zu Fuß nach England gehen? 2. Wer hatte die neuen Stiefel bestellt, an denen Andreas arbeitete? 3. Was bedeutet es, wenn die Mutter sagt, der selige Vater habe zwanzig Knieriemen an sich und an dem jungen Andreas zerrissen? Warum sagt sie, auch an Andreas? 4. Was ist ein Hofschuhmachermeister? 5. Woher wissen Sie, daß die Witwe Palmberger gerade nicht arm war? 6. Warum sollte Andreas am ersten Tage nur bis Merkendorf gehen? 7. Hatte die Mutter wohl noch einen anderen Grund, ihm das zu raten? 8. Wo bekam Andreas das Heimweh? 9. Was für eine Lampe brannte in der Herberge? 10. Was für ein Ding ist ein Scheffel? Und was tat Andreas mit dem Scheffel? 11. Erzählen Sie die Geschichte selbst weiter bis dahin, wo Andreas wieder heimkommt zur Mutter! 12. Was war die erste Arbeit, die Andreas nach seiner Rückkehr vornahm? 13. Wie lange blieb Andreas noch unverheiratet? 14. Wodurch machte er den Schaden, den er dem Merkendorfer Wirt zugefügt hatte, wieder gut?

B. 1. I will tell you briefly why Andreas was dissatisfied, why he wanted [to go] to England or America, what he went‿through (erleben) on the journey, and why he so soon returned to his mother. 2. He believed that there (es) was no money in (nothing with) the shoemaker's‿business at (in) his home (Heimat). 3. "If I stay here," he said to his mother, "I must remain all my life what I am now, but in England I may (können) perhaps become His Majesty's Court‿(Master)‿Shoemaker." 4. So (also) he strapped up his knapsack, took leave (Abschied) of his mother, and went off. 5. In the inn at (zu) Merkendorf, where he spent (verbringen) the first night, he had‿to sleep beside (neben) a Würzburger teamster (Fuhrmann) who seemed to be dreaming about a fight and struck Andreas in(to) the back‿of‿the‿neck. 6. The poor shoemaker jumped up frightened and looked about for another place‿to‿sleep, which he also soon found. 7. But as it was very dark in the room, he did not see that he had lain (laid himself) [down] on a long kneading‿trough instead‿of (anstatt) on a bench. 8. Soon he too began to dream and turned (himself) on his side, the trough‿cover gave‿way and tipped over, and Andreas slipped down into the warm, white dough, at‿which (worüber) he woke up. 9. With one big jump he was out of it, shook himself, and was‿about‿to (wollen) raise [a] racket. 10. But how angry (zornig) the innkeeper would have been (become), and how the teamsters, the servants, and the children would have jeered‿at (verspotten) him! 11. Therefore he took [his] hat, cane, and knapsack, climbed (steigen) out of the window (zum... hinaus), and ran back (wieder) home, where he arrived (anlangen) just before daybreak, and without (ohne) having (to have) been seen by anyone (irgend jemand) except (außer) his mother. 12. After this short journey to America he no longer desired to go abroad, but picked out a wife (for himself) and had a grand wedding.

ÜBUNGEN

Wie man Diebe fängt.

A. 1. Haben Sie nicht schon einmal in diesem Buche von Dieben gelesen? Wissen Sie noch, wo das war? 2. Wo kam der Kaffee her, den der Kapitän trank? Und wo liegt der Ort? 3. Wovor fürchtete sich der Kapitän, als die Nebel heraufstiegen? 4. Was oder wer weckte ihn aus dem ersten Halbschlummer? 5. Wie kam es, daß der Alte sich anfangs wehrlos glaubte gegen den Dieb? 6. Womit wehrte er sich dennoch zuletzt? 7. Wozu schüttelte er die Flasche noch, ehe er an dem Kork drückte? 8. Erzählen Sie, was weiter passierte, und vergessen Sie ja nicht, uns zu sagen, was die Moral von der Geschichte ist!

B. 1. Half an hour (Stunde) *after we had left* (verlassen) *the city of Haarlem we came to* (an) *a large country⁀house with a beautiful veranda, and sure enough* (richtig), *there sat the old sea⁀captain. 2. As⁀soon⁀as he saw* (erblicken) *us, he invited* (einladen) *us to drink a cup [of] Mocha⁀coffee with him, which* (was) *we did only too gladly, for he always drinks (of) the best and dearest.*

3. "(Mr.) Captain," said my friend after a while (Weile), *"is it true that you had (perf.) [an] unannounced visitor* (Besuch) *last (yesterday) night* (nacht)?" *4. "That is true," he answered smiling* (lächeln), *"but where did you hear (perf.) of⁀it?" 5. "At* (auf) *the Haarlem Police⁀Station," I said, "only we cannot believe that you defended (perf.) yourself with a bottle [of] Seltzer⁀water when* (da) *you have so many Turkish sabers and other weapons* (Waffe) *in your house." 6. "Unfortunately* (leider)*," said the captain, "my collection of arms is* (sich befinden) *not in the⁀same end of the house in which I sleep; but, as* (wie) *you will now believe, (the) Seltzer⁀water, thoroughly shaken, is just⁀as* (ebenso) *good (in order) to catch burglars with⁀(it) as (in order) to quench* (löschen, *the) thirst. 7. You ought to have* (sollen; *past perf. subj.) heard how it popped, just like* (gerade wie) *a pistol." 8. "And didn't your servant, the old sailor, help* (helfen; *perf.) you [to] catch the thief and hand⁀[him]⁀over⁀to⁀the⁀authorities?" we asked again. 9. "No," was the answer. "I had sent him to* (in) *the city and he had not yet returned when I went to bed; so* (also) *I had⁀to do it all* (ganz) *alone and with⁀my⁀own⁀hands. 10. But the burglar was so stunned from* (von) *his fall* (Fall) *that I did not find it very difficult* (schwer) *to tie his throat with a long Chinese silk* (seiden) *handkerchief which I always take to bed with [me]." 11. "Do you think, (Mr.) Captain," I asked, "that the Chinese make these silk handkerchiefs so long and strong for that very purpose* (gerade zu dem Zweck)?" *12. "Hardly* (schwerlich)*," he laughed, "but I do not believe either* (also not) *that our burglar had brought⁀along a rope in⁀order⁀that* (damit) *I might tie (past subj.) his hands on his back, and yet* (doch) *both⁀things* (beides) *have happened* (geschehen) *here. 13. The only* (einzig; *neut.) [thing] that* (was) *I regret* (bedauern) *is that I caught (perf.) a terrible* (fürchterlich) *cold⁀in⁀the⁀head while* (während) *I was taking* (bringen) *the malefactor to the Haarlem Police⁀Station, for you know that* we *sailors* (Seeleute) *cannot bear* (ertragen) *the fog as well as you landlubbers* (Landratte)."

Die Grenzfichte.

A. 1. Um was handelte es sich in dem Streit zwischen den beiden Bauern? 2. Wie und wann entstand der Streit? 3. Warum nahm nicht jeder Bauer einen Advokaten an? 4. Wer nahm sonst noch teil an dem Streit? 5. Warum wird die Fichte ein »Bretterbaum« genannt? 6. Was ist ein Friedenstifter? Und wie würden Sie einen Menschen nennen, der den Frieden stört? 7. Zu welchem Jahrhundert gehört das Jahr 1845? Und wie nennt man das vorhergehende Jahrhundert und das folgende? Aber zu welchem Jahrhundert gehört das Jahr 1900? 8. An welche andere Geschichte in diesem Buch erinnert Sie das Binden der Erntegarben? 9. Wie ging der Wunsch des Dorfschmieds in Erfüllung, und wer teilte endlich die Grenzfichte?

B. 1. The Teacher: Mr. R. will begin to tell us the story of (von) *the boundary⌣spruce. If he makes mistakes* (Fehler), *correct* (korrigieren) *him, please. 2. Mr. R. begins: About the middle of the eighteenth century... 3. Miss W.: Wrong* (Falsch)*! Of the nineteenth century! 4. Mr. R.: But we are told (it is told to⌣us) that the lightning* (Blitz) *struck* (into) *the giant⌣spruce in⌣the year 1845. 5. The Teacher: Quite right* (recht), *but that was in⌣the nineteenth century, was it not? 6. a. Mr. R.: Well, I'll begin over again* (wieder von vorn)*. b. About the middle of the nineteenth century two big farmers had a long, long quarrel over* (um) *a magnificent spruce tree which stood on the boundary of their lands. c. Each said that it belonged to him alone, and each had already paid his lawyer as* (so)⌣*much as the entire tree was worth... 7. a. Mr. B.: Wrong! For that* (dazu) *they were too sensible. b. But the two farmers, their wives, their children, their hired men, and their maidservants finally lived in deadly enmity with⌣one⌣another, and even their dogs growled at⌣each⌣other. 8. The Teacher: Mr. B., you may go on* (fortfahren)*. 9. a. Mr. B.: Several* (mehrere) *good men had tried to make* (stiften) *peace between the two farmers, but these were too obstinate, and the village⌣blacksmith had said one day he wished* (wünschen) *that (the) lightning would strike* (into) *the spruce, and that's just what happened (and just that happened) in⌣the summer [of] 1845. b. Both farmers with their help were in the adjoining fields. c. Both were casting longing looks up to the spruce, (the) one from the right, the other from the left. 10. The Teacher: Miss W., you may tell what happened then. 11. Miss W.: Then black thunderclouds came on over the mountains, from the southwest* (Südwest)*... 12. Mr. R.: Wrong! From the northwest, it says* (heißen) *in the story. 13. The Teacher: You are (have) right, Mr. R. Go on. 14. a. Mr. R.: And as the people were⌣about⌣to* (wollen) *leave the fields and go home, there came from* (aus) *a cloud that was as yellow as sulphur* (Schwefel) *a sudden flash⌣of⌣lightning and split the giant⌣tree from⌣the top* (bis) *to⌣the root in⌣two* (entzwei), *so⌣that (the) one* *half fell upon the field of (the) one farmer and the other upon that of the other. b. Then the two quarrelers took each⁀other by (bei) the hand and said: "That was God's finger. Now each of us has what belongs to him. We'll be friends!"*

Das Abenteuer im Walde.

A. 1. Was für Eier hatte die Ameise auf dem Markt verkauft? 2. Wie kam es, daß sie keinen Regenschirm bei sich hatte? 3. Wie nennt man einen Schirm, den man gegen die Sonne gebraucht? 4. Wo war die Grille gewesen? Und was hatte sie dort getan? 5. Wo wollte das Johanniswürmchen hin? 6. Wer war der vierte Gast? 7. Wissen Sie noch, wo Sie das Wort »Herberge« oder »herbergen« schon früher gesehen haben? 8. Wovon hatte die Schnecke das Seitenstechen bekommen? 9. Womit beschäftigte sich die Schnecke, nachdem sie sich ihr Plätzchen ausgesucht hatte? 10. Warum tanzte die Schnecke nicht mit? 11. Von wem wurde der Tanz unterbrochen? 12. Sagen Sie die Stammformen von »unterbrochen« auf! 13. Wen hatte die Kröte besucht? Und warum kam sie so spät heim? 14. Erzählen Sie uns, wie die Kröte hier betrieben wird! 15. Was geschah nun, als die alte Kröte nach Hause kam? 16. In welcher Reihenfolge zogen die Gäste von dannen? 17. Wo brachten sie die Nacht zu?

B. 1. What (welch) *an adventure! Rain, rain, rain! Trees, shrubs, ferns, moss, and stones,—everything is dripping, and the tree⁀toad, who ought to know (it) best, says that it won't stop before to-morrow. 2. Five little creatures* (Geschöpf) *in the twilight under a big toadstool! 3. An ant who has just sold her eggs at the market and is now carrying home the money in a blue canvas⁀bag,—an ant in cloth⁀shoes, but without overshoes and umbrella! 4. A cricket who has been making⁀music at⁀a* (zur) *country⁀fair and is now looking⁀for an inn, with her violin on her back! 5. Then [there] comes a glowworm with his lantern, which he places on the table and which soon brings them the fourth wayfarer, a big bug who is [a] journeyman⁀carpenter and takes* (halten) *the toadstool for a carpenters'⁀inn. He has his supper with* (bei) *him(self), and after eating (he has eaten) it up, he sits down and enjoys a smoke. 6. The last arrival* (Ankömmling) *is a snail, all out⁀of breath. Poor creature, she has⁀to carry her own house with [herself], from⁀which* (wovon) *she has gotten a (the) stitch⁀in⁀her⁀side! No wonder* (Wunder) *that she is the last! 7. Then the ant proposes* (vorschlagen) *a dance* (Tanz), *the cricket begins to play, and the others dance merrily, except the snail (excepted, ausgenommen), who is not used to whirling⁀around rapidly and easily gets dizzy. 8. But alas! In the middle of the* (mitten im) *first dance they are interrupted by Mrs. Toad, to whom the toadstool properly* (eigentlich) *belongs. 9. She is coming home late from a visit* (Besuch) *at* (bei) *her cousin's, where they have drunk so much coffee and eaten so much cake that it has grown dark meanwhile (thereover). 10. And how she berates the innocent* (unschuldig) *dancers* (Tänzer)*! "Ragamuffins! Vagabonds! Village⌣musicians!" she cries angrily and swings at⌣the⌣same⌣time* (dabei) *her red umbrella with [its] brass handle. 11. What else can they do but* (anders tun als) *pack⌣up their duds and go⌣out* (hinausgehen) *again into the rain? 12. And in* (bei) *this pitiful exodus the snail remains so far behind that she can no longer hear the cries of the other four, who after wandering about for a long time find a fairly dry place where they pass the rest⌣of⌣the* (übrig) *night. 13. All, however, will think of this adventure as long as they live.*

Wie die Wodansmühle entstand.

A. Merken Sie sich in dieser Geschichte folgende Konstruktionen und Wendungen und übersetzen Sie dann zur Übung die englischen Sätze ins Deutsche!

1. Seite 81, Zeile 16: »... an der einen Seite des Baches ließ sich so etwas wie ein alter Graben erkennen«. Ähnlich: »So etwas läßt sich nicht beschreiben« *Such a thing cannot be described, is beyond description, is indescribable.*[2] Wie sagen Sie also auf deutsch: *a. The water is not fit to drink (lets [one] not drink itself). b. The bread is not fit to eat. c. This pen* (Feder) *is no longer fit to write with (with this pen lets it itself no more write). d. His handwriting* (Handschrift) *is no longer legible (lets [one] itself no more read). e. When I saw how he struck my friend, I was no longer to be held⌣back (let I me not more hold⌣back,* zurückhalten). *f. Why don't you let yourself be advised (why lettest thou thyself, dat., not advise,* raten)? *g. I didn't need to be told twice (I let to⌣me that not twice,* zweimal, *say).*

2. Seite 82, Zeile 3: »..., daß es dort je eine Mühle oder einen Müller gegeben habe«. Sagen Sie also auf deutsch: *a. There are no such birds. b. Animals that can speak have never existed since the days (time) of the hermit Klaus. c. Has there ever* (je) *been a wiser man than Solomon* (Salomo)? *d. If there has ever been a wiser man than Solomon, tell me who it was. e. Had there ever been such beings* (Wesen) *on this island* (Insel), *half* (halb; *uninfl.) beast, half man, we should have seen them, too. f. There is but one God, and there will never be more than this one.*

3. Seite 82, Zeile 5: »Nur einer machte hiervon eine Ausnahme, *d a s* war mein Großvater«. Und Seite 85, Zeile 23: »..., denn *d i e s e s* sei die Art der Weiber.« Merken Sie sich ebenfalls, daß man auf deutsch sagt: »*D a s* oder *d i e s s i n d* meine Brüder, meine Schwestern, meine Kinder«! Also: *a. If these are your books, take them. b. Whose mill is that? c. Those are millstones. d. If those were my horses, I should have* (lassen) *them shod better. e. Can you tell me whose pens those are? Those must be Charles's pens. f. How could those* (der) *be his sisters?*

---

[2] *The difficulty involved in this construction disappears immediately if one inserts in thought—as does the German—the word 'anyone,' which is at one and the same time the object of* lassen *and the subject of the dependent active infinitive: Such a thing doesn't let anyone describe it, i.e., cannot be described, etc.*

ÜBUNGEN 91

He has no sisters.

4. Seite 85, Zeile 14: »... der Schmied... schmiedete drauf los«. Ähnlich: »Sie schlugen drauf los« *They beat, whacked, pounded away at it.* »Sie schlugen auf den armen Kerl los« *They pounded, beat away at the poor fellow.* »Er redet immer drauf los« *He always talks at random.* Wie würden Sie also auf deutsch sagen: *a. I saw how he whipped away* (lospeitschen) *at the poor boy. b. He commanded* (befehlen) *them to go straight* (gerade) *up* (losgehen) *to the house. c. Here is your pen. Now write away (at it)! d. If you had not written away (at it) so carelessly* (nachlässig), *you would have made fewer mistakes* (Fehler).

B. Übertragen Sie folgendes ins Deutsche:

1. After the stranger had told the blacksmith what new art he intended‿to (wollen) *practice at the king's court, the latter* (dieser) *showed him a big, golden horseshoe as‿(the) proof that he had seen Wodan in‿very‿person and had shod his white‿horse. 2. Then he continued: "If you* (Ihr) *are‿willing‿to build me a mill, quite after the fashion which Wodan has taught the dark-haired peoples beyond the Rhine and the Alps, I promise you this horseshoe for‿a reward." And it was* (dauern) *not long before they agreed upon the bargain. 3. The most suitable spot, however, for such a mill was this [one] here where we are sitting now, and here the mill was built forthwith, and in honor of the great and wise god people called it the Wodan's‿Mill.*

Der Lindenbaum.

A. 1. Auf welche Weise war der Erzähler mit Herrn Doktor Lindow bekannt geworden? 2. Wer ist eigentlich der Erzähler dieser Geschichte, Heinrich Seidel oder Doktor Lindow? 3. Aus welchen Gründen, meinen Sie, waren Lindow und Reuter zu Festungshaft verurteilt worden? 4. Beschreiben Sie die Aussicht, die Lindow von der Festung aus genoß! 5. Erklären Sie, warum ihn der Genuß dieser Aussicht nicht zufriedener machte! 6. Was brachte ihn schließlich auf den Gedanken, zu entfliehen? 7. Nennen Sie die Hindernisse, die der Ausführung des Fluchtgedankens im Wege standen! 8. Erzählen Sie, wie die Sommerferien der Schulkinder ihn der Ausführung seines Fluchtplans näher brachten! 9. Was tat der Gefangene an dem Abend des Tages, an welchem er das junge Mädchen zum erstenmal in dem Garten gesehen hatte? 10. Welche Tageszeit setzte er in dem Briefe zu einer Antwort von ihrer Seite fest? Und warum wählte er gerade diese Stunde? 11. Was für eine Antwort bekam er? Und wie lange sollte er noch warten? 12. Wodurch wurde seine Flucht begünstigt? 13. Was geschah, als sich die beiden jungen Leute am Gartentor trafen? 14. Sah Lindow das junge Fräulein je wieder, nachdem er Abschied von ihr nahm?

B. 1. First (zuerst) *the teacher asked one of the boys why Doctor Lindow had been sentenced to ten͜ years' imprisonment͜ in͜ a͜ fortress, and the boy—I think it was John Miller—answered that Lindow as [a] student had committed* (begehen) *a political crime* (Verbrechen). *2. The second question was, what had made the prisoner so sad* (traurig) *on Sundays, and Mary* (Marie) *Black said, just on such days he had seen so many happy and free people on the highways, and that had intensified his own* (eigen) *longing for freedom. 3. Then I was asked whether I remembered* (sich erinnern; *why past subj., and not pres. subj.?) the distance between the top* (Gipfel) *of the linden͜ tree and the prisoner, and I said: "About forty feet"; but that was wrong, for it says* (heißen) *in the book, "not more than twenty." 4. The teacher's next question was, what the word "Legitimationspapiere" meant* (bedeuten), *and none of the boys and only one of the girls in the class* (Klasse) *knew (it) exactly* (genau). *5. Another question which (gen.) I remember and which nobody could answer* (beantworten) *correctly* (richtig) *in German was, what "Regimentsmegären" were, and some of us thought* (meinen) *the teacher ought to have asked us something else* (anderes). *6. Well, and so on. One hard* (schwer) *question after another (the other); for example* (zum Beispiel)*: How many times* (wievielmal) *did the sweet* (süß) *seventeen͜ year͜ old nod (with) her head before she ran toward her uncle's house? What was her brother's name* (heißen)*? How do you say in German: "I will pass over the next fortnight"? And how: "I shall pass over the next fortnight"? Why does the story-teller make* (lassen) *Lindow count only up͜ to* (bis) *eight before he jumps͜ off* (abspringen),*—why not up͜ to nine? And then, of course* (natürlich)*: That fateful kiss at the garden͜ gate and behind the shrubbery! Why fateful? It was the first, wasn't it? Also the last? Oh* (o) *no! The young people met each͜ other* (sich) *again, many, many times* (Mal), *and she became his wife; and so* (also)*: All's well that ends well* (Ende gut, alles gut), *as the proverb* (Sprichwort) *has it (it says in͜ the proverb).*

Wörterbuch.

Explanation of the Abbreviations and the Arrangement of the Vocabulary.

The vocabulary contains all words found in the text and exercises of this Reader, except such regularly inflected forms as even the beginner should recognize at sight.

Signs. In indicating the inflection of nouns a dash (-) is used to represent the title-word; a dash with the umlaut-sign over it (⸚) represents the title-word with modification of the root vowel.

Nouns, as a rule, are given in the nominative singular and the nominative plural, but the latter is omitted when it is identical with the former or is not in common use. The genitive singular is inserted between the two if it cannot be readily inferred from the nominative plural; thus: das Auge, -s, -n.

Adjectives *used substantively are given thus:* der Alte; (kein) Alter; *[pl.]* Alte; die (keine) Alten; *see also* Besonderes *and* das Neue. *Irregularity in the formation of the comparative and superlative is shown thus:* alt, älter, der älteste; nah, näher, der nächste.

Adverbs. *Since most adverbs are identical, in the positive and comparative, with the uninflected adjective, the English equivalents of German adverbs are omitted when they can be derived by adding -ly to the English adjective.*

Verbs. *The principal parts of regular weak verbs are not listed. Of all strong or irregular verbs, however, and of all weak verbs compounded with another than one of the inseparable prefixes,* be-, emp-, ent-, er-, ge-, ver-, zer-, *the principal parts are given in full. Further peculiar or irregular forms are indicated after the following model:* sterben *(infinitive),* stirbt *(3rd pers. sg., pres. ind.),* starb *(3rd pers. sg., past ind.),* stürbe *(3rd pers. sg., past subj.),* ist gestorben *(past participle, with* ist *to indicate the inflection of the perfect tenses with* sein *instead of* haben*).*

Idioms *are listed under the appropriate title-word.*

Parentheses*, in addition to their ordinary use, enclose material that may be included in, or omitted from, the translation, or indicate an alternative form or rendering.*

Square brackets*, in addition to their use in place of parentheses within parentheses, enclose explanatory material, grammatical notes, and directions as to pronunciation.*

Italic *type is used to call attention to explanatory material and grammatical notes.*

Bold-faced *type is used within a paragraph to emphasize the contrast between the English construction and the German.*

Small capitals *warn against mistakes commonly made by students whose mother tongue is English.*

. . . indicate an incomplete quotation.

Figures *refer to page and line of this Reader.*

Pronunciation. *It is assumed that the reader knows the rules for quantity as indicated by the orthography. Whenever a word deviates from these rules or is for any reason likely to be mispronounced, its pronunciation is indicated by the customary signs of length of vowel and of accent or, when necessary, by respelling, the letters in this case having the value usual in German (or English, as may be indicated by the type,) unless a different quality is specifically mentioned. In most instances the quantity of a vowel is marked only in the first form but is to be understood as holding good for all inflected forms unless something to the contrary is indicated. In an unaccented syllable the sign of length of vowel indicates quality rather than time, save for the vowel* a. *A vowel before* ch *is to be pronounced as short unless it is marked long.*

Accent. *Words with the prefix* be-, emp-, ent-, er-, ge-, ver-, *or* zer- *are accented on the second syllable. All others — with the exceptions that are noted — are accented on the first syllable. If a word has two syllables stressed equally, or nearly so, this is indicated as follows:* al´lerdings´, stein´reich´. *In the rare cases where it is necessary to indicate secondary stress this is done by an accent lighter than that used to mark the syllable bearing the chief stress.*

Punctuation. *Besides setting off an illustrative example and its translation, the semicolon is used to separate distinct meanings of a German word, the various renderings of one general meaning being separated by commas.*

Abbreviations *are used as follows: —* acc., *accusative;* adj., *adjective, adjectival;* adv., *adverb, adverbial;* art., *article;* aux., *auxiliary;* cf., *compare, see;* colloqu., *colloquial, colloquially;* comp., *comparative;* conj., *conjunction;* dat., *dative; def., definite; demonstr., demonstrative; dep., dependent; e.g., for example; Encycl. Brit., Encyclopædia Britannica, 11th edition; f., and following page; fem., feminine; fut., future; gen., genitive; i.e., that is; imper., imperative; impers., impersonal; ind., indicative; indef., indefinite; infin., infinitive; infl., inflected, inflection; interj., interjection; interrog., interrogative; intr., intransitive; masc., masculine; mod., modal; n.b., note well; neut., neuter; nom., nominative; p., page; part., participle; perf., perfect; pers., person, personal; pl., plural; pos., positive; poss., possessive; pp., pages; pred., predicate; pref., prefix; prep., preposition, prepositional; pres., present; pron., pronoun; refl., reflexive; relat., relative; sep., separable; sg., singular; sub., subordinate; subj., subjunctive; subst., substantive; superl., superlative; tr., transitive; uninfl., uninflected.*

A.

der **Aal,** -e *eel*

ăb [ăp] *adv. down;* auf und ab *up and down, to and fro;* von nun ab *from this (that) day on (forward)*

ăb *sep. pref. [expressing 1. removal or separation, 2. direction downward, 3. deterioration, 4. completion] off, away, down*

der **Ābend,** -e *evening [cf.* Tag]; guten Abend *good evening [acc., object of* ich wünsche *(dir, etc.), which is left unexpressed, as in English]*

ābend *(in the) evening [used in adv. phrases after* gestern, heute, morgen, *or the name of a day]*

das **Ābendbrōt,** des -(e)s [⸗ent⸗] *evening meal, supper*

das **Ābendlicht,** -er [⸗ent⸗] *evening candle*

das **Ābenteuer** *adventure*

āber *[without effect on the order of words] but; yet; [within its clause] however [but not set off by commas], but, now*

ăbfallen, fällt ab′, fiel ab′, ist abgefallen *drop sheer*

ăbgekratzt *see* abkratzen

ăbgeliefert *see* abliefern

ăbgelöst *see* ablösen

ăbgenommen *see* abnehmen

ăbgestorben *see* absterben

ăbgetrāgen *worn, threadbare, shabby*

ăbgewaschen *see* abwaschen

ăbgezehrt *wasted (away), emaciated*

der **Ābglanz,** des -es *(reflected) light (splendor), reflection*

ăbhangen, hängt ab´, hing ab´, abgehangen *hang down; depend (upon* von*); alles hängt davon ab, daß ich... everything depends (upon this, namely, that I..., i.e.,) upon my... [doing the thing expressed by the verb in the* daß-*clause]*

ăbhängt *see* abhangen

ăbholen, holte ab´, abgeholt *fetch (call) away, call for (and carry off)*

ăbkaufen, kaufte ab´, abgekauft *buy (something, acc.) from someone (dat.)*

ăbkratzen, kratzte ab´, abgekratzt *scratch (scrape) off*

ăblassen, läßt ab´, ließ ab´, abgelassen *sell, let one (dat.) have, spare*

ăbliefern, lieferte ab´, abgeliefert *deliver (up), hand over (to the authorities)*

ăblösen, löste ab´, abgelöst *take off, detach; replace, relieve, change [sentry]*

ăbmăgern, magerte ab´, ist abgemagert *grow lean (emaciated), fall (waste) away*

ăbnehmen, nimmt ab´, nahm ab´, abgenommen *remove, take off*

ăbriegeln, riegelte ab´, abgeriegelt *(fasten with a) bolt*

ăbscheu´lich *horrid, dreadful*

der **Ăbschied**, -e *departure, leave(-taking), parting;* von einem Abschied nehmen *take leave of a person;* zum Abschied *in (as a) farewell*

das **Ăb´schiedsgesŭch´**, -e [ƨtsƨ] *resignation*

der **Ăb´schiedsgrŭß´**, ƨgrüße [ƨtsƨ] *farewell (greeting), adieu*

ăbsichtlich *[if emphatic,* absicht´lich*] intentional; [adv., also] deliberately*

ăbsitzen, säß ab´, abgesessen *"sit out," serve [time in prison]*

ăbspringen, sprang ab´, ist abgesprungen *leap (jump) off (down)*

der **Ăbsprung**, ƨsprünge *(place for) leaping off; place to leap from*

ăbsterben, stirbt ab´, starb (stürbe) ab´, ist abgestorben *die (off); wither*

ăbtrăgen, trägt ab´, trŭg ab´, abgetrăgen *wear threadbare*

ăbwarten, wartete ab´, abgewartet *wait for [the accomplishment of a thing], wait (to see what will happen)*

ăbwăschen, wäscht ab´, wŭsch ab´, abgewăschen *wash off*

ăbwechselnd [chs = ks] *alternately, by turns*

ăbwenden, wandte *or* wendete *(past subj.* wendete) ab´, abgewandt *or* abgewendet *turn away*

ăbzehren, zehrte ab´, ist abgezehrt *waste away, become emaciated*

der **Ăbzŭg**, ƨzüge *deduction, reduction*

ăbzuholen *see* abholen

ăbzunehmen *see* abnehmen

ach *ah, oh; alas;* Ach du! *Oh hush!*

acht *eight;* acht Tage *a week [Cf. French huit jours.]*

achtjährig *of eight years, eight year(s) old*

der **Acker** *[invariable after a numeral] acre [Cf.* Sack.*]*

das **Ackerland**, des -(e)s *tillable land*

Ackermann *Rudolf Ackermann (1764–1834), a native of Schneeberg in Saxony, learned the saddler's trade, at which he worked in various cities in Germany and later in Paris and London, acquiring a reputation as a designer of elegant models for coach builders. Ackermann was an enterprising inventor and publisher (cf. Encycl. Brit. I. 148). After the battle of Leipzig he collected over a million dollars for the German sufferers.*

der **Advent'**, -e [-*tv-* or -*dv-*] *advent; Advent;* **im** Advent *in Advent*

der **Advōkāt'**, -en [-*tv-* or -*dv-*] = Rechtsanwalt *lawyer;* einen Advokaten annehmen *hire a lawyer, engage counsel*

Ägypten(land) [ăgĭp'ten] *(the land of) Egypt*

āhā' *aha*

ähnlich *similar*

die **Ähre**, -n *ear [of grain]*

die **Ährenlese**, -n *gleaning(s)*

der **Alarm'schŭß**, ⸗schüsse *alarm shot*

Ālexan'der *Alexander*

all *[infl. like* dieser, *hence a following adj. has the weak ending.* all *is usually uninfl. before the def. art., and frequently so before a demonstr. or a poss. pron.] all;* alles *everything, all; [usually before a pl., but occasionally before a sg.] every;* alle Tage = jeden Tag *every day [After* all, der *is used only when it specifies definite individuals, usually identified in addition by a relat. clause. Note also that German does not say* all *of the pears, but* alle Birnen.*]*

allein' *alone, (all) by one's self*

allein' *conj. [without effect on the order of words] but [Less common, and therefore more forcible, than* aber *in making a contrasting statement]*

al'lemāl' = alle Male *each time, always, invariably*

al´lenthal´ben *everywhere, on all sides*

al´lerdings´ *[corroboratory or concessive] to be sure; it must be admitted*

al´lergnä´digst *most gracious*

al´lerhand´ *[invariable]* = allerlei *all kinds (sorts) of, various*

al´lerhöch´ste, der, die, das [ch *as in* ich] *very highest (of all)*

al´lerlei´ *[invariable] adj., of all kinds, all sorts of; subst., all sorts of things*

alles *everything, all [A following substantivized adj. has the weak ending];* es hilft alles nichts *it's all (of no use) in vain;* das alles *all (of) that, the whole story (thing);* alles, was... *all (everything) that...*

al´lezeit´ *always, at all times*

all´gemein´ *general, of all*

allmäh´lich *gradual; [adv., also] by degrees, little by little*

all´zu *too, too... by far, much too; utterly;* nicht allzu... *not too..., not so very...*

all´zulan´ge *far (altogether) too long (a time)*

all´zumāl´ *all together, one and all*

all´zuviel´ *(altogether) too much*

all´zuweit´ *(altogether, quite) too far*

die **Alpen** *[pl.] the Alps*

als *[time; always followed by transposition] when, as; [comparison; see* so*] than, as; [identity, usually* **without** *ein before the noun unless this is modified by an adj. or a relat. clause] as, by way of, for; [after a negative] but;* als ob, als wenn, *or* als *followed by inversion as if, as though (+ subj.) [In temporal clauses* als *refers to a definite occasion or period in the past, never to the present or the future.]*

alsdann´ *then, after that*

alsō *[-zo] thus, in this way (manner); [conj.] therefore, then, consequently, "(and) so," accordingly, for this (that) reason*

al´sobald´ [ǝltǝ] *forthwith*

ălt, älter, der älteste *old*

der **Alte**; (kein) Alter; *[pl.]* Alte; die (keine) Alten *old man; [pl.] (the) old (folks), grown-ups*

die **Alte**, *[gen. and dat. sg.]* -n *old woman (lady); [in address] Dear, Mother*

das **Alter** *(old) age*

älter *comp. of* alt

älteste, der, die, das *see* alt

ältlich *elderly*

die **Altmühl** *the Altmühl, a tributary of the Danube*

der **Altschuhmacher** *chief master bootmaker (shoemaker)*

ăm = an dem

der **Ămbŏß**, Ambosse *anvil*

das **Āmeischen** *little ant, [but in address] my good (dear) ant [Cf.* Krebslein.]

die **Āmeise**, -n *ant*

Āmē´rīkā *[neut.] America*

āmērīkā´nisch *American*

der **Amtmann**, ⸗männer *magistrate*

die **Amtsstube**, -n *office, bureau*

ăn *prep. [dat.] on, in [a day, morning, afternoon, evening]; [location] on, at, by, in, against, along, in the act of, on the point of; [relation] in the case of, on, upon, in the way or line of; [acc.; direction, motion, effort, thought, attention] to, on, of, at, against;* glauben an + *acc. believe in;* [*approximation, with numerals] about, nearly* [an *implies close proximity to, or immediate contact with, a side or edge;* auf *usually implies contact with a horizontal surface.*]

ăn *adv. on;* von... an *from ... on, ever since...*

ăn *sep. pref. [expressing 1. incipient action or state, 2. direction toward the object, 3. approach, 4. contact, 5. growth] to, at, on, in, against, begin to, up*

sich **ănbauen**, baute an´, angebaut *settle (down)*

ănbieten, bōt an´, angebōten *offer*

der **Ănblick**, -e *sight;* ihr Anblick *the sight of her (it, them)*

ănblinzeln, blinzelte an´, angeblinzelt *look with twinkling eyes at*

das **Ăndenken** *souvenir, memento (of* an + *acc.)*

ander *[never occurring in uninfl. form] other; different;* unter anderm *among other things;* am andern Tage *on the next (following) day [The* e *is often elided before the ending* ⸗e; *but the* e *of the ending is often dropped in inflections ending in a consonant.]*

anderm = anderem

andern = anderen

anders *[-ers,* NOT *-erz] otherwise, differently; else;* anders werden *change;*

was anders als... *what else but...*

ăndeuten, deutete an´, angedeutet *indicate; hint, give to understand*

Andrē´as *Andrew*

An´dres *[colloqu. form of Andreas] Andy*

ăneinan´der *to one another, together*

ăneinan´derdrängen, drängte aneinan´der, aneinan´dergedrängt *crowd (close) together*

ăneinan´dergedrängt *see* aneinanderdrängen

ăneinan´derklingen, klang aneinan´der, aneinan´dergeklungen *ring, touch*

ănfachen, fachte an´, angefacht *fan (in)to a blaze*

der **Ănfang**, ⸗fänge *beginning;* den Anfang machen *begin, start, take the lead*

ănfangen, fängt an´, fing an´, angefangen *begin, commence, start; [begin to] do;* was (soll ich, *etc.*) nun anfangen? *what am I, etc., to do now? [The infin. dependent upon* anfangen, fortfahren, *or* aufhören *requires* zu *and is regularly placed in a clause by itself.]*

ănfangs *in the beginning, at first*

ănfing *see* anfangen

ănfüllen, füllte an´, angefüllt *fill up;* mit etwas angefüllt *full of a thing*

ăngefangen *see* anfangen

ăngefüllt *see* anfüllen

ăngegossen *see* angießen

ăngehen, ging an´, ist angegangen *begin*

ăngehört *see* anhören

ăngelangen, gelangte an´, ist angelangt *arrive (at* an, auf, *etc.* + DAT.*)*

die **Ăngelegenheit**, -en *affair, matter, business*

angeln *[ng as in singer] catch [fish]*

die **Angelrute**, -n *[ng as in singer] fishing rod*

ăngenehm *acceptable; agreeable, pleasant*

ăngerichtet *see* anrichten

ăngeschmiert *see* anschmieren

ăngesehen *highly respected, distinguished*

ăngesteckt *see* anstecken

ăngetān *adapted, calculated;* dazu angetan, zu + *infin. apt (likely) to* + *infin.*

ăngewiesen *see* anweisen

ăngezōgen *see* anziehen

ăngezündet *see* anzünden

ăngießen, gōß an´, angegossen *join by casting;* wie angegossen passen *fit perfectly*

der **Angler** [ng *as in singer*] *angler*

angst *uneasy, nervous, anxious, frightened, alarmed;* mir ist angst *I feel anxious;* mir wurde angst *I began to feel uneasy or alarmed (about him* um ihn) *[Certain impers. verbs expressing a mental or physical state, also verbs used impersonally in the passive, omit* es *in the inverted or the transposed order.]*

ängstlich *frightened; uneasy*

ănhalten, hält an´, hielt an´, angehalten *[intr.] (come to a) stop; pull up*

ănhēben, hōb *or* hūb an´, angehōben *begin [to speak; used instead of* anfangen *in elevated diction]*

die **Ănhöhe**, -n *rising ground, hill*

ănhören, hörte an´, angehört *listen attentively to [acc.];* alles mit anhören *hear it all just like the others, overhear everything*

ănkām *see* ankommen

ănklopfen, klopfte an´, angeklopft *knock (at the door), stop and knock, call*

ănkommen, kām an´, ist angekommen *arrive (at, etc.* in, *etc.* + *DAT.)*

der **Ănkömmling**, -e *newcomer, arrival*

ănlächeln, lächelte an´, angelächelt *smile at*

ănlangen, langte an´, ist angelangt *arrive (at* an, auf, vor, *etc.* + *DAT.)*

die **Ănmūt** *grace(fulness); charm, loveliness*

ănnahm *see* annehmen

ănnehmen, nimmt an´, nahm an´, angenommen *accept, take; receive, take in; assume, take on*

ănreden, redete an´, angeredet *speak to, address*

ănrichten, richtete an´, angerichtet *prepare, serve [a meal]*

ans = an das

ănsāgen, sagte an´, angesagt *bring word (give notice) of, announce*

ănsah *see* ansehen

ănschauen, schaute an´, angeschaut = ansehen *look at, eye, view* sich **ănschicken**, schickte an´, angeschickt *prepare, get ready* [zu]

ănschmieren, schmierte an´, angeschmiert *(be)smear; cheat, "take in"*

ănschwellen, schwillt an´, schwoll an´, ist angeschwollen *swell (up), rise*

ănsehen, sieht an´, sah an´, angesehen = anschauen *look at;* sieh einmal an! *just see (look at this)!*

die **Ănsicht**, -en *opinion, view*

ănsprechen, spricht an´, sprăch an´, angesprochen = anreden *speak to, address*

ănstatt *instead of [followed by the gen.,* zu + *infin.,* daß..., *or another prep. + its object];* anstatt zu gehen *instead of going;* anstatt daß er geht *instead of (his) going*

ănstecken, steckte an´, angesteckt *light, set fire to*

ănstoßen, stößt an´, stieß an´, angestoßen *strike (knock) against, nudge;* (mit den Gläsern) anstoßen *touch glasses, drink (to* auf + *acc. [one's health, etc.])*

ănstoßend *adjacent, adjoining*

die **Antwort**, -en *answer, reply (to* auf + *acc.)*

ant´worten, ant´wortete, geant´wortet *answer [DAT. of pers. to whom answer is given, ACC. of answer,* auf + *acc. of question answered;* auf meine Frage (meinen Brief) antwortete er mir kein Wort]

ănvertrauen, vertraute an´, anvertraut *entrust;* sich anvertrauen *trust one's self to; unbosom one's self to, confide in*

der **Ănwalt**, ⸗wälte *or* ⸗walte *counsel, attorney*

ănweisen, wies an´, angewiesen *refer one to; throw one (back) upon, reduce one to [certain resources]*

die **Ănwesenheit** *presence*

ănzeigen, zeigte an´, angezeigt *indicate, be a sign of [rain, misfortune, etc.]*

ănziehen, zōg an´, angezōgen *put on, draw on [garments that are drawn on or over any part of the body]; begin to draw, give a pull, start (up, off)*

ănzudeuten *see* andeuten

der **Ănzūg**, ⸗züge *(suit of) clothes*

ănzüglich *(offensively) personal, pointed, offensive*

ănzünden, zündete an´, angezündet *light, set fire to, "light up" [a pipe, etc.]*

ănzuschauen *see* anschauen

ănzusehen *see* ansehen

der **Apfel**, ⸚ *apple*

der **Appetīt′**, -e *[-teet] appetite*

die **Āprīkō′se**, -n *apricot*

    Ārā′bien *[neut.] Arabia*

die **Arbeit**, -en *work, kind of work; piece of work, task;* sich an die Arbeit machen *set (go) to work*

    ar′beiten, ar′beitete, gear′beitet *work (on or at* an + *dat.)*

der **Arbeitsbeutel** *workbag, reticule*

    arg, ärger, der ärgste *bad, evil*

du **Arger**; der **Arge**; (kein) **Arger**; *[pl.]* Arge; die (keine) Argen *wicked fellow, rascal, scoundrel*

der **Ärger**, des -s *annoyance, vexation; anger*

    ärgste, der, die, das *see* arg

der **Arm**, -e *arm*

    arm, ärmer, der ärmste *poor [financial or other circumstances]*

der **Arme**; (kein) Armer; *[pl.]* Arme; die (keine) Armen *poor man; [pl.] poor (folk, people)*

der **Ärmel** *sleeve*

    armsēlig *miserable, wretched; pitiable, sorry; beggarly*

die **Armūt** *poverty, want, destitution*

die **Ārt**, -en *sort, kind, species, description; way, manner;* nach der Art, wie... *in the way that...*

der **Ārzt**, ⸚e *physician, doctor*

    Aspern *a village on a branch of the Danube, a little to the east of Vienna*

    āß *see* essen

der **Ast**, ⸚e *bough*

der **Ātem**, des -s *breath*

    ātemlōs *(all) out of breath*

    auch *also, too, likewise; furthermore, moreover, then too; even; naturally, as is (was) to be expected, really, sure enough, as a matter of fact, anyway;* denn auch *really, indeed, too, accordingly;* so... auch *accordingly;* wenn... auch *(or inversion* + auch) *even if (though)...;* auch nicht *not (nor),* + *either at the end of the sentence;* auch kein *no(ne, not any),... either; [with generalizing force] ever;* was... auch *whatever...*

der **Audienz´saal,** ⸗säle [Audi *rhymes with rowdy*] *audience (presence) chamber*

das **Audienz´zimmer** = Audienzsaal

auf *prep.* [*dat.*] *on (top of), upon, at, in;* [*acc.; direction (motion, effort, attention)*] *on, upon, up on, to, toward, for, at, against, of;* auf einen zukommen *come to(ward, approach) a person;* [*sequence*] *upon, after;* aufs neue *again, anew, once more;* [*manner*] *in, at;* **auf** diese Weise *in this way (manner);* auf ein´mal *all at once, all of a sudden [Cf. last note on* an.]

auf *adv. up [Cf. the adv.* ab.]

auf *sep. pref.* [*expressing 1. the act of opening, 2. consumption or completion, 3. upward direction or motion, 4. display, 5. bursting (out) into action*] *open; up; burst into, begin to*

aufblicken, blickte auf´, aufgeblickt *raise one's eyes, look (glance) up*

auf´einan´der *at one another (each other); one upon the other (another)*

auffallen, fällt auf´, fiel auf´, ist aufgefallen *fall (strike) upon;* es fiel mir auf *it struck me (my attention), surprised me*

aufflammen, flammte auf´, ist aufgeflammt *blaze up, burst into flame(s);* 42, 19 cf. *Julius Cæsar* ii. 2. 31

auffressen, frißt auf´, fraß auf´, aufgefressen [*used of animals*] *eat up, devour*

aufgeben, gibt auf´, gāb auf´, aufgegeben *give up, abandon, lose* [*hope*]

aufgefallen *see* auffallen

aufgefressen *see* auffressen

aufgegeben *see* aufgeben

aufgehen, ging auf´, ist aufgegangen *open, burst open; rise* [*used of the sun, moon, or stars*], *dawn (burst) upon*

aufgehoben *see* aufheben

aufgejauchzt *see* aufjauchzen

aufgenägelt *see* aufnageln

aufgeräumt *in good (high) spirits, in good humor*

aufgerichtet *see* aufrichten

aufgespielt *see* aufspielen

aufgestanden *see* aufstehen

aufgestāpelt *see* aufstapeln

aufgezogen *see* aufziehen

aufging *see* aufgehen

aufhalten, hält auf', hielt auf', aufgehalten *check, delay, stop;* sich aufhalten *stay, live; delay, dwell (on a topic* bei)

aufhängen, hängte (*or* hing auf', aufgehängt) *hang up (on* auf + *acc.)*

aufheben, hob auf', aufgehoben *pick up; put away [for safe keeping];* gut aufgehoben *in good hands, in safe keeping;* bei ihm bin ich gut aufgehoben *I am well looked after at his house, he takes good care of me*

aufhob *see* aufheben

aufhorchen, horchte auf', aufgehorcht *listen attentively;* hoch aufhorchen *listen very attentively, prick up one's ears*

aufhören, hörte auf', aufgehört *stop (short), cease, (come to an) end [Cf.* anfangen.]

aufjauchzen, jauchzte auf', aufgejauchzt *utter (burst into) a shout of joy;* beinahe hätte ich aufgejauchzt *I almost shouted for joy*

aufmachen, machte auf', aufgemacht *open; unlock;* sich aufmachen *set out, start (for* nach *or* zu)

aufmerksam *attentive (to* auf + *acc.);* er machte sie auf mich aufmerksam *he called her attention to me*

die **Aufmerksamkeit**, -en *attention*

aufnageln, nagelte auf', aufgenagelt *nail on (down)*

aufnehmen, nimmt auf', nahm auf', aufgenommen *take (pick) up, catch, receive*

aufpassen, paßte auf', aufgepaßt *pay attention, watch (and see)*

aufräumen, räumte auf', aufgeräumt *clear up, set things in order; cf.* aufgeräumt.

aufrecht *upright, erect*

aufrichten, richtete auf', aufgerichtet *set up(right)*

aufs = auf das

aufsagen, sagte auf', aufgesagt = hersagen *say, repeat, recite*

der **Aufschrei**, -e *shriek, scream*

aufschreiben, schrieb auf', aufgeschrieben *write down*

aufschreien, schrie auf', aufgeschrie(e)n *cry out; scream*

das **Aufsehen**, des -s *sensation;* ohne Aufsehen *without attracting attention (arousing suspicion)*

aufseufzen, seufzte auf', aufgeseufzt *heave a sigh*

aufspielen, spielte auf', aufgespielt *play, furnish music, strike up (a tune);* eins aufspielen *give the crowd a tune*

aufsprang *see* aufspringen

aufspringen, sprang auf´, ist aufgesprungen *spring up, start (leap) to one's feet*

aufstäpeln, stapelte auf´, aufgestapelt *stack up, store up*

aufstecken, steckte auf´, aufgesteckt *stick up (on dat.)*

aufstehen, stand *(past subj. often* stünde*)* auf´, ist aufgestanden *rise, get up [out of bed or on one's feet]*

aufsteigen, stieg auf´, ist aufgestiegen *mount, rise; arise, spring up, brew, come up*

aufstellen, stellte auf´, aufgestellt *arrange; draw up (in line), line up*

auftauchen, tauchte auf´, ist aufgetaucht *rise, emerge (from the water); appear, come in sight*

auftragen, trägt auf´, trūg auf´, aufgetragen *serve (up), put on the table*

auftrēten, tritt auf´, trāt auf´, ist aufgetrēten *step along*

auftūn, tūt auf´, tāt auf´, aufgetān *open*

aufwachen, wachte auf´, ist aufgewacht *wake (up) [intr.]*

aufwarf *see* aufwerfen

aufwerfen, wirft auf´, warf (würfe) auf´, aufgeworfen *throw (heap, pile) up*

aufziehen, zōg auf´, aufgezōgen *bring (train) up, raise*

aufzucken, zuckte auf´, aufgezuckt *flash (shoot) up*

aufzunehmen *see* aufnehmen

aufzuräumen *see* aufräumen

aufzutūn *see* auftun

das **Auge**, -s, -n *eye;* einem in die Augen fallen *strike one's eye, catch one's eye*

der **Augenblick**, -e *moment, instant*

    au´genblick´lich *instantaneous, immediate; [adv., also] instantly, this very minute*

das **Augenblinzeln**, des -s *winking (twinkling) of the eyes*

der **August´**, -e *(month of) August [N.B. The names of the months are preceded by the def. art. except when used as pred. nom. or as the object of a verb in sentences that tell the month, e.g.:* Jetzt schreiben wir August, es ist jetzt August.*]*

    aus *prep. [dat.] out of, from; [material] of;* von ... aus *(starting) from...*

aus *adv. out [Cf. the adv.* ein.]

aus *sep. pref. [expressing 1. completion or conclusion, 2. exhibition or exposure, 3. selection, 4. direction outward] out*

ausbitten, bāt aus´, ausgebēten *ask for, request*

ausblāsen, blāst aus´, blies aus´, ausgeblāsen *blow out*

ausbleiben, blieb aus´, ist ausgeblieben *stay away, fail to come; cease, fail;* lange ausbleiben *not come until late*

ausbrechen, bricht aus´, brāch aus´, ausgebrochen *burst out (into* in + *acc.)*

ausbrennen, brannte *(past subj.* brennte) aus´, *[intr.,* ist] ausgebrannt *burn out*

ausdreschen, drischt aus´, drasch *or* drosch *(past subj.* drösche) aus´, ausgedroschen *thresh (thrash) out*

der **Ausdruck**, ⸗drücke *expression*

ausdrücken, drückte aus´, ausgedrückt *express, convey*

auseinan´dersetzen, setzte auseinan´der, auseinan´dergesetzt *analyze; set forth, explain*

ausführen, führte aus´, ausgeführt *perform, do*

ausführ´lich *detailed, going into details; lengthy, full*

die **Ausführung** *execution, carrying out*

der **Ausgang**, ⸗gänge *way out, exit*

ausgeblieben *see* ausbleiben

ausgedroschen *see* ausdreschen

ausgehen, ging aus´, ist ausgegangen *go out; fail, vanish, go out [fire, light]*

ausgenommen *[with a preceding accusative] except, with the exception of [Really past part. of* ausnehmen]

ausgepackt *see* auspacken

ausgeredet *see* ausreden

ausgezogen *see* ausziehen

ausging *see* ausgehen

ausgräben, gräbt aus´, grūb aus´, ausgegräben *dig out (up), unearth*

ausklopfen, klopfte aus´, ausgeklopft *knock out;* die Pfeife ausklopfen *knock the ashes out of one's pipe*

das **Ausland**, des -(e)s *foreign land (country, parts)*

der **Ausläufer** *spur, offshoot*

auslöschen, löschte aus´, ausgelöscht *extinguish, put out*

ausmachen, machte aus´, ausgemacht *settle, arrange, agree; amount to*

die **Ausnahme**, -n *exception (to* von*);... machte hiervon eine Ausnahme... formed an exception to this*

ausnehmen, nimmt aus´, nahm aus´, ausgenommen *take out; except*

auspacken, packte aus´, ausgepackt *unpack*

ausreden, redete aus´, ausgeredet *finish talking (one's speech or sentence)*

ausrufen, rief aus´, ausgerufen *exclaim, cry (call) out*

ausruhen, ruhte aus´, ausgeruht *rest;* sich ausruhen *take a rest*

die **Aussäge**, -n *statement*

aussah *see* aussehen

ausschlāgen, schlägt aus´, schlūg aus´, ausgeschlāgen *refuse, decline*

aussehen, sieht aus´, sah aus´, ausgesehen *appear, look*

außen *(on the) outside*

die **Außenwelt** *outer world*

das **Außenwerk**, -e *outwork*

außer *[dat.] outside, out of; save, except*

au´ßerdem´ *besides; moreover*

außeror´dentlich *unusual, extraordinary; extreme*

die **Aussicht**, -en *view, outlook*

aussöhnen, söhnte aus´, ausgesöhnt *reconcile*

ausspritzen, spritzte aus´, ausgespritzt *squirt out;* die (Tinte aus der) Feder ausspritzen *shake (the ink) out (of) one's pen*

ausstrecken, streckte aus´, ausgestreckt *stretch out*

aussūchen, suchte aus´, ausgesucht *choose, pick out*

ausüben, übte aus´, ausgeübt *practice*

sich **ausweisen**, wies aus´, ausgewiesen *establish (prove) one's identity*

auswendig *by heart;* auswendig können (wissen) *know by heart, have at one's fingers' ends*

auszeichnen, zeichnete aus´, ausgezeichnet *distinguish*

ausziehen, zōg aus´ *[intr., ist]* ausgezōgen *pull (take) off [some article of clothing], undress; [intr.] set out, leave*

der **Auszūg**, ⸗züge *exodus, departure; procession (as it starts)*

auszugehen *see* ausgehen

auszusöhnen *see* aussöhnen

auszuüben *see* ausüben

auszuweisen *see* ausweisen

die **Axt**, ⁼e *ax*

B.

der **Bach**, ⸚e *brook, stream*
    backen, bäckt, būk, gebacken *bake*
der **Bäckergesell(e)**, ⸗gesellen *journeyman baker*
der **Backōfen**, ⸗öfen *oven*
der **Backtrōg**, ⸗tröge *kneading trough*
das **Baden**, des -s *bathing*
die **Badewanne**, -n *bathtub*
    bald [⸗lt⸗] *soon; presently;* bald..., bald... *now..., now...;* first (now)..., then...
    baldig *early, speedy, quick*
    band *see* binden
die **Bank**, ⸚e *bench*
    Barbāros´sā *Barbarossa; see* Rotbart
die **Barmher´zigkeit** *charity, compassion*
die **Bāse**, -n *kinswoman; aunt, [female] cousin*
der **Bāß**, Bässe *bass (voice)*
    bāt *see* bitten
der **Bauch**, Bäuche *belly, stomach;* sich vor Lachen den Bauch halten *hold one's sides for laughter*
    bauchig *bulging*
    bauen *build*
der **Bauer**, -s *or* -n, -n *peasant, countryman; farmer*
die **Bäuerin**, -nen *peasant woman; farmer's wife*
der **Bauernhōf**, ⸗höfe *farm*

der **Baum,** Bäume *tree*

Baumbach *Rudolf Baumbach (1840–1905), poet, and author of numerous tales in which sly humor blends with pathos*

baumeln *dangle*

der **Baumstamm,** ⸗stämme *trunk (of a tree)*

die **Baumwurzel,** -n *root of a tree*

beantworten *answer, reply to*

beaufsichtigen *[five syllables] oversee, keep an eye on*

Bechstein *Ludwig Bechstein (1801–1860), best known as the compiler of legends and fairy tales*

bedauern *regret, deplore*

bedenklich *critical, serious, dangerous, distressing*

bedeuten *signify, mean*

bedeutend *significant, considerable*

die **Bedeutung,** -en *meaning, sense [of a word]*

bedienen *[acc.] serve, provide (furnish) with*

sich **beeilen** *make haste, hasten (to* zu + *infin.), hurry (up)*

beenden *[three syllables] finish, (bring to an) end, conclude*

befahl *see* befehlen

befand *see* befinden

befehlen, befiehlt, befahl, befohlen *command, order, tell, bid (a person [dat.] to* zu*); er hat gut befehlen it's all very well (easy enough) for him to issue orders*

befinden, befand, befunden *find, judge;* sich *(acc.)* befinden *be (found) [in a place, condition, or situation];* ich befinde mich (nicht) ganz wohl *I am (not) quite well;* am besten noch befand sich der Hase *the hare was indeed (in comparison with the other two) in best condition*

befohlen *see* befehlen

befördern *forward, convey*

befreien *(set) free, liberate, release, deliver*

die **Befrei′ung,** -en *deliverance, liberation; rescue; escape*

die **Befrei′ungsschlacht,** -en *battle of [i.e., leading to] deliverance (liberation)*

befühlen *finger, feel*

befürchten *fear, be afraid (that)*

begāb *see* begeben

begann *see* beginnen

sich **begeben**, begibt, begāb, begeben *betake one's self, repair, go*

begegnen [ist begegnet] *meet [dat.]*

begehen, beging, hat begangen *commit [crime]*

begehren *desire, long for; ask, request;* fort in die Fremde begehrte er nicht mehr *he no longer desired to get away from home*

begehrlich *covetous, (of eager) longing*

begibt *see* begeben

beginnen, begann (begönne), begonnen *begin*

begrāben, begrăbt, begrūb, begrāben *bury*

begünstigen *favor*

behāgen *[dat.] suit (one's taste)*

behāglich *at one's ease, comfortable*

behalten, behält, behielt, behalten *keep, retain*

behandeln *treat, deal with*

behaupten *maintain; assert, contend;* steif und fest behaupten *declare positively, insist stubbornly*

beherbergen *lodge, accommodate*

behüt' = behüte

behüten *guard, keep, watch over*

behūtsām *cautious, wary*

bei *prep. [dat.] by, near, with, at, at the house of, in the care of, among; according to;* die Schlacht **bei** A. *the battle of A.;* bei mir zu Hause *at my house, in my home;* bei uns zu Hause *in our home (country);* bei sich sprechen *say to one's self; [time or circumstances] on, on the occasion of, at, in, in the case of, in a state of, along with, in connection with, on, by, with, over*

bei *sep. pref. [expressing 1. proximity, 2. approach] to, with*

beid *[never occurring in uninfl. form] both;* die(se) beiden *the(se) two [already associated in the mind of the speaker]*

bei´einan´der *(all) together*

der **Beifall**, des -(e)s *approval; applause; satisfaction*

beilei´be nicht *on no account, not for the world, "not on your life"*

beim = bei dem

das **Bein**, -e *leg; bone;* einem Beine machen *make a person find his legs, start one off in a hurry*

bei´nah´ = beinahe

beina´he = fast *almost, nearly, all but, within an ace of*

beisam´men *(close) together*

beisei´te *aside, to one side*

beisei´teschieben, schōb beisei´te, beisei´tegeschōben *shove (push) aside (to one side)*

beisei´tetrēten, tritt beisei´te, trāt beisei´te, ist beisei´tegetrēten *step aside (to one side)*

das **Beispiel**, -e *example;* zum Beispiel *for example*

beißen, bĭß, gebissen *bite;* ins Gras beißen *die*

der **Beistand**, des -(e)s *assistance; help; aid*

beistehen, stand (stände *or* stünde) bei´, beigestanden [DAT.] *stand by, assist, plead for*

beistimmen, stimmte bei´, beigestimmt *agree with one (one's opinion) [dat.]*

beizustehen *see* beistehen

bejahen *say "yes" to (a question), answer in the affirmative*

bekām *see* bekommen

bekannt *known, notorious; acquainted*

der **Bekann´te**; (kein) Bekannter; [*pl.*] Bekannte; die (keine) Bekannten *acquaintance*

bekehren *convert [turn from one view or belief to another]*

sich **beklagen** *complain (of* über + *acc.)*

bekommen, bekām, [*intr.*, ist] bekommen *have,* [*meaning*] *begin to have, receive, get;* zu hören bekommen *have an opportunity to hear;* zu wissen bekommen [*have a chance to know, i.e.,*] *find out;* sie bekommen die Welt zu sehen *they have a chance to see the world;* [*intr.*] *agree with (benefit) a person('s health) [dat.];* mögen sie dir wohl bekommen *I hope you will like them (I hope they'll do you good)*

bekreuzen *(mark with a) cross*

die **Beleuch´tung** *light(ing), illumination*

belohnen *reward*

bemerken *notice, observe, see; remark, mention*

die **Bemer´kung**, -en *comment*

benutzen *make use of, use*

beōb´achten *observe, watch*

bequēm *comfortable, easy;* ich mache mir's bequem *I take my ease (make myself comfortable)*

die **Bequēm´lichkeit**, -en *comfort, ease;* nach seiner Bequemlichkeit *at his ease, in comfort*

berauschen *intoxicate*

bereit *ready, willing, disposed*

bereits = schon *already; previously*

bereitstehen, stand (stände *or* stünde) bereit´, bereitgestanden *stand ready, be ready and waiting*

bereuen *regret, repent*

der **Berg**, -e *mountain, hill [Cf.* Hügel.]

bergauf´wärts *up (the) hill*

der **Berggeist**, -er *mountain sprite*

der **Bergklee**, des -s *mountain clover*

berichten *tell (a person [dat.] the details) of (acc. or* über + *acc.), tell in detail, report, inform, announce*

Berlin [Běrlīn´] *Berlin, capital of Prussia and the German Empire, with the exception of Paris the largest city on the continent of Europe*

berühmt *renowned, celebrated, famous*

berühren *touch, come in contact with*

besah *see* besehen

besann *see* besinnen

besaß *see* besitzen

beschäftigen *occupy, (keep) busy, employ (in* mit*)*

beschämen *(put to) shame, humiliate*

beschämt *ashamed (of one's self), chagrined, humiliated*

beschauen *look at; view; examine, inspect*

die **Beschau´lichkeit** *meditation;* innerliche Beschaulichkeit *(profound) introspection* der **Bescheid'**, -e *answer; decree; knowledge;* Bescheid wissen *be well informed, never be at a loss for an answer*

bescheiden *modest, humble*

bescheren *bestow (confer) something on (a person) [dat.]*

beschlāgen, beschlägt, beschlūg, beschlāgen *cover (overlay) with metal work;* ein Pferd beschlagen *shoe a horse*

beschlägt *see* beschlagen

beschließen, beschlōß, beschlossen *decide, determine, resolve (to...* zu + *infin.)*

beschlōß *see* beschließen

beschlūg *see* beschlagen

beschmutzen *soil, dirty*

beschreiben, beschrieb, beschrieben *describe*

die **Beschrei'bung**, -en *description*

beschrieben *see* beschreiben

beschweren *weight*

besehen, besieht, besah, besehen *look at, examine, scan*

sich **besinnen**, besann (besänne *or* besönne), besonnen *(try to) recollect; reflect, deliberate, consider*

die **Besin'nung** *consciousness*

besitzen, besaß, besessen *possess*

besonder *special*

Beson'deres *[after* etwas, viel, nichts, *etc., infl. like the neut. sg. of* dieser*] special, out of the ordinary*

besonders *particularly, exceptionally, unusually*

besonnen *see* besinnen

besorgen *do, perform*

besser *comp. of* gut *better;* ich hatte es besser als... *I was better off (more fortunate) than...*

Bes'seres *(something) better [Cf.* Besonderes.*]*

bes'sern [ich bessere *or* beßre] *(make) better; improve; correct;* sich bessern *grow (change for the) better*

der **Bestand'teil**, -e *(component, constituent) part*

bestätigen *confirm, affirm*

be´ste, der, die, das *superl. of* gut *best;* bester Freund *dear(est) friend;* am besten *adv. best (of all)*

das **Beste**, des -n *the best (thing)*

bestehen, bestand (*past subj. often* bestünde), bestanden *insist (up)on* (auf + *dat.*)

bestehlen, bestiehlt, bestahl, bestohlen *rob*

bestellen *(give an) order (for)* [*Cf.* wünschen.]

die **Bestel´lung**, -en *errand*

bestiefelt *booted*

die **Bestim´mung**, -en *destiny, fate*

bestohlen *see* bestehlen

bestreichen, bestrich, bestrichen *rub, coat [with something]*

bestrichen *see* bestreichen

der **Besūch´**, -e *visit, call; visitor(s), company;* einen Besuch machen *pay (one dat.) a visit;* zum Besuch *on a visit*

besūchen *go to see, visit, call on*

betäuben *stun*

be´ten, betete, gebetet *pray; say (repeat) [in prayer];* um etwas (zu Gott) beten *pray (to God) for a thing*

betrachten *regard, look at, contemplate, examine*

betrāgen, betrāgt, betrūg, betrāgen *amount to, "be" [a certain sum, distance, etc., acc.]*

betrēten, betritt, betrāt, betrēten *step (set foot) upon (in), enter*

betrōg *see* betrügen

betrōgen *see* betrügen

betrüben *grieve, distress;* betrübt *grieved, distressed; disappointed; dejected*

betrügen, betrōg, betrōgen *deceive, dupe; trick, cheat (a pers. [acc.] out of* um); *impose upon, "take in"*

das **Bett**, -(e)s, -en *bed, couch; feather bed, bedding, bedclothes;* sich ins Bett legen = zu Bett(e) gehen = sich schlafen legen *go to bed*

der **Bettler** *beggar*

beugen *bend (down)*

bevōr´ *[always followed by transposition] before*

bewaffnen *arm*

bewahren *guard, keep (from* vor + *dat.)*

bewegen *move, agitate*

der **Beweis´**, Beweise *proof, evidence*

der **Bewoh´ner** *occupant, inhabitant*

bezahlen *pay; pay for [The following six sentences illustrate its use:]* er hat mich bezahlt *he (has) paid me;* er hat seine Rechnung bezahlt *he (has) paid his bill;* er hat die Eier bezahlt *he (has) paid for the eggs;* er hat (mir) das Geld bezahlt *he (has) paid (me) the money;* er hat mir die Eier bezahlt *or* er hat mich für die Eier bezahlt *he (has) paid me for the eggs;* ohne bezahlt zu haben *[= French sans avoir payé] without having paid (for) [Cf.* ohne.*]*

biegen, bōg, gebōgen *bend*

das **Bier**, -e *beer*

bieten, bōt, gebōten *offer*

bilden *form*

der **Bildstock**, ⸗stöcke *wayside shrine (with a crucifix)*

die **Bildung** *form*

billig *just, fair; reasonable; proper*

bĭn *[1st pers. sg. pres. ind. of* sein] *am*

bĭnden, band, gebunden *bind, tie*

das **Bĭnden**, des -s *(act of) binding*

der **Birnbaum**, ⸗bäume *pear tree*

die **Birne**, -n *pear*

bĭs *prep. [acc.] till, until, (up) to, by [time]; [place] to, up to, as far as, clear [usually followed by* an, auf, hinter, in, über, vor *(acc.) or* zu *(dat.)];* alle **bis** auf einen *all [down to, i.e.,] except (but) one*

bĭs *conj. [always followed by transposition] till, until, up to the time when (that), before*

bĭshēr´ *hitherto, till now, as yet, so far*

bĭßchen *[invariable] a little (wee) bit;* ein bißchen *a little, a trifle; rather, somewhat*

der **Bissen** *mouthful; titbit, morsel*

bist *[2nd pers. sg. pres. ind. of* sein] *are, art*

biswei´len *sometimes, occasionally, now and then*

bitt' = bitte

bitte *please [Really the first pers. sg. pres. ind. of* bitten: *I beg you]*

die **Bitte,** -n *request (to make of [i.e., to address to, hence]* an + ACC.*)*

bitten, bāt, gebēten *beg, ask, implore a person [*ACC.*] (to do something* etwas zu tun *or* daß...); *ask a person [*ACC.*] for...* um...

das **Bitten,** des -s *entreaty*

bit´terbö´se *[drops the final vowel before the* e *of an inflectional syllable] very wicked (malicious, cantankerous)*

bit´terkălt´ *bitterly cold*

blank *shining, bright, glittering; sleek*

der **Bläsbalg,** ⸗bälge *(pair of) bellows*

blāsen, blāst, blies, geblāsen *blow*

blau *blue*

blaugesotten *see* blausieden

blauschwarz *bluish black*

blausieden, sott blau´, blaugesotten *stew blue; [in Germany trout are boiled, not fried; they turn blue in cooking;] cook to a turn*

bleib' = bleibe

bleiben, blieb, ist geblieben *remain, stay, continue; [often used with an infin. corresponding to the pres. part. in English; cf.* stehenbleiben] *stand still, stop; remain standing*

bleibenlassen, läßt blei´ben, ließ blei´ben, bleibenlassen *leave a thing alone, avoid doing, do nothing of the kind;* das lasse ich (wohl) bleiben *I am not fool enough to do that*

bleich *pale, wan*

blenden *blind; dazzle*

der **Blick,** -e *glance, look; [pl., also] sight*

blicken *look (at), (cast a) glance;* er läßt sich nicht blicken *he doesn't show himself (isn't seen)*

blieb *see* bleiben

blies *see* blasen

blinken *sparkle, glitter*

blinkend *glittering, glistening*

blinzeln *(give a) wink, blink, throw hasty (stealthy) glances* der **Blitz**, -e *(flash of) lightning*

der **Blitzschlāg**, ⸗schläge *flash of lightning, thunderbolt*

der **Blitzstrahl**, -(e)s, -en *flash of lightning*

    blond [⸗nt⸗] *blond, fair-haired*

    blond′gezöpft′ [⸗nt⸗] *with blond (flaxen) braids*

    blōß *merely, simply, solely, just*

    blühen *bloom, blossom;* grünen und blühen *flourish;* [dat.] *happen to (be in store for) a person by way of good luck;* das (nämlich das Glück) könnte mir auch blühen *fortune might smile upon me, too*

die **Blūme**, -n *flower*

das **Blūt**, des -(e)s *blood*

    blūten *bleed*

    blūtig *bloody, bleeding*

    blūt′rōt′ *(blood-)red, crimson*

der **Bock**, ⸗e *high stool*

die **Bockshaut**, ⸗häute *goatskin*

der **Boden** *[pl. also* ⸗*]* *ground, soil;* sein Grund und Boden *his land*

der **Bogen** *[pl. also* ⸗*]* *bow, violin bow*

der **Bogen** *sheet (of paper)*

der **Böhme**, -n *Bohemian*

das **Böhmerland**, des -(e)s *land of the Bohemians*

die **Bohnenstange**, -n *bean pole*

    bohren *bore, drill*

    böse *[drops the final vowel before the* e *of an inflectional syllable] bad, evil; hard, trying [time]; contentious*

    bōt *see* bieten

der **Bote**, -n *messenger*

    Boucher [bōōshay′] *Alexandre Jean Boucher (1770–1861), a French violinist surnamed "the Alexander of the Violins"*

    brāch *see* brechen

    brāchte *see* bringen *or* zubringen

    brand′geschwärzt′ [⸗nt⸗] *fire-blackened*

    brannte *see* brennen

brāten, brӓt, briet, gebrāten *roast, fry*

brauch' = brauche

brauchen *use, make use of, employ; need [a dependent infin. must be preceded by* zu]; man braucht eine Stunde, um... zu gehen *it takes an hour to walk...*

brausen [ist gebraust *when direction is expressed] roar; go roaring*

das **Brausen**, des -s *roaring*

die **Braut**, Brӓute *betrothed (wife), fiancée*

brāv [v = *f; but before* e *in inflected forms* = v] *honest, upright, good*

das **Brāvō**, -s, Brāvōs *or* Brāvī [v = v] *(shout or cry of) "bravo" (applause), cheer*

brechen, bricht, brāch, gebrochen *break;* sich *[dat.]* den Hals brechen *break one's neck*

der **Brei**, -e *soft (sticky, pasty) mass (substance)*

breit *broad, wide; spreading* [Baum]; weit und breit *far and wide, far and near*

Bremen [Brēmen] *Bremen, after Hamburg the most important German seaport*

brennen, brannte (*past subj.* brennte), gebrannt *burn [tr. or intr.], be lighted*

das **Brett**, -er *board, plank*

der **Bretterbaum**, ⸚bӓume *timber-tree*

der **Brief**, -e *letter*

briet *see* braten

bringen, brāchte (*past subj.* brāchte), gebrācht *bring; [and, because the action is regarded from the goal, rather than from the starting-point,] carry, convey, take, get*

das **Brōt**, -e *bread; living, livelihood;* sein Brot haben *have enough to live on (a competency), be well off*

der **Brōtteig**, -e *bread dough*

die **Brücke**, -n *bridge*

der **Bruder**, ⸚ *brother*

die **Brüderschaft**, -en *(pledge of) brotherhood;* mit einem Brüderschaft trinken *pledge a person as one's comrade*

brummen *hum, buzz; growl, grumble, mutter*

brummig *(fond of) grumbling, peevish, querulous*

der **Brummler** *grumbler, growler*

die **Brust**, ⸚e *breast, chest, bosom*

das **Būch**, ⁻er *book*
der **Bückling**, -e *bow (and scrape)*
   bum! [u = *u in bull*] *boom! bang!*
das **Bündel** *pack*
der **Bursche**, -n *youth, lad; fellow*
die **Bürste**, -n *brush*
   buschig *bushy, shaggy*
das **Buschwerk**, des -(e)s *shrubbery*
die **Butter** [u *as in full*] *butter*

C.

der **Cent**, -s, -s [C = *s or ts*] *cent*
der **Chīnē´se**, -n [ch *as in* ich] *Chinese*
    chīnē´sisch [ch *as in* ich] *Chinese [Cf.* holländisch.*]*
der **Chrĭstenmensch**, -en [Ch = k] *(good) Christian*
das **Chrĭsttāgskleid**, -er [Ch = k] *Christmas (Day) dress*

D.

dā *adv. there, here, in such a case; then, at that time, thereupon, now, this time; under these circumstances, accordingly, consequently; in that (this) particular;* 80, 4 was da will *whoever wishes (likes);* [da + *inversion is preferred to* als + *transposition as a rendering of the English when after a temporal clause]* when; *cf.* 10, 6–7 *and* 76, 16; [da *(or, before vowels,* dar) *is compounded with a prep., e.g.,* damit, *as a substitute for* mit ihm, dem, *or* diesem, *etc., when the antecedent of the pron. denotes something inanimate. In such compounds the accent usually rests upon the second syllable; but if the object of the prep. is emphasized,* da *bears the accent.]*

dā *conj. [always followed by transposition] since, as, inasmuch as; [referring emphatically to a definite time or occasion] when;* jetzt, da... *now that...;* [*combining the ideas of time and cause*] *as, when*

dā *sep. pref. [expressing presence or existence] there*

dābei´ *substituted for* bei dem, *etc. [cf.* da] *in (doing) this, while doing so (this); besides; moreover*

dābei´gewēsen *see* dabeisein

dābei´sein, ist dabei´, wār dabei´, ist dabei´gewēsen *be present (there);* mit dabeisein *take part in it, be (one) of the company [Cf.* dasein.]

dābei´stand *see* dabeistehen

dābei´stehen, stand (stände *or* stünde) dabei´, dabei´gestanden *stand near (by)*

das **Dach,** ⸚er *roof*

der **Dachs,** Dachse [chs = ks] *badger*

dăchte *see* denken

dādurch´ *substituted for* durch das, *etc. [cf.* da] *by (means of this, namely, that he did so and so, i.e., by) his doing so and so; by means of this [Often used to anticipate a* daß-*clause logically dependent upon* durch] dafür' *substituted for* für das, *etc. [cf.* da] *(in return) for this (these, etc.)* [*Cf.* note on dadurch.]

dagē'gen *substituted for* gegen das, *etc. [cf.* da] *against it, etc.; on the contrary, on the other hand; but;* ich habe nichts **dagegen, daß** du ... *I have no objection to your...-ing*

dāgesessen *see* dasitzen

dāheim' *(safe) at home*

dāhēr' *accordingly, consequently, therefore; from this (that), (t)hence;* daher kommt es, daß... *thus it happens that..., this is the reason why...*

dāhier' *in this place (town)*

bis dā'hĭn *(up) to the point; until then, hitherto*

dāhĭn' *sep. pref. [expressing direction or motion away from the position previously occupied by the subject] thither, to that (this) place, there; along [toward a goal not definitely mentioned]*

dāhĭn'fegen, fegte dahin', ist dahin'gefegt *sweep along*

dāhĭn'gehen, ging dahin', ist dahin'gegangen *walk along*

dāhĭn'rauschen, rauschte dahin', ist dahin'gerauscht *ripple (murmur) along (on)*

dāhĭn'ter *substituted for* hinter dem, *etc. [cf.* da] *behind it (that)*

dāhĭn'ziehen, zōg dahin', ist dahin'gezōgen *move (pass) along*

dāmāls *[-ls,* NOT *-lz] at that time, then, on that occasion, (on) that day*

dāmĭt' *substituted for* mit dem, *etc., [cf.* da] *with it (this, etc.); with that, with these words*

dāmĭt' *conj. [always followed by transposition] (in order) that, so that [purpose]*

dämmern *grow dusk; dawn; appear dimly, loom*

die **Dämmerung,** -en *twilight, dusk*

dämpfen *suppress; deaden, muffle, lower*

dampfend *steaming, smoking*

der **Dampfwāgen,** des -s *steam car(s)*

dānē'ben *substituted for* neben dem, ihm, *etc. [cf.* da] *beside it, etc.*

der **Dank,** des -(e)s *gratitude; thanks;* schön (= schönen) Dank *[contraction due to rapid or careless speech] many thanks [acc. as object of I offer, not expressed]*

dankbār *thankful, grateful*

die **Dankbārkeit** *gratitude, thankfulness (to* gegen*)*

danken *thank (one [dat.] for* für*); decline with thanks*

das **Dankschreiben** *letter of thanks*

dann *then, at that time (moment), at such times; after that, afterward, thereupon; in (this) that case;* nur dann, wenn... *only in case...*

von **dannen** *thence, from there, off, away;* von dannen ziehen (gehen) *go away, start off*

dārăn´ *substituted for* an dem *or* das, *etc. [cf.* da]; daran´ sein, etwas zu tun *be about to do (on the point of doing) a thing;* er ist gut (übel) daran´ *he is well (badly) off;* daran, daß... *by (of) the fact that...;* denkst du daran, daß... *(are you thinking of the fact that...?) do you remember that...? [Cf. note on* dazu.]

dārăn´gelēgt *see* daranlegen

dārăn´legen, legte daran´, daran´gelegt *lay on;* die letzte Hand daranlegen *put the finishing touch(es) to a thing*

dārauf´ *substituted for* auf dem *or* das, *etc. [cf.* da] *(up)on it (this, that); to(ward) it; there(up)on; thereafter, after this (that); at it;* darauf los *away (at it) [cf. sep. pref.* los]; darauf warten, daß... *wait for a thing to occur [Cf. note on* dadurch.]

dāraus´ *substituted for* aus dem, *etc. [cf.* da] *from this (that)*

dārbieten, bōt dar´, dargebōten *offer, present; hold out*

dārein´sehen, sieht darein´, sah darein´, darein´gesehen *look (on), wear a look*

darf *see* dürfen

darfst *2nd pers. sg. pres. ind. of* dürfen

dārgebōten *see* darbieten

dārĭn´ *substituted for* in dem, *etc. [cf.* da] *in it (them, this, that, these, those)*

dā(r)nāch´ *substituted for* nach dem, *etc. [cf.* da] *after that (this), then*

dārü´ber *substituted for* über dem *or* das, *etc. [cf.* da] *over (above) it (this, etc.) [place]; on that account, at (over, because of) this (that) [cause]; (in the) meanwhile [time]*

dārŭm´ *substituted for* um das, sie, *etc. [cf.* da] *around it; about it; for that (reason), therefore*

dăs *nom. or acc. sg. neut. of* der; das ist (sind)... *that is (those are)... Cf. note on* es (ist mein Bruder).

dāsāß *see* dasitzen

dāsein, ist da´, wār da´, dagewēsen *be (there, here) [Always written as two words in the present and past]*

dāselbst´ *[-zelpst] there, in that place*

dāsitzen, sāß da´, dagesessen *sit there*

daß *[always followed by transposition] that; so that [result. Cf.* damit*]. [If* daß *is omitted after a verb meaning 'say, think, hope, fear, etc.,' the verb in the quoted clause is not transposed, but stands where it would stand if the clause were logically independent.]*

dassel´be *see* derselbe

dāstand *see* dastehen

dāstehen, stănd (*past subj. often* stŭnde) da´, dagestănden *stand there*

dauern *continue, last; be or take [a certain length of time];* es dauerte nicht lange, so (da)... *it was not long before...*

der **Daumen** *thumb*

die **Daune**, -n *down(y feather) [German uses the pl., English the sg., of* down.*]*

dāvŏn´ *substituted for* von dem, *etc. [cf.* da] *of it, from it, about it; [depend] upon this;* das kommt davon´, wenn... *that is what comes of it when..., that's the result when... [Cf. note on* dadurch.*]*

dāvŏn´ *adv. from there, off*

dāvŏn´ *sep. pref. [expressing direction or motion away from the place indicated by the context] off, away*

dāvŏn´gehen, ging davon´, ist davon´gegangen *go (walk) off (away), run off (away)*

dāvŏn´gekommen *see* davonkommen

dāvŏn´gerannt *see* davonrennen

dāvŏn´getrāgen *see* davontragen

dāvŏn´ging *see* davongehen

dāvŏn´kommen, kām davon´, ist davon´gekommen *get off, escape*

dāvŏn´reißen, rĭß davon´, davon´gerissen *jerk away*

dāvŏn´rennen, rannte (*past subj.* rennte) davon´, ist davon´gerannt *run off (away)*

dāvŏn´schleppen, schleppte davon´, davon´geschleppt *drag (lug) off (away)*

dāvŏn´trāgen, trägt davon´, trūg davon´, davon´getrāgen *carry off (away); get, obtain, earn, gain*

dāvŏn´trūg *see* davontragen

dăvŏn´zūgehen *see* davongehen

dăvōr´ *substituted for* vor dem, *etc. [cf.* da] *before (in front of) it, etc.*

dāzū´ *substituted for* zu dem, *etc. [cf.* da] *besides, in addition (to that); at the same time; as he, etc., did so; for this (purpose); for it, for that; to this;* was sagst du dazu? *what do you say to that? [Often used to anticipate an infin. clause or a* daß-*clause logically dependent upon* zu]

dāzū´ *sep. pref. besides, in addition*

dāzū´kommen, kām dazu´, ist dazu´gekommen *arrive (in addition)*

dāzwi´schen *substituted for* zwischen ihnen (diesen, denen; sie, die, diese) *[cf.* da] *between them, etc.; mingled with these, (in) among them (these)*

der **Deckel** *lid, cover*

decken *cover; hide, conceal, screen*

dein, deine, dein *your [when* du *is the proper pron. of address]*

dēmŭtig *humble, meek*

denen *dat. pl. of the demonstr. or relat. pron.* der

denken, dăchte (*past subj.* dăchte), gedăcht *think (of* an + *acc.); conjecture;* bei sich denken *think to one's self;* ich kann es mir (schon) denken *I can (easily) imagine it;* daran war nicht mehr zu denken *it was no longer to be thought of, it was now entirely out of the question*

denn *conj. [without effect on the order of words] for*

denn *mod. adv. then, as was natural under the circumstances, as was to be expected, indeed, really; [in questions, expressing eagerness, lively interest, or impatience] I wonder, I'd like to know, pray tell, in the world, anyhow*

dennoch *nevertheless, all the same, for all that, though*

der, die, das *def. art. the [usually substituted for a poss. pron. or a poss. gen. in reference to a part of the body or the clothing when the context clearly indicates the possessor, frequently a noun or pron. in the dat.];* **der** lange Hans *Long John*

der, die, das *demonstr. pron. that [person, thing, action, or situation just mentioned or indicated in the context; often used for emphasis instead of the pers. pron., and, in fairy tales and the language of the common people, also instead of the relat. pron.* der *or* welcher]; *d a s* Volk hat es gut *such (insignificant) folk have an easy time of it [In contrast with* dieser *and* jener (*cf.* jener) *the demonstr. pron.* der *expresses neither proximity nor remoteness, but merely particularizes = the one who (which, that).]*

der, die, das *relat. pron. who, which, that; compound relat. pron.* = derjenige, der *the one who [referring to a **def.** antecedent; cf.* wer.]

derb *stout, strong; outspoken*

deren *gen. sg. fem. or gen. pl. of the demonstr. or relat. pron.* der

dĕr´glei´chen *[invariable] such*

dĕrjenige, diejenige, dasjenige [= der + jenig *(weak infl.), written as one word (with both parts infl.)] he who, she who, that which; the (particular) man (woman, thing, people) that... [Used (with or without a noun) as antecedent of a relat. pron.]*

dersel´be, diesel´be, dassel´be [= der + selb *(weak infl.), written as one word (with both parts infl.) except in the comparatively infrequent instances in the dat. sg. where* dem *or* der *is contracted with a preceding prep., e.g.,* zur selben Stunde] *the same*

dersel´ben *see* derselbe

deshalb [-halp] *therefore, for that (this) reason*

dessel´ben *see* derselbe

dessen *gen. sg. masc. or neut. of the demonstr. or relat. pron.* der *[To avoid ambiguity, the gen. of the demonstr. is often used instead of* sein *or* ihr *when his or her means the latter's; thus: he went to town with his son and his wife* er ging mit seinem Sohn und dessen *(the latter's, since* seiner *would mean his own)* Frau zur Stadt.]

dĕstō + *comparative [always followed by inversion] (so much) the [Cf.* je.]

deutlich *distinct, sharp and clear*

deutsch *German;* **auf** deutsch *in German [Cf.* holländisch.]

Deutsch *[spoken or written] German [infl. (like a weak adj.) only when **immediately** preceded by the def. art. in reference to the language as a whole in contrast to other languages]*

das **Deutsche**, des -n *see* Deutsch

Deutschland *[neut.] Germany*

der **Dīāmant´**, -en *diamond; adamant*

dich *acc. sg. of* du

dicht *adv. close*

dicht´belaubt´ *with thick (dense) foliage*

der **Dichter** *poet*

dick *thick, massive; stout, fat*

der **Dicke**; (kein) Dicker; *[pl.]* Dicke; die (keine) Dicken *fat man; [pl.] (the) fat (folks)*

der **Dieb**, -e *thief, burglar*

dienen *[dat.] serve*

der **Diener** *servant, valet, attendant, man*

der **Dienst**, -e *service, (official) duty, job, work;* O der Dienst, der Dienst! *Oh my duties, my duties!* das steht dir zu Diensten *that is at your service, you are welcome to that*

der **Dienstbote**, -n *domestic (servant); [pl.] help*

dies *colloqu. contraction of* dieses *in the nom. or acc. sg. neut.;* dies ist (sind)... *this is (these are)... Cf. note on* es *(*ist mein Bruder).

dieser, diese, dieses *this, the latter; he, etc. [expressing proximity in space or sequence]*

diesmāl *this time*

das **Ding**, -e *thing;* es ist ein jämmerlich Ding um das Leben *life is a sorry thing* [jämmerlich *for* jämmerliches; *in colloquial or archaic language and in poetry the ⸗es of the nom. or acc. sg. neut. is often dropped in the infl. of an adj.]*

dīr *dat. sg. of* du

dīrekt´ *[dee-] direct;* die direkte Rede *direct discourse, the very words [of a person]*

doch *[may be without effect on the order of words when standing first in a sentence, but more usually causes inversion. It is related to the English* though *and is usually equivalent to* although *at the beginning of its clause or to* though *placed at the end of the sentence to express surprise, hope, doubt, or emphasis. It implies emphatic contrast or opposition to a preceding statement, question, or implication.] however, yet, still, after all, though, for all that, nevertheless, in any event, anyway; really, as a matter of fact, surely, of course, I suppose; but; [occasionally] although; [used with an imperative to urge a course of action firmly or beseechingly in the face of reluctance on the part of the person addressed] do [do it]; [used similarly to add emphasis to a subjunctive expressing an unfulfilled wish] just;* 66, 16 hatte er doch... *he really had..., he had indeed..., hadn't he...? [Inversion +* doch *lends especial emphasis to a statement.]*

der **Docht**, -e *wick*

Dohlenhām *Dohlenham [the name of a large farm]*

der **Dohlenhāmer** *owner of Dohlenham Farm, Farmer Dohlenham*

der **Dok´tŏr**, -s, Doktō´ren *doctor; Dr.*

das **Doktorchen** *(my) dear Doctor [Cf. Krebslein.]*

der **Donner** *thunder(clap)*

der **Donnerkrach**, -e *crashing peal of thunder, thunderclap*

donnern *thunder*

das **Donnern**, des -s *thundering, rolling (rumbling, crashing) of (the) thunder*

das **Donnerwetter** *(thunder and) lightning*

doppelt *double; adv. doubly, twice*

das **Dorf**, ⸚er *village*

die **Dorfgasse**, -n *(narrow) village street*

der **Dorf'mūsīkant'**, -en *[moo-] village fiddler*

der **Dorfschmied**, -e *village blacksmith*

der **Dorn**, -(e)s, -en *thorn*

dort *there, yonder, in that place, over there*

dort'zūlan'de *in that (part of the) country*

der **Dotter** *yolk*

der **Draht**, ⸚e *wire*

drang *see* dringen

drängen *press, push, crowd, jostle;* sich drängen *crowd, push, make or force one's way (into* in + *acc.)*

drauf = darauf

draußen *outside, out of doors; out yonder (there)*

drehen *turn*

drei *three*

dreimāl *thrice, three times*

drein = darein' *see* dareinsehen

dreißig *thirty*

dreizehnte, der, die, das *thirteenth*

dreschen, drischt, drasch *or* drosch *(past subj.* drösche), gedroschen *thresh, thrash*

das **Dreschen**, des -s *threshing, thrashing*

der **Drescher** *thrasher, thresher*

der **Dreschflegel** *flail*

dringen, drang, ist gedrungen *[with preposition expressing direction] make one's way, pierce, penetrate, reach;* es drang an sein Ohr wie... *there reached his ear a sound like...*

dringend *pres. part. of* dringen *urgent, pressing*

drinnen *inside, within (doors), in there*

dritt *[never occurring in uninfl. form] third*

drittens *[-ens,* NOT *-enz] thirdly, in the third place*

drohen *[dat. of pers.] threaten*

drohend *pres. part. of* drohen *threatening(ly)*

dröhnen *rumble, thunder, roar; shake, quake [with the uproar]*

dröhnend *pres. part. of* dröhnen *ringing*

drosch *see* dreschen

drüben *over there, yonder, on that side*

drücken *press, push, hurt (by pressure), pinch; slip [a coin]*

drum = darum *therefore*

drunten *below, down there (yonder)*

dū *[used in addressing one individual in cases where formal politeness would be either unnecessary or out of place, as in speaking to a child, intimate friend, or relative, an inferior, animal, or inanimate object, in prayer, or in apostrophes to absent persons, abstract qualities, etc.] you [Cf.* ihr² *and* Sie.*]*

duftend *fragrant*

der **Dūkā´ten** *ducat*

dulden *tolerate*

dumm, dummer *or* dümmer, der dummste *or* dümmste *stupid*

der **Dummkopf,** ⸗köpfe *blockhead*

dumpfdröhnend *dull- (hollow-) rumbling*

dunkel *[In infl. forms in the pos. and the comp. the* e *is usually elided] dark*

dunkelhaarig *dark-haired*

die **Dunkelheit,** -en *dark(ness)*

dunkle, der, die, das *see* dunkel

dünn *thin, lean*

durch *[acc.] through; by, by means of*

durchaus' *[if emphatic,* durch'aus*] absolutely, positively, by all means, at all events*

durchgehen, ging durch', ist durchgegangen *pass (through), go through*

durchlassen, läßt durch', ließ durch', durchgelassen *let through, allow to pass*

durchs = durch das

durchsichtig *transparent*

durchson'nen, durchsonn'te, durchsonnt' *(warm in or expose to the) sun*

durchsonnt' *participial adj. warm, sunny*

dürfen, darf, durfte *(past subj.* dürfte*),* gedurft *(or, if preceded by a dependent infin.,* dürfen*)* [dürfen *expresses permission or right, whether granted or refused, or (in the past subj.) mild probability]* may; *[with a negative, often]* must; *be allowed (at liberty, permitted) to, have the right to, be justified in; [very rarely] dare;* 48, 22 dürfe nicht *could not well [Colloquially* können *is often used instead of* dürfen, *as* can *is instead of* may]; *need*

durfte *see* dürfen

dürr *dry; lean, scrawny, shriveled, fleshless*

der **Durst,** des -es *[do͡orst] thirst*

du's = du es

düster *dark, gloomy, dismal*

das **Dutzend,** -e *[but invariable after a numeral] dozen [Cf.* Sack.*]*

der **Du̅zbruder,** ⸗brüder *[intimate friend addressed with* du *after the pledge of brotherhood is drunk] boon companion, chum, pal, crony*

E.

    eben *just (then, now); exactly, precisely*

die **Ebene**, -n *plain*

    ebenfalls *[-s,* NOT *-z] likewise, also*

    ebensō *just so;* es ebenso machen *do likewise;* ebenso (... wie) *just so or as (... as), equally*

    echt *genuine; real*

die **Ecke**, -n *corner, [properly] edge; also* = Winkel

    edel *[In infl. forms in the pos. and the comp. the second e is usually elided] noble*

    edle, der, die, das *see* edel

    ehe *[always followed by transposition] before*

    eher *sooner, earlier; rather, more likely;* eher, als bis... *before...*

    ehrbār *reputable, honorable; honest*

die **Ehre**, -n *honor [Certain set phrases, e.g.,* in Ehren, *retain an archaic* **pl.** *construction, which in English is to be translated by the* **sg.**.*]*

der **Ehrenplatz**, ⸗plätze *seat of honor*

    ehrlich *honest, respectable*

    ehrwürdig *worthy (of veneration), reverend, worshipful*

    ei *[expressing surprise, admiration, vexation, encouragement, irony, reproach, indifference] ah! why! my, but...!*

das **Ei**, -er *egg*

der **Eichbaum**, ⸗bäume *oak (tree)*

die **Eiche**, -n *oak (tree)*

    eichelförmig *acorn-shaped*

der **Eidotter** *yolk of an egg, egg*

der **Eifer,** des -s *zeal, eagerness, longing, (passionate) desire*

    eigen *own [adj.];* das gehört mir zu eigen *that belongs to me (as my rightful property), that is mine (my property)*

    eigenhändig *with one's own hand(s); single-handed*

    eigentlich *real; exact; adv. really, strictly (properly) speaking*

    eigentüm´lich *strange, peculiar, odd*

    eignen *see* eigen *or* geeignet

der **Eilbote,** -n *special messenger, express rider*

die **Eile** *haste;* zur Eile mahnen *urge one to make haste;* Eile haben *be pressing (urgent)*

    eilen [ist geeilt *when direction is expressed*] *hasten, hurry*

    eilig *hasty, in a hurry, hurrying*

    ein, eine, ein *numeral adj. one;* der eine *(the) one [contrasted with* der andere*]; indef. art. a, an [identical in form with* ein *one, and therefore omitted in many adv. phrases which in English require a]* mit leiser Stimme *in a low tone [Cf. also note on* als *expressing identity, and last note on* sein.*]*

    ein *adv. in;* aus und ein *in and out;* aus und ein gehen *go and come, be a frequent caller;* weder aus noch ein wissen *be at one's wits' end, not know which way to turn*

    ein *sep. pref. [expressing 1. entrance or arrival, 2. arrangement or concealment, 3. acquisition] in; in at (*in *+ dat.); up*

    einan´der *[invariable] each other, one another*

der **Einbrecher** *housebreaker, burglar*

    einbringen, brächte *(past subj.* brächte*)* ein´, eingebrächt *bring in, earn (for one dat.)*

    eindringlich *intrusive; impressive, emphatic*

mit **einemmāl** = mit einem Male *all at once, all of a sudden*

    einer, eine, eines *[infl. like the sg. of* dieser*] one [with a following relative clause, partitive gen., or phrase with* von; *the partitive gen. may be merely implied in the context]; someone*

    einfach *simple*

    einfallen, fällt ein´, fiel ein´, ist eingefallen *interrupt; strike, occur to, enter the mind of (one dat.)*

die **Einfalt** *(native, unaffected) simplicity*

einfangen, fängt ein´, fing ein´, eingefangen *capture, take and secure*

sich **einfinden**, fand ein´, eingefunden *appear (on the scene), arrive, put in an appearance*

der **Eingang**, ⸗gänge *entrance; entry; ready acceptance, favor*

eingebracht *see* einbringen

eingefallen *see* einfallen

eingefangen *see* einfangen

eingefunden *see* einfinden

eingenommen *see* einnehmen

eingereicht *see* einreichen

eingeschlossen *see* einschließen

eingeschnitten *see* einschneiden

das **Eingreifen**, des -s *(act of) thrusting one's hand(s) into* (in + *acc.*)

einholen, holte ein´, eingeholt *catch up with, overtake*

einig *[except in a few phrases, e.g.,* nach einiger Zeit, *rarely used in the sg., its place being usually taken by* etwas*] some, a few, several [But a few = only a few, not many (in contrast with* viel) *is translated by* wenig.*]*

der **Einkauf**, ⸗käufe *purchase*

einkehren, kehrte ein´, ist eingekehrt *put up, alight (at* in + *dat.); stay, visit (at the house of* bei*)*

einladen, lädet *or* lädt ein´, lud *or* ladete ein´, eingeladen *invite [Cf.* laden *invite.]*

die **Einladung**, -en *invitation;* einer Einladung folgen *accept an invitation*

der **Einlaß**, des ⸗lasses *admission, admittance*

sich **einlassen**, läßt ein´, ließ ein´, eingelassen *have dealings (anything to do) with* (mit)

einläßt *see* einlassen

einleuchten, leuchtete ein´, eingeleuchtet *be evident (clear, obvious) to a person [dat.]*

ein´mal *once [not twice];* noch ein´mal, *cf.* noch; auf ein´mal, *cf.* auf

einmal´ *[in colloqu. language often shortened to* mal] *once (upon a time); sometime; for once; just; ever, at any time; [with an imperative or its equivalent] just;* nicht einmal´ *not even;* schon einmal´ *already, once before; ever*

einnehmen, nimmt ein′, nahm ein′, eingenommen *take (possession of), occupy; take in, receive*

die **Einöde**, -n *solitude, wilderness*

einpacken, packte ein′, eingepackt *pack (up)*

einreichen, reichte ein′, eingereicht *hand in, present, tender*

einreiten, ritt ein′, ist eingeritten *ride (turn) into, enter on horseback* (in + **acc.**); *ride (turn) in at, arrive on horseback at* (in + **dat.**)

einrichten, richtete ein′, eingerichtet *arrange, settle, adjust;* sich häuslich einrichten *settle down and begin housekeeping*

eins = eines *one (thing); [often used as cognate object]* eins trinken *take a drink (glass, drop);* eins singen *sing (have) a song;* eins tanzen *have a dance;* den Leuten eins aufspielen *give (play) the people a tune; [in counting]* eins, zwei ... *one, two ...*

einsām *lonely*

die **Einsāmkeit** *solitude*

einsammeln, sammelte ein′, eingesammelt *gather (in)*

einschenken, schenkte ein′, eingeschenkt *pour out*

das **Einschläfen**, des -s *(the act of) falling asleep*

einschließen, schlöß ein′, eingeschlossen *lock (up) in* (in + *acc.*)

einschneiden, schnitt ein′, eingeschnitten *cut in(to)* (in + *acc.*)

der **Einsiedel** *hermit*

die **Einsiedelei′**, -en *hermitage*

einst *once (upon a time), in days gone by, of yore; some (one) day, at some future time, one of these days*

einst′wei′len *for the time being (present), temporarily*

eintönig *monotonous*

einträf *see* eintreffen

eintreffen, trifft ein′, träf ein′, ist eingetroffen *arrive [at a definite time and place, as planned]*

eintrēten, tritt ein′, trāt ein′, ist eingetrēten *enter; step (go, walk) in; appear, begin, set in [weather or seasons]*

einüben, übte ein′, eingeübt *practice;* das muß ich mir einüben *I must practice (and master) that*

der **Einwohner** *inhabitant*

ein'zelgelē'gen *solitary, scattered*

einzeln *single, isolated, solitary, separate; [adv., also] by one's self (themselves, etc.)*

einzig *single [without a duplicate], sole, only, one;* das einzige, was... *the only thing that...*

der **Einzūg,** ⸗züge *(triumphal) entry*

einzuhōlen *see* einholen

einzulassen *see* einlassen

einzunehmen *see* einnehmen

einzusammeln *see* einsammeln

das **Eisen,** des -s *iron; also* = Hufeisen *(horse)shoe*

ei'senbeschlā'gen *iron-bound, with iron fastenings*

die **Eisenstange,** -n *iron bar (rod)*

eisern *(of) iron*

eisig *icy, freezing*

eis'kalt' *as cold as ice, icy*

ēla'stisch *elastic, springy*

das **Elend,** des -(e)s *misery, distress*

die **Elle,** -n *ell [a former unit of measurement = about seven tenths of a yard; cf.* Fuß.*]*

Emden *Emden, a flourishing port and industrial city of about 25,000 inhabitants, situated at the mouth of the Ems, some six miles from the Dutch border*

Emdener *adj. (of) Emden [Proper adjectives are derived from the names of towns and cities by adding the suffix* ⸗er *and are indeclinable.]*

empfangen, empfängt, empfing, empfangen *receive [persons or things]*

empfehlen, empfiehlt, empfahl, empfohlen *recommend;* empfohlen sein *have a letter of introduction (to* an + *acc.)*

die **Empfin'dung,** -en *feeling, sentiment*

empfohlen *see* empfehlen

empōr' *sep. pref. [expressing direction upward] up(ward)*

empōr'flattern, flatterte empor', ist empor'geflattert *flutter up(ward) [Cf.* kommen.*]*

empōr'geflattert *see* emporflattern

empōr′schießen, schőß empor′, *[intr.* ist] empor′geschossen *shoot up*

empōr′sehen, sieht empor′, sah empor′, empor′gesehen *look up* (*to, at* zu)

empōr′steigen, stieg empor′, ist empor′gestiegen *climb up; rise; soar, fly up*

die **Ems** *[-s, NOT -z] the Ems, a river in northwestern Germany, two hundred miles long, which flows into the North Sea, forming an estuary between East Friesland and Holland*

das **Ende**, -s, -n *end; foot;* mit etwas zu Ende kommen *come to (reach) a conclusion (decide what to do) in the matter;* **am** Ende *finally,* **in** *the end*

    enden *[intr.] end*

    endlich [ent⸗] *finally, at last, at length*

    endlōs [ent⸗] *never ending, endless, without end*

das **Endziel**, -e [ent⸗] *extreme end, goal*

    eng [⸗ng *as in thing*] *narrow, close, (of) limited (space), cramped, small*

    enge [⸗ng⸗ *as in thing*] *pred. adj., or adv.* = eng

der **Engel** [⸗ng *as in thing*] *angel*

    England [⸗ng⸗ *as in thing;* ⸗nd = nt] *England [neut.]*

    englisch [⸗ng⸗ *as in thing*] *English;* **auf** englisch *in English [Cf.* holländisch.]

der **Enkel** *grandson*

die **Enkelin**, -nen *granddaughter*

    entbehren *[acc. or gen.] be deprived of; do (go) without*

die **Ente**, -n *duck*

    entfernen *remove*

    entfernt *removed, distant*

die **Entfer′nung**, -en *distance;* **in** einiger Entfernung *at some distance*

    entfliehen, entfloh, ist entflohen *flee, escape*

    entfließen, entflőß, ist entflossen *flow out of [dat.]*

    entflőß *see* entfließen

    entgē′gen *sep. pref. [expressing 1. opposition, 2. direction toward the object in the dat.] against; toward, to meet*

    entgē′gengehen, ging entge′gen, ist entge′gengegangen *[dat.] walk toward (to meet);* dem Bach entgegengehen *walk up the stream*

    entgē′gengesetzt′ *opposite*

    entgē′genschimmern, schimmerte entge′gen, entge′gengeschimmert *[dat.]*

gleam in one's face

entgē´genstrecken, streckte entge´gen, entge´gengestreckt *[dat.] stretch out [one's arms or hands] to(ward)*

entgēg´nen *reply, object*

entkleiden *undress, strip*

entkommen, entkām, ist entkommen *get away, escape*

entlang´ *[with preceding acc. or an + dat.] along*

entlassen, entläßt, entließ, entlassen *dismiss, send away*

entließ; *see* entlassen

entschädigen *repay, recompense, compensate*

die **Entschä´digung,** -en *compensation, reimbursement*

entscheiden, entschied, entschieden *decide, settle*

entschieden *see* entscheiden

entschuldigen *excuse*

das **Entset´zen,** des -s = Schreck *fright, terror, horror*

entsetzlich *horrible, frightful, terrible*

entstand *see* entstehen

entstanden *see* entstehen

entstehen, entstand (*past subj. often* entstünde), ist entstanden *arise, originate, come into existence; result*

entstellen *disfigure*

entwischen [ist entwischt] *slip (steal) away (from dat.), (make one's) escape*

entziehen, entzōg, entzogen *withdraw, take (away), cut off (from dat.)*

entzogen *see* entziehen

entzücken *charm, enchant, delight*

entzünden *kindle, light*

entzwei´ *sep. pref. in two*

entzwei´brechen, bricht entzwei´, brāch entzwei´, *[intr.* ist] entzwei´gebrochen *break in two*

entzwei´gebrochen *see* entzweibrechen

entzwei´spalten, spaltete entzwei´, entzwei´gespaltet *or* entzwei´gespalten [*see* spalten] *split in two*

er *he; [referring to a non-personal masc. antecedent] it* das **Ĕrbar´men**, des -s *pity, compassion, mercy*

sich **ĕrbieten**, erbōt, erbōten *offer, declare one's self willing*

    ĕrblicken *catch sight of, spy; behold, see*

    ĕrböte *past subj. of* erbieten

der **Erbschemel** [erp⸗] *ancestral bench*

die **Erbse**, -n [⸗rps⸗] *pea*

das **Erbstück**, -e [erp⸗] *heirloom*

der **Ērdapfel**, ⸗äpfel [ērt⸗] = Kartoffel *earth apple, potato*

die **Ērde** *[pl.* Erden *kinds of earth] earth, ground [In the phrase* auf Erden (= auf der Erde) *there survives a trace of the old inflection of weak (class four) feminine nouns in the singular.]*

das **Ērdenleben**, des -s *life on earth (here below), earthly existence*

das **Ĕreig´nis**, ⸗nisse *event; occurrence, incident*

    ĕrĕrben *inherit*

    ĕrfahren *participial adj. experienced*

    ĕrfüllen *fill; fulfill*

die **Ĕrfül´lung**, -en *fulfilment, realization;* in Erfüllung gehen *be fulfilled*

    ĕrgehen, erging, ist ergangen *[impers., with dat. of the person concerned] go (well, etc.) with; do, fare (well, etc.)*

    ĕrging *see* ergehen

    ĕrgreifen, ergriff, ergriffen *seize, take;* das Wort ergreifen (*or* nehmen) *begin to speak, take the floor, speak up*

    ĕrgriff *see* ergreifen

    ĕrgriffen *see* ergreifen

    ĕrhalten, erhält, erhielt, erhalten *receive, get; keep, preserve;* Gott erhalte den König! *God save (long live) the King!*

    ĕrheben, erhōb *or* erhūb, erhoben *raise, lift;* sich erheben *rise; get up, stand up; tower; arise*

    ĕrhellen *light (up), illuminate*

    ĕrhielt *see* erhalten

    ĕrhōb *see* erheben

die **Ĕrhö´hung**, -en *elevation*

    ĕrinnern [ich erinnere] *remind (of gen. or* an + *acc.);* sich erinnern *remember, recollect (gen. or* an + *acc.)*

die Erin´nerung, -en *reminiscence*

    erkannte *see* erkennen

    erkennen, erkannte (*past subj.* erkennte), erkannt *recognize (by* an + *dat.); distinguish*

    erklang *see* erklingen

    erklären *explain*

    erklingen, erklang, ist erklungen *resound;* es erklingt wie... *there rings out a sound like...*

    erkranken [ist erkrankt] *fall (be taken) ill (sick) (with* an + *dat.)*

    erlauben [*dat.*] *allow, permit (to* zu + *infin.)*

die Erlaub´nis [≠laup≠] *permission, privilege*

    erleben *(live to) see; experience, meet with, pass (go) through*

    erleichtern *lighten, relieve*

    erleichtert *see* erleichtern

die Erleich´terung *(feeling of) relief*

    erleiden, erlitt, erlitten *suffer*

    erlernen *learn [a trade]*

    erlösen *set free, deliver, release*

die Erlö´sung *release; deliverance*

    Er´mansperg *Ermansperg [the name of a large farm]*

der Er´mansperger *owner of Ermansperg Farm, Farmer Ermansperg*

    ermüden [ist ermüdet] *grow weary (tired), feel exhausted*

    ernähren *nourish, feed*

    erneuern *renew, replace*

    ernst *serious, earnest; solemn; grave; stern*

die Ernte, -n *harvest, crop(s)*

die Erntegarbe, -n *(harvest) sheaf*

die Erntehoffnung, -en *hope (prospect) of a good harvest*

    ernten *reap, gather (in), harvest*

der Erntewāgen *wagon for (getting in) the harvest*

    errā´ten, errāt´, erriet´, errā´ten *guess; hit upon; solve*

    errei´chen *reach, arrive at, come to*

erret´ten *save, rescue, deliver*

ersaufen, ersäuft, ersoff, ist ersoffen *be (get) drowned [A somewhat coarse substitute for* ertrinken]

erschallen, erschallte *or* erscholl, erschollen *or* erschallt *(re-)sound, ring (with* von), *ring out*

erscheinen, erschien, ist erschienen *appear, make one's appearance; seem*

erschien *see* erscheinen

erschiene *past subj. of* erscheinen

erscholl *see* erschallen

erschrāk *see* erschrecken

erschrecken, erschrickt, erschrāk, ist erschrocken *be(come) frightened, terrified, alarmed, or startled (at a person or object* vor + *dat.; at an act, condition, or situation* über + *acc.)*

erschrocken *see* erschrecken

erspähen *(e)spy, descry*

erst *[adv.] first; at first, at the outset; previously; for the first time, not until, only*

erstarb *see* ersterben

erstaunen [ist erstaunt] *be surprised (astonished, amazed)*

das **Erstau´nen**, des -s *surprise; astonishment; amazement*

erste, der, die, das *first;* der erste beste *[the first, accepted as the best without waiting to see whether another would prove to be better, i.e.,] the first that comes along*

der **Erste** *the First [after proper nouns in titles]*

das **erstemāl** *[acc. only]* = das erste Mal *the first time*

zum **erstenmāl** = zum ersten Male *(for) the first time*

erstens *[-ns,* NOT *-nz] first, in the first place, to begin (start) with*

ersterben, erstirbt, erstarb (erstürbe), ist erstorben *die (slowly), die away (out)*

ersticken *[intr.* ist erstickt] *suffocate, choke, smother*

das **Ersti´cken**, des -s *suffocation*

ertönen [ist ertönt] *(re)sound, ring (out)*

ertrāgen, erträgt, ertrūg, ertrāgen *bear, endure*

ertrank *see* ertrinken

ertrinken, ertrank, ist ertrunken *be drowned, drown*

ĕrtrunken *see* ertrinken

der **Ĕrtrun´kene**; (kein) Ertrunkener; *[pl.]* Ertrunkene; die (keine) Ertrunkenen *drowned man*

ĕrwachen [ist erwacht] *awake, wake up [intr.]*

ĕrwachsen [chs = ks] *participial adj. grown up*

ĕrwarten *expect, await*

ĕrweisen, erwies, erwiesen *do [a service], show [kindness]; bestow on;* sich erweisen *[adj., or* als + *adj. or subst.] show one's self, prove to be, turn out to be*

ĕrwīdern *return [greeting, call, affection]; reply*

ĕrwies *see* erweisen

ĕrwiesen *see* erweisen

ĕrzählen *tell, relate, narrate, recount [to be distinguished from* sagen = *tell, i.e., make a statement]*

der **Ĕrzäh´ler** *narrator, story-teller*

die **Ĕrzäh´lung**, -en *(detailed) account, narrative, story, tale*

der **Erzherzŏg**, -e *or* ⸗herzöge *archduke*

der **Erzvāter**, ⸗väter *patriarch*

es *it;* [*when referring to an antecedent like* Männlein, Mädchen, *or* Volk] *he, she, they;* sie war es *it was she;* es ist mein Bruder, es sind meine Brüder *it is my brother(s), they are my brothers [In statements and questions involving identity the pronominal subject is always in the nom. sg. neut.; the verb agrees in number with the pred. nom.];* der sah nicht nur aus wie der Teufel, sondern war es [= der Teufel] auch [es *is often used to avoid the repetition of a noun or adj.];* = there *[when the logical subject is emphasized by placing it after the verb, which agrees in number with this subject rather than with* es]; es waren einmal drei Brüder *there were once three brothers; things, matters;* es wurde immer schlimmer *matters or the situation grew worse and worse*

das **Eschenholz**, des -es *ash*

der **Esel** *donkey; dunce, stupid fool, numskull*

die **Esse**, -n *chimney; forge*

essen, ĭßt, āß, gegessen *eat*

das **Essen**, des -s *(act of) eating; food; meal, dinner, supper*

ĕtlich *[occurs infrequently save in the pl.]* = einig *some*

ĕtwā *about, nearly; possibly, perchance*

ĕt´wā´ig *[three syllables] casual, (coming by) chance*

ĕtwăs *[invariable] something, anything; some, any; somewhat, a little, rather; [a following adj. takes the endings of the neut. sg. of* dieser*]; so etwas wie... such a thing as..., something like...*

euch *dat. or acc. pl. of* du

Euch *dat. or acc. of* Ihr[1]

euer, eu(e)re, euer *[the possessive pronoun used in speaking to two or more persons each of whom would be addressed with* du*] your*

Euer[1] *gen. of* Ihr[1]

Euer[2] Eu(e)re, Euer *[the poss. pron. used when* Ihr[1] *is the pron. of address; capitalized to distinguish it from* euer, euere, euer. *Cf.* Ihr[1]*] your*

ewig *eternal, everlasting; perpetual; forever*

die **Ewigkeit,** -en *eternity*

F.

der Fābrīkant´, -en *manufacturer*

das **Fach**, ⸚er *or* -e *section of a (house) wall, compartment;* Dach und Fach *(place of) shelter, cover*

    fachen = anfachen

    fadenscheinig *(worn) threadbare, shiny, shabby*

die **Fahne**, -n *flag*

    fahren, fährt, fuhr, *[intr.* ist] gefahren *drive, convey, take; intr. move (quickly), dart (off), start, slide, pass, sweep, run; shoot, fly; travel, go, drive, ride [in or on some vehicle];* mit dem Ärmel (der Hand, *etc.*) über die Augen fahren *pass (run) one's sleeve (hand, etc.) over one's eyes*

die **Fahrt**, -en *journey; voyage*

    fährt *see* fahren

der **Fall**, ⸚e *fall; case*

    fallen, fällt, fiel, ist gefallen *fall, drop; be heard*

das **Fallen**, des -s *(act of) falling*

    fällen *fell, cut (chop) down*

    falls *[-s,* NOT *-z] in case, if [followed by transposition]*

    fällt *see* fallen, einfallen, *or* herabfallen

    fällt's = fällt es

    falsch *wrong; false, deceitful*

    falten *fold*

die **Famī´lienkunst**, ⸚künste *feat in [i.e., done by the members of] one's family*

    fand *see* finden

der **Fang**, des -(e)s *catch*

fangen, fängt, fing, gefangen *catch, capture*

fängt *see* fangen

farbig *colored*

das **Farnkraut**, ⸗kräuter *fern; ferns [collectively]*

fassen [faßte] *seize, take hold of, clutch, grasp*

das **Fäßlein** *keg*

faßte *see* fassen

die **Fassung**, -en *composure, self-possession;* aus der Fassung bringen *disconcert, upset, fluster*

fast = beinahe *almost*

fasten *fast, go hungry, do (go) without food*

die **Faust**, Fäuste *fist*

die **Feder**, -n *pen*

der **Federknecht**, -e *slave of the pen, quill driver*

fegen [ist gefegt] *sweep, rush*

fehlen *be wanting (lacking, missing); ail, be the matter with [dat.];* es fehlt mir an + dat. *I lack (am in need of);* mir fehlt nichts als... *I need nothing but...*

der **Fehler** *defect; fault; blunder, mistake*

der **Feierābend**, -e *time to quit work; leisure hours [after work]*

feiern [ich fei(e)re] *celebrate; [intr.] stop working, rest, be idle*

fein *[thin and delicate, not coarse and thick] fine; thin; small; slender; elegant, fashionable; excellent, choice*

der **Feind**, -e *enemy, foe*

feindlich; [⸗nt⸗] *hostile*

die **Feindschaft**, -en [⸗nt⸗] *enmity, hostility, hatred*

das **Feld**, -er *field;* **auf** dem Felde *in the field*

der **Felsen** *rock, cliff*

die **Felswand**, ⸗wände *wall of rock, cliff*

das **Fenster** *window*

die **Fensterscheibe**, -n *windowpane*

der **Fenstervōrhang**, ⸗vorhänge *window curtain*

fern [e *as in ferry] far, distant, remote;* das sei fern(e) von mir! *far be it from* *my thoughts! Heaven forbid!*

ferne [fer *as in ferry*] *pred. adj., or adv.* = fern

die **Ferne**, -n [Fer *as in ferry*] *distance*

fern´hĭn´ [fer *as in ferry*]] *to or at a great distance*

fertig [fer *as in ferry*] *finished, done, ready;* (mit etwas) fertig sein *be through (with), have finished (a thing);* fertig werden *get through with, finish*

fertigbringen, brächte *(past subj.* brächte) fer´tig, fertiggebracht *accomplish, do*

fertiggebracht *see* fertigbringen

fest *fast, firm, tight; steadfast, strong, unbending*

fest *sep. pref.* [*expressing fixation or settlement*] *fast, firm*

das **Fest**, -e *festival, holiday; festivity, merrymaking*

festbinden, band fest´, festgebunden *bind (tie) fast*

festhalten, hält fest´, hielt fest´, festgehalten *hold fast;* sich an etwas [*dat.*] festhalten *hold fast (cling) to a thing*

die **Festlichkeit**, -en *festival, festivity*

festsetzen, setzte fest´, festgesetzt *fix, appoint*

die **Festung**, -en *fortress;* **auf** der Festung *in (at) the fortress*

der **Festungsgefangene**; (kein) Festungsgefangener; [*pl.*] Festungsgefangene; die (keine) Festungsgefangenen [-ngs, NOT -ngz] *prisoner in a fortress*

die **Festungshaft** [-ngs, NOT -ngz] *imprisonment or confinement in a fortress*

festzubinden *see* festbinden

fett *fat, well fed; rich, creamy*

feucht *moist, damp*

das **Feuer** *fire;* sich von jemand Feuer geben lassen *ask a person for a "light" [for a pipe, etc.]*

feurig *fiery*

die **Fichte**, -n *spruce (tree), spruce fir*

fieberhaft *feverish*

fiedeln *(scrape on the) fiddle*

fiel *see* fallen *or* einfallen

finden, fand, gefunden *find; meet with;* sich finden *be found, appear;* das wird sich finden *we shall see, time will tell*

F

fing *see* fangen *or* anfangen

der **Finger** [ng *as in singer*] *finger*

finster *dark, gloomy; sullen, stern, grim, sinister*

der **Fisch**, -e *fish*

fischen *fish*

der **Fischer** *fisherman*

der **Fittich**, -e *wing, pinion*

flach *flat, level*

die **Flămme**, -n *flame*

flămmen *flame, blaze*

das **Fläschchen** *little flask (bottle)*

die **Flasche**, -n *bottle* [*Cf.* Sack.]

flattern [ist geflattert *when direction is expressed*] *flutter; flap (along, about)*

das **Fleisch**, des -es *flesh, meat*

fleischfressend *meat-eating, carnivorous*

die **Fleischnahrung** *animal food;* Fleischnahrung zu sich nehmen *eat (some) meat*

fleißig *industrious, hardworking*

flicken *mend, repair, patch (up), cobble*

das **Flicken**, des -s *mending, repairing, patching;* Schuhe zum Flicken *shoes (for repairing =) to be repaired*

die **Fliege**, -n *fly*

fliegen, flōg, ist geflōgen *fly*

fliehen, floh, ist geflohen *flee*

fließen, flōß, ist geflossen *flow; drop (down)*

die **Flinte**, -n *flintlock, musket*

flōg *see* fliegen

flöge *past subj. of* fliegen

floh *see* fliehen

flōß *see* fließen

flossen *see* fließen

die **Flöte**, -n *flute*

die **Flucht** *flight, escape*

der **Flucht′gedan′ke**, -ns, -n *[cf. Gedanke] thought of flight (escape)*

flüchtig *fugitive; fleeting, hasty, casual, swift*

der **Flüchtling**, -e *fugitive*

der **Fluchtplān**, ⸗pläne *plan (project) of flight*

der **Flūg**, ⸚e *flying, flight*

der **Flügel** *wing; side or half [of a gate or a folding or sliding door]*

flūgs *[often pronounced with short vowel] quickly, speedily;* = sogleich *at once, immediately*

der **Flŭß**, Flüsse *river*

folgen *[dat.] follow* [ist gefolgt; *but follow advice or example, listen to, obey also* hat gefolgt]; *succeed one [in official position]*

folgend *pres. part. of* folgen *following;* folgendes *or* das Folgende *the following, what follows*

folglich *consequently, in consequence, therefore*

fordern *demand, request, ask*

die **Forel′le**, -n *trout*

die **Form**, -en *form*

förmlich *[in due form, hence] fairly, actually, really, unmistakably*

forschen *inquire, search (for* nach)

fort *adv. on (and on); away;* fort! *away! be off! clear out!* fort mit euch! *away with you! off you go!*

fort *sep. pref. [expressing 1. persistence, 2. removal, 3. departure] on; away, off;* fort und fort *on and on;* willst du fort *see* fortwollen; fort ging's *off I (we, etc.) drove; I (etc.) was off*

fortăn′ *henceforth; hereafter, in (for) the future*

fortbrennen, brannte (*past subj.* brennte) fort′, fortgebrannt *burn on, continue to burn*

forteilen, eilte fort′, ist fortgeeilt *hurry (hasten) away (off)*

fortfahren, fährt fort′, fuhr fort′, fortgefahren *continue, keep (go) on (speaking* zu sprechen) *[Cf.* anfangen.]

fortgehen, ging fort′, ist fortgegangen *go off (away); go on, continue;* fort ging's *off (away) I (we, etc.) drove; I (etc.) was off*

fortleben, lebte fort′, fortgelebt *live on*

fortreiten, ritt fort′, ist fortgeritten *ride off (away) [on horseback]*

forttragen, trägt fort′, trūg fort′, fortgetragen *carry off (away)*

fort′wäh′rend *continually; incessantly, constantly*

fortwollen, will fort′, wollte fort′, fortgewollt *will (want or intend to) go away* [*Cf. last note on* wollen.]

die **Frāge**, -n *question;* (einem) eine Frage stellen (*or, without a dat.,* tun) *ask (one) a question*

frāgen *ask, inquire (for, after, about* nach) [*Cf.* bitten. N. B. fragen *always requires the* ACC. *of the person to whom the question is addressed.*]

Frankfurt (am Main) *Frankfort on the Main, the most important commercial city of West Germany, birthplace of Johann Wolfgang Goethe, and for centuries prior to 1806 the scene of the election and coronation of the rulers of the Holy Roman Empire*

Franz gen. Franz' *or* Franzens *Francis. Francis II (born in 1768), the last ruler of the Holy Roman Empire (1792–1806), reigned as Francis I, first hereditary Emperor of Austria, from 1804 to his death in 1835.* "Gott erhalte Franz, den Kaiser" *is the Austrian national anthem, the melody of which was composed in 1797 by Joseph Haydn.* "Deutschland über alles" *is sung to the same music, as is also the hymn* "Glorious things of thee are spoken, Zion, city of our God."

der **Franzō′se**, -n *Frenchman;* die Franzosen *the French*

fräß *see* fressen

die **Frau**, -en *woman; wife; [in address]* Mrs.

das **Fräulein** *(young or unmarried) lady; [in address]* Miss

frei *free; open, clear;* Weg frei! *clear the way!*

die **Freiheit**, -en *liberty, freedom*

freilich [*corroboratory or concessive*] *to be sure, of course*

freistellen, stellte frei′, freigestellt *leave to one's [dat.] (own) discretion (choice, pleasure), allow*

fremd *strange, unfamiliar, foreign, alien, unknown*

der **Fremde**; (kein) Fremder; [*pl.*] Fremde; die (keine) Fremden *stranger, foreigner*

die **Fremde** *foreign country (parts);* aus der Fremde kommen *come home (from abroad, from distant places or countries);* in die Fremde (gehen) *(go) abroad, away from home*

fressen, frißt, fräß, gefressen [*of animals*] *eat;* [*of human beings*] *eat greedily, devour*

die **Freude**, -n *joy; pleasure, delight, satisfaction*

freudig *joyous; merry, joyful*

freuen *gladden, delight;* es freut mich *I am glad (pleased);* sich freuen *be (feel) glad (pleased, happy [over* über + *acc.]); rejoice in, enjoy [gen.]*

der **Freund**, -e *friend*

freundlich [∗nt∗] *friendly, kind(ly); [of a room, house, town] pleasant, attractive, comfortable*

die **Freundlichkeit** [∗nt∗] *friendliness, kindness, courtesy*

der **Friede(n)**, Friedens, *[dat. and acc. sg.]* Frieden *peace*

der **Friedenstifter** *peacemaker; mediator*

die **Friedenszeit**, -en *[-ns-,* NOT *-nz-] time of peace*

Friedrich [d *as in English*] *Frederick*

frieren, fror, gefroren [ist gefroren *in sense become frozen*] *freeze;* es fror Stein und Bein *it was freezing hard, it was extremely cold*

der **Friese**, -n *Frisian, Frieslander*

frisch *fresh; new; [adv., also] anew, afresh, over again*

fristen *prolong*

Fritz [*diminutive of* Friedrich] *Fred [not to be Englished if the surname is retained untranslated]*

fröhlich *happy, merry, cheerful, gay*

fromm, frommer *or* frömmer, der frommste *or* frömmste *pious, devout*

Frommel *Emil Frommel (1828–1896), from 1872 to within a few months of his death chaplain to the Imperial Court, author of a large number of stories for the common people*

fror *see* frieren

die **Frucht**, ⸚e *product, fruit; [pl., also] harvest, crop*

früh *early, premature, untimely;* morgen früh *to-morrow morning*

früher *adv. formerly, before, heretofore*

der **Frühling**, -e *spring (of the year) [Cf.* Sommer.]

die **Frühmesse**, -n *early mass*

der **Fuchs** [*rhymes with* books], Füchse *fox*

das **Fuchsfleisch**, des -es *fox meat*

fügen *see* hinzufügen

fühlen *feel*

fuhr *see* fahren *or* fortfahren

führen *lead, show (the way); wield, handle: carry;* mit sich führen *have with one (in one's possession); run, be filled with*

der **Führer** *leader*

Fuhrleute *pl. of* Fuhrmann

der **Fuhrmann**, -(e)s, Fuhrleute *teamster*

füllen *fill;* sich füllen *fill (up), become (get) full* [mit]

das **Füllhorn**, ⸗hörner *cornucopia, horn of plenty*

fünf *five*

fünfe = fünf *[colloquially, when no subst. follows]*

fünfzig *fifty*

der **Funke**, -n *spark*

funkeln *sparkle, flash, glitter*

der **Funken** = Funke

für *[acc.] for;* was für (ein) *cf.* was; ein jeder **für** sich *each (and every) man by himself*

die **Furcht** *fear;* aus Furcht zu fallen *for fear of falling*

furchtbār *fearful, frightful, terrible*

fürchten *fear;* sich fürchten *be afraid (of* vor + *dat.)*

fürchterlich *fearful, terrible*

der **Fürst**, -en *prince, sovereign*

der **Fürstenhōf**, ⸗höfe *prince's (sovereign's) court*

das **Fürstentūm**, ⸗tümer *principality*

fürstlich; *princely, of a prince*

das **Fūrwort**, ⸗wörter *pronoun*

der **Fūß**, ⸗e *foot;* an die hundert Fuß *about (nearly) a hundred feet [After a numeral above* ein *a noun of measure has the form of the acc. sg. (unless it be a fem. ending in* e, *e.g.,* Flasche; *these add* -n); *cf. a twelvemonth, two dozen.]*

der **Fūßboden** *[pl. also* ⸗böden] *floor, ground*

das **Futter**, des -s *feed, fodder*

der **Futtertrōg**, ⸗tröge *feed trough*

G.

das **g** *(the letter) g [Names of letters of the alphabet are indeclinable neuter nouns.]*

    gāb *see* geben

die **Gabe**, -n *gift;* milde Gabe *alms, charity*

    gāloppie´ren [ist galoppiert´] *gallop*

    galt *see* gelten

    gälte *past subj. of* gelten

    ganz *whole, entire;* eine ganze Weile *quite a while; [adv., also] quite, very, clear, altogether, completely*

der **Ganzgescheite**; (kein) Ganzgescheiter; *[pl.]* Ganzgescheite; die (keine) Ganzgescheiten *very clever man; [pl.] very clever folk*

    gänzlich *entire, complete, utter*

    gār *well cooked, done; adv. quite, altogether, fully; very;* gar zu *so very, too [emphatic];* ganz und gar *utterly, perfectly, in all its intensity (bitterness, etc.); at all [often used to reënforce a negative];* gar nicht *not at all, not in the least;* gar kein *no(ne) at all (whatever);* gar nichts *nothing at all*

die **Garbe**, -n *sheaf*

    gären, gōr, gegōren *[but weak in figurative sense = be excited] ferment, work*

der **Garten**, ⸚ *garden*

der **Gartenfreund**, -e *(enthusiastic) amateur gardener*

der **Gartenstuhl**, ⸚stühle *garden chair*

das **Gartentōr**, -e *garden gate*

der **Gärtner** *gardener*

der **Gast**, ⸚e *guest, visitor*

der **Gastfreund**, -e *host [whom one entertains in turn as one's guest], hospitable friend*

G 155

das **Gasthaus**, ⸗häuser *inn, tavern*

der **Gasthōf**, ⸗höfe *inn; [nowadays] hotel*

das **Gastrecht**, des -s *law (right) of hospitality*

der **Gastwirt**, -e *innkeeper*

die **Gattung**, -en *race, species*

der **Gaudieb**, -e *rogue, cunning thief*

der **Gaul**, Gäule *horse, nag*

das **Gebäu´de** *building*

> **gē´ben**, gibt, gāb, gegēben [gipt, gāp] *give; bestow (confer) upon, grant; put;* es gibt (gab, *etc.*) + *acc.* = *there is (are, was, were, etc.)* + *nom. sg. or nom. pl. [used (like il y a in French) to express existence in general, in natural surroundings, or as the product of natural forces, but not under temporary or fortuitous conditions; e.g.:* es gibt Menschen, die... *there are people who...;* im Untersee gibt's Fische *there are fish in the Lower Lake;* but in diesem Zimmer sind (NOT gibt's) zwanzig Menschen *there are twenty people in this room];* es könnte... geben *there might be...;* es könnte eher Abzüge geben *(there might rather be) there are more likely to be reductions (in salaries)*

der **Geb´er** *giver*

das **Gebēt´**, -e *prayer*

> **gebeten** *see* bitten

das **Gebiet´**, -e *territory, domain*

das **Gebir´ge** *(chain of) mountains, (line of) hills*

das **Gebōt´**, -e *command(ment), law*

> **gebrăcht** *see* bringen

> **gebrauchen** = brauchen *[in the sense] use, employ*

> **gebrochen** *see* brechen

> **gebunden** *see* binden

die **Gebüsch´gruppe**, -n *clump of shrubbery*

> **gedăcht** *see* denken

> **gedăchte** *see* gedenken

das **Gedächt´nis**, ⸗nisse *memory, recollection*

der **Gedan´ke**, -ns, *[dat. and acc. sg. and all cases of the pl.]* -n *thought, idea*

> **gedeihen**, gedieh, ist gediehen *prosper, thrive*

gedenken, gedächte *(past subj.* gedächte*)*, gedächt *intend, expect (to* zu + *infin.)*

das **Gedenk'zeichen** = Andenken *memento, souvenir*

gediegen *pure, solid*

gedieh *see* gedeihen

geduldig *patient*

geeignet *suitable, (well) adapted (for* zu*)*

die **Gefahr'**, -en *danger, peril;* es **hat** keine Gefahr *there is no danger*

gefährlich *dangerous*

das **Gefäl'le** *fall, drop;* starkes Gefälle *rapid fall*

gefallen, gefällt, gefiel, hat gefallen *[dat.] please;* das gefällt mir *I like that;* das lasse ich mir gefallen *I put up with that*

das **Gefal'len** *[also* der*] will, pleasure, wish*

gefälligst *[really superl. of* gefällig *kind, obliging] please (be so kind as to...)*

gefällt *see* gefallen

gefangen *see* fangen

gefangen *participial adj. captive, imprisoned*

der **Gefan'gene**; (kein) Gefangener; *[pl.]* Gefangene; die (keine) Gefangenen *captive, prisoner*

das **Gefäng'nis**, ⸗nisse *prison*

das **Gefäß'**, -e *jar, pot*

gefiel *see* gefallen

das **Gefol'ge** *retinue, attendants, followers, retainers, train*

das **Gefühl'**, -e *feeling; sensation; sentiment*

gefunden *see* finden

gegangen *see* gehen

gegeben *see* geben

gē'gen *[acc.] to(ward), at, in the direction of; against, contrary (in opposition) to; [as an antidote] for; [approximate time] toward, about*

die **Gē'gend**, -en *region, neighborhood, vicinity*

das **Gē'gengeschenk'**, -e *return gift (present)*

gē'genseitig *mutual*

der **Gē'genstand**, ⸗stände *object; matter, subject;* Gegenstand des Streites *bone of* *contention*

das **Gē´genteil**, -e *opposite;* **im** Gegenteil *on the contrary*

gegessen *see* essen

geh´ = gehe

gehalten *see* halten

geheim´ *secret; mysterious*

das **Geheim´nis**, ⸗nisse *secret; mystery*

geheißen *see* heißen

gehen, ging, ist gegangen *go, walk;* das geht nicht *that can't be done, that won't do, that is out of the question;* fort ging's *away I (we, etc.) went, I was off; fare with, happen to [dat.];* Wie geht es ihm? *How are things going with him? How is he getting on?*

das **Ge´hen**, des -s *(the act of) walking [An infin. used as a noun is capitalized and, if used in a general sense, is preceded by the def. art.]*

das **Geheul´**, des -(e)s *(constant) howling, yowling*

das **Gehirn´**, -e *brain(s)*

gehoben *see* heben

geholfen *see* helfen

das **Gehölz´**, -e *grove, wood*

gehorchen *[dat.] obey*

gehören *belong (to one dat.); belong to [= be or form part of, be numbered among]* (zu).

gehört *see* hören *or* gehören

der **Geier** *vulture; [as a euphemism for* der Teufel] *the Old Scratch [Cf.* Kuckuck.]

der **Geifer**, des -s *foam, froth*

die **Geige**, -n *violin*

der **Geiger** *violinist, fiddler*

der **Geist**, -er *spirit; mind*

das **Geisterheer**, -e *ghostly army, army of the dead*

der **Geizhals**, ⸗hälse *miser, skinflint*

geizig *miserly, stingy*

gekommen *see* kommen

das **Gekräch´ze**, des -s *croaking*

geladen *see* laden *[load]*

gelang *see* gelingen

gelangen [ist gelangt] *get (to* an + *acc., or* zu)*; see also* angelangen

gelaufen *see* laufen

gelb *yellow*

das **Geld,** [-er *funds, sums of money]* money

das **Geldstück, -e** [≠lt≠] *piece of money, coin*

gelegen *lying, situated*

die **Gele´genheit, -en** *opportunity, occasion*

gelehrt *adj. learned*

geleiten *conduct, escort*

geleitet *see* geleiten

gelesen *see* lesen

gelingen, gelang, ist gelungen *succeed, be successful, turn out well [used impersonally[;* es gelang mir, (*or* es ist mir gelungen,) ihn zu sprechen *I succeeded in speaking to him*

gelōben *promise (solemnly), (make a) vow*

gelt *[an interjection used in southern German;* = nicht wahr?] *I'm sure, I'll venture (bet); isn't that so?*

gelten, gilt, galt (gölte *or* gälte), gegolten *be worth (of value); be valid; be at stake;* jetzt gilt es! *now is the time! now is my (our) chance!; be a matter (question) of... -ing (*zu + *infin.); [dat.] concern, apply to, be aimed at;* diese Rede gilt mir *these remarks are intended for me*

gelungen *see* gelingen

gemächlich *at one's ease, comfortable*

das **Gemäu´er** *(connected) walls, masonry;* altes Gemäuer *crumbling walls*

gemeinsām *joint; [adv., also] in common, together with*

gemolken *see* melken

das **Gemü´sebeet, -e** *vegetable bed*

gemütlich *comfortable, at ease; snug, cosy*

genannt *see* nennen

genau *exact; [adv.] exactly, just*

geneigt *see* neigen

das **Genick'**, -e *(back of the) neck*

genießen, genöß, genossen *have the benefit of, enjoy, receive; partake of [food or drink], eat*

genommen *see* nehmen

genöß *see* genießen

genossen *see* genießen

genüg *enough [usually following the word it modifies];* genug,... *suffice it to say,...*

genügen *suffice, be sufficient (for some purpose* zu)

genügend *sufficient, adequate;* genügend Getreide *see note on* jämmerlich *under* Ding

der **Genuß'**, Genüsse *enjoyment, pleasure*

gerāde *straight, direct; exact; [adv., also] just (then), precisely, right*

gerā'deswēgs' *straight (on); immediately*

das **Gerāt'**, -e *tool; [collectively] tools, instruments*

geraten *see* raten *or* geraten

geraten, gerāt, geriet, ist geraten *get, come, fall* (in *or* aus + *acc.*)

das **Geräusch'**, -e *noise*

gereuen *[used only with a non-personal subject] cause regret;* es wird dich gereuen *you will regret it*

das **Gericht'**, -e *court (of justice)*

der **Gerichts'herr**, *[gen., dat., acc. sg.]* -n, -en *(associate) justice*

der **Gerichts'saal**, ⸗säle *court room*

der **Gerichts'tāg**, -e *court day*

gering *trifling, unimportant, insignificant, small*

das **Gerip'pe** *skeleton*

gern, lieber, am liebsten *gladly, with pleasure, be glad (like) to...; easily;* gern wollen *[often]* = wünschen; etwas gern tun *be fond of doing a thing;* etwas lieber tun als... *enjoy doing or like to do one thing better than..., prefer one thing to another;* etwas am liebsten tun *like doing one thing best of all;* wir wollten doch gar zu gern... *we were really only too eager to...;* von Herzen gern *with all my heart, willingly*

die **Gerstenähre**, -n *ear of barley*

die **Gerte**, -n *switch*

>**gerufen** *see* rufen
>
>**gerührt** *touched, moved*

der **Gesang′lehrer** *(man) singing teacher*

die **Gesang′lehrerin**, -nen *(woman) singing teacher*

die **Gesang′stunde**, -n *singing lesson*

>**geschah** *see* geschehen
>
>**geschehen**, geschieht, geschah, ist geschehen *happen, come (to pass); be done*

das **Geschenk′**, -e *present, gift*

die **Geschich′te**, -n *event, incident, affair; story*

>**geschickt** *skillful; expert*
>
>**geschlafen** *see* schlafen
>
>**geschlagen** *see* schlagen
>
>**geschlichen** *see* schleichen
>
>**geschlitzt** *see* schlitzen
>
>**geschoben** *see* schieben

das **Geschöpf′**, -e *creature*

>**geschrieben** *see* schreiben
>
>**geschwind** *quick, rapid, swift; [adv., also] immediately*

das **Geschwi′ster** *brother or sister; [usually pl.] brother(s) and sister(s)*

>**gesehen** *see* sehen

der **Gesell′** *or* Gesel′le, Gesellen *comrade, mate, fellow; journeyman, assistant, workman*

die **Gesell′schaft**, -en *society, company*

das **Gesicht′**, -er *face; sight, view, (range of) vision;* alles, was mir zu Gesicht kommt *all I see (set or lay eyes on)*

das **Gesin′de** *servants, help [collectively]*

>**gespalten** *see* spalten
>
>**gespenstisch** *ghostly, phantom, spectral*

das **Gespräch′**, -e *talk, conversation*

>**gesprungen** *see* springen

die **Gestalt′**, -en *form, figure*

>**gestanden** *see* stehen

gĕ´stern *yesterday*

gestochen *see* stechen

gestohlen *see* stehlen

gestorben *see* sterben

gesund, gesunder *or* gesünder, der gesundeste *or* gesündeste *healthy, well; healthful, wholesome*

die **Gesund´heit** [ⸯntⸯ] *health*

gesunken *see* sinken

getān *see* tun

das **Getö´se**, des -s *noise, din, hubbub, (violent) uproar*

sich **getrauen** *[refl. either dat. or acc.]*, etwas zu tun *have the courage (trust one's self) to do a thing*

das **Getrei´de** *grain (crop)*

getrieben *see* treiben

getroffen *see* treffen

getrunken *see* trinken

das **Getüm´mel**, des -s *tumult; stir(ring crowd), activity*

der **Gevat´ter**, -s *or* -n, -n *godfather*

gewachsen [chs = ks] *see* wachsen

gewahr werden + *gen. (or acc.) become aware of, notice (discover, see)*

gewähren *grant*

gewährt *see* währen *or* gewähren

die **Gewalt´**, -en *power, force; authority*

gewaltig *powerful, mighty; violent; immense, enormous*

das **Gewand´**, ⸚er *garment, gown, dress, robe*

die **Gewandt´heit** *skill; agility*

das **Gewäs´ser** *body of water, waters*

gewellt *see* wellen

gewēsen *see* sein

gewinnen, gewann *(usually* gewönne*)*, gewonnen *gain, win, reach*

gewĭß gewisser, der gewisseste *certain, sure*

gewisse(r, *etc.) see* gewiß

das **Gewit´ter** *thunderstorm*

gewöhnen *accustom (to* an + *acc.)*

gewöhnlich *usual, ordinary; [adv., also] as a rule*

gewohnt *accustomed, customary*

gewöhnt *see* gewöhnen

geworden *see* werden

geworfen *see* werfen

gezogen *see* ziehen

gib *imper. sg. of* geben

gibst *2nd pers, sg. pres. ind. of* geben

gibt *see* geben

gibt's = gibt es

der **Giebel** *gable*

gießen, goß, gegossen *pour (out); (cast in a) mold*

die **Gießform**, -en *(candle) mold*

ging *see* gehen

ging's = ging es; dann ging's zur Mahlzeit *then we proceeded to (have) dinner*

der **Gipfel** *summit; top, crown*

der **Glanz**, des -es *radiance, luster*

glänzen *be bright (glossy), shine, glisten, glitter*

das **Glas**, Gläser *glass [Cf.* Sack.*]*

das **Glasrohr**, -e *glass tube*

das **Glasröhrlein** *(little) glass tube*

glatt, glätter *or* glatter, der glätteste *or* glatteste *smooth, sleek; glossy*

glätten *smooth (out)*

glauben *think; believe [dat. of pers., acc. of thing believed]*; glaube mir *I assure you;* glauben an + *acc. believe (have faith, put confidence) in;* ich glaube, es tun zu können *I think I can do it [sometimes substituted for* ich glaube, ich kann es tun; *but only the finite verb may be used when the two clauses have different subjects:* ich glaube, er kann es tun.*]*

gleich *[often used colloqu. for* sogleich´*] at once, instantly, immediately*

gleich *(a)like; equal [dat.]; identical, same*

gleichen, glich, geglichen *[dat.] look (be) like, resemble*

gleichgültig *indifferent*

glich *see* gleichen

das **Glied**, -er *member; file*

glockenrein *as clear (true) as a bell*

das **Glöcklein** *little bell*

das **Glück**, des -(e)s *(good) fortune (luck)*

glücken *[usually* ist geglückt; *used only with a non-personal subject] succeed, be successful, turn out well;* es ist mir geglückt, ihn zu sprechen *I (have) succeeded in speaking to him*

glücklich *fortunate, successful; favorable; happy; safe*

glück´licherwei´se *fortunately, luckily, as good luck would have it*

die **Gnade**, -n *grace;* in Gnaden *[dat. pl.] graciously; [pl. used in address] (Your) Grace;* Fürstliche Gnaden *(My) Gracious Prince*

gnädig *gracious; merciful; kind; condescending;* der gnädige Herr *one's gracious sovereign, His Highness*

Goebel *Ferdinand Goebel (1859-), for many years a schoolmaster, author of a considerable number of books for younger readers*

das **Gŏld**, des -(e)s *gold*

gŏlden *golden*

das **Gŏldstück**, -e [⸗lt⸗] *gold coin, gold piece*

gönnen *grant, allow, give*

gŏß *see* gießen

der **Gott**, ¨-er *god; God*

der **Gottesacker**, ⸗äcker *cemetery, burying ground, God's acre*

gottlob! [gottlōp´] *thank goodness! thank heaven!*

grāben, gräbt, grūb, gegrāben *dig*

der **Grāben**, ¨ *ditch*

der **Grāf**, -en *earl, count*

das **Grās**, Gräser *grass*

der **Grāshalm**, -e *blade of grass*

gräßlich *horrible, awful, gruesome*

grau *gray*

grauen *turn gray; dawn*

grauköpfig *gray-headed*

grausig *hideous, horrible*

Grāz; *Graz [pronounced as in German], a commercial and manufacturing city, capital of the mountainous Austrian duchy and crownland of Styria, beautifully situated on the Mur, southwest of Vienna, and on the road to Trieste. The University of Graz was founded in 1586.*

greifen, griff, gegriffen *reach, stretch out one's hand(s) [+ a prep. expressing direction]*

grell *glaring, dazzling*

die **Grenze**, -n *boundary, border, frontier, line*

die **Grenzfichte**, -n *boundary or line spruce*

griff *see* greifen

das **Grillchen** *little cricket*

die **Grille**, -n *cricket*

grŏb *[or, frequently,* grŏb,*]* grŏber, der grŏbste *coarse, unmannerly, rude, boorish, brutal*

grŏber *comp. of* grob

der **Groll**, des -(e)s *grudge*

grollen *have a spite (grudge) against a person [dat.]*

grollend *resentful, spiteful*

grōß, grōßer, der grōßte *big, tall, large; great; important; eminent; long (*Reise*); ein großer Herr a great (grand, fine) gentleman, a man of rank, a lord*

der **Grōßbauer**, -s *or* -n, -n *"big farmer"*

grōßbäuerlich *"big farmer's"*

Grōßbrītan´nĭen *[five syllables] Great Britain*

grōßer *comp. of* groß

der **Grōßhōf**, ⸗höfe *large farm*

die **Grōßmutter**, ⸗mütter *grandmother*

grōßte, der, die, das *superl. of* groß

der **Grōßvāter**, ⸗väter *grandfather*

die **Grūbe**, -n *hole [in which a burrowing animal makes its home]*

die **Grübelei´**, -en *speculation, (gloomy) meditation*

grün *green*

das **Grün**, des -s *green (color); green fields or foliage; verdure*

der **Grund**, ⸚e *ground; cause, reason;* **aus** diesem Grunde *for this reason*

    gründlich [ₛntₛ] *thorough; clear; at length*

    grundlōs [ₛntₛ] *bottomless; boggy, impassable*

    grünen *grow green, burst into leaf, put forth leaves*

    grüßen *salute, greet; bow (nod, wave one's hand) to*

der **Gulden** *gulden*

die **Gunst**, -en *favor, kindness*

    gūt, besser, der beste *good, kind; easy (cf.* befehlen*);* es gut haben *be well off (comfortable), have an easy time of it; adv. well; all right*

das **Gūt**, ⸚er *property, possessions;* Hab und Gut *goods and chattels, all one's property*

die **Güte** *kindness (of heart);* die Güte haben *be so good (kind)*

    Gūtes *good, kindness;* einem viel Gutes erweisen *do a person many kindnesses [Cf.* Besonderes*]*.

    gütig *kind(-hearted)*

    gūtmachen, machte gut', gutgemacht *make good (reparation for)*

    gūttūn, tūt gūt', tāt gut', gutgetān *[dat.] do good, benefit*

H.

das **h** *(the letter) h [Cf.* g].

das **Haar,** -e *hair;* mit Haut und Haar(en) *with hide and hair, i.e., entirely, completely [German uses either the sg.:* er hat graues Haar *like English, or the pl.:* er hat graue Haare.]

> **Haarlem** *Haarlem, in the province of North Holland, center of a large trade in Dutch bulbs, seat of the Dutch Society of Sciences;* die Stadt Haarlem *the city of Haarlem [In German a proper noun stands as an **appositive** to a generic term and **not** as a dependent gen.]*
>
> **Haarlemer** *adj. (of) Haarlem [Cf.* Emdener.]
>
> **Hāb** [hāp] = die Habe; *but the phrase* Hab und Gut *[cf.* Gut] *is treated as a compound noun of neut. gender, the first element of which is invariable.*
>
> **hāb'** = habe

die **Hābe** *[no pl.] effects, goods*

> **hāben,** hăt, hătte, gehābt *have;* ist zu haben *is to be had [*haben *is used as auxiliary in forming the perfect tenses of all transitive or reflexive verbs, the modal auxiliaries, and all intransitive verbs EXCEPT* sein, bleiben, geschehen, gelingen, glücken (mißglücken, mißlingen) *and such as express a transition from one place or state to another, all of which are conjugated with* sein.
>
> *In a subordinate clause the aux. of a pres. perf. or past perf. tense is frequently omitted if no ambiguity arises therefrom; this omission is especially common when the next word is a verb.]*
>
> **haben's** = haben es
>
> **habgierig** [hāp⸝] *avaricious, grasping*
>
> **hāb's** = habe es
>
> **habsüchtig** [hāp⸝] = habgierig

H 167

der **Hafer**, des -s *oats*

der **Hāgelschlāg**, des -(e)s *damage done (loss caused) by hail*

hāhāhā´! *ha ha ha!*

hălb *half;* ein halbes Pfund *half a pound*

hălbgrōß [hălp⸗] *of medium length*

der **Hălbschlummer**, des -s [hălp⸗] *light slumber, doze*

hălb´versun´ken [hălp⸗] *half sunk (from sight), half buried (in the ground)*

half *see* helfen

die **Hälfte**, -n *half*

der **Halm**, -e *stalk*

der **Hals**, Hälse *neck; throat*

das **Halseisen** *[-ls-, NOT -lz-] iron collar*

hălt *[used chiefly in South Germany] you know (see), the fact is*

hălt *see* halten

hălten, hält, hielt, gehălten *hold, keep;* ich hielt ihn für einen Freund *I took him for (thought him) a friend;* in Ehren halten *(hold in) esteem, honor, cherish;* [intr.] *stop, halt, (stop and) wait*

Hamburg *[Avoid English pronunciation!] Hamburg, the largest city in Germany except Berlin, and the largest commercial center and seaport of continental Europe*

der **Hammer**, ⸚ *hammer;* schwerer Hammer *sledge hammer*

hämmern *(strike with the) hammer*

der **Hammerschlāg**, ⸗schläge *stroke (blow) of the hammer*

die **Hand**, ⸚e *hand;* alle Hände voll zu tun haben *have one's hands full (of work), have all one can do (attend to)*

händellüstern *itching for a quarrel*

handeln *treat (of* von*); deal with;* es handelt sich um... *it is a question of..., ... is involved (at stake)*

han´delsei´nig *[-ls-, NOT -lz-] agreed;* handelseinig werden *come to an agreement (to terms)*

handhāben, handhābt, handhābte, gehandhābt [hant⸗] *handle, wield, use*

der **Händler** *[-nd-] dealer, trader*

die **Handmühle**, -n [⸗nt⸗] *hand mill*

die **Handschrift**, -en [⸗nt⸗] *handwriting; manuscript*

die **Handvoll** [≠nt≠] zwei Handvoll *handful [Cf.* Sack.]

das **Handwerk**, -e [≠nt≠] *trade*

das **Handwerkszeug**, des -(e)s [≠nt≠] *(set of) tools*

hangen, hängt, hing, gehangen *[intr.] hang, be suspended*

hängen *[tr.; past* hängte *or* hing] *hang (up), suspend (on* an *or* auf + *acc.); [intr. in the pres. only] (be) hang (-ing), hang loose, dangle*

Hans *[Avoid English pronunciation!] Jack, Hans [an abbreviation due to the accent of* Johan´nes, *the original form of* Johann*; not to be Englished if the surname is retained untranslated]*

Hansjā´kob [≠ja´kŏp] *Heinrich Hansjakob (1837-) wrote from 1867 on a large number of instructive narratives that were especially popular in southwestern Germany.*

hären *(made of) hair(cloth)*

die **Harfensaite**, -n *harp string*

der **Harfenspieler** *harper, harp player*

der **Harnisch**, -e *(suit of) armor*

hărt, hărter, der hărteste *hard*

hărtherzig *hard-hearted*

hărtnäckig *stubborn, obstinate, stiff-necked*

der **Hărtnäckige**; (kein) Hartnäckiger; *[pl.]* Hartnäckige; die (keine) Hartnäckigen *obdurate (stubborn) man; [pl.] obdurate men (folk)*

der **Hāse**, -n *hare*

der **Hāsenbalg**, ≠bälge *hareskin*

der **Hāsenbrāten** *roast hare*

der **Hāsenpfeffer** *hare ragout*

der **Hāsenrücken** *hare's back, saddle of hare*

der **Hăß**, des Hasses *hate, hatred;* Haß auf einen werfen *conceive (be filled with) hatred for a person*

hassen [haßte] *hate*

hăst *2nd pers. sg. pres. ind. of* haben

hăt *see* haben

hăt's = hat es

hätt' = hätte

hătte *see* haben

hătte *past subj. of* haben *[used in unfulfilled wishes, conditional sentences, and quotations] had, should (would, could, might) have; have*

hätten's = hätten es

der **Haufe(n)**, Haufens, *[dat. and acc. sg. and all cases of the pl.]* Haufen *heap, pile [Cf.* Sack.*]*

haufenweise *in heaps (piles), in unlimited quantity*

das **Haupt**, Häupter *head;* zu Häupten *[an old pl. without ⸗r that survives in this one phrase only] at the head (of the bed);* uns zu Häupten *about our heads*

das **Haus**, Häuser *house;* nach Hause *[go, etc.] home;* zu Hause *[be, remain, etc.] at home;* bei mir zu Hause *at my house, in my home;* bei uns zu Hause *in our home (country)*

der **Hausārzt**, ⸗ärzte *family doctor*

das **Häuschen** *little house, cottage*

hausen *live, reside*

die **Hausfrau**, -en *lady of the house, housewife; [in address] Mistress, Goodwife*

das **Hausgewand**, ⸗gewänder *house clothes (costume)*

der **Hausherr**, -n, -en *master of the house*

häuslich *domestic*

die **Haustür**, -en *front door, street door*

die **Haut**, Häute *skin, hide*

hēben, hōb *or* hūb, gehōben *lift, raise;* ein Kind aus der Taufe heben *stand godfather (godmother) to a child;* einen Schatz heben *dig up a hidden treasure*

der **Hecht**, -e *pike*

das **Heer**, -e *army*

die **Heerschār**, -en *host, legion*

die **Heerstraße**,-n *military road;* = Landstraße *highway*

die **Heide**, -n *heath*

die **Heidefläche**, -n *heath(er-covered plain)*

der **Heidekrūg**, ⸗krüge *tavern on the heath (moor)*

heil *whole; unhurt*

das **Heil**, des -(e)s *welfare, safety; luck, (good) fortune*

heilig *holy; sacred; inviolable;* der (die) heilige... *St. (Saint)...*

das **Heilkraut**, ⸗kräuter *life-giving (healing, medicinal) herb*

heim *sep. pref.* = nach Hause *home(ward)*

die **Heimāt**, -en *native place (country, land), home*

das **Heimātdorf**, ⸗dörfer *native village*

heimberief *see* heimberufen

heimberufen, berief heim´, heimberufen *call (summon) home*

heimbringen, brāchte *(past subj.* brǟchte) heim´, heimgebrācht *bring home; get in [a crop from the field into the barn]*

heimgebrācht *see* heimbringen

heimgehen, ging heim´, ist heimgegangen *go home*

heimkehren, kehrte heim´, ist heimgekehrt *return (home)*

heimkommen, kām heim´, ist heimgekommen = nach Hause kommen *come home*

heimlich *homelike, peaceful, cheerful; secret*

das **Heimweh**, des -s *homesickness;* das Heimweh bekommen *get homesick*

heimzubringen *see* heimbringen

Heinrich *Henry*

heint *[archaic or dialectic;* = in dieser Nacht*] this night*

heirāten *marry*

heiser *hoarse, husky*

heiß *hot*

heißen, hieß, geheißen *(or, if preceded by a dependent infin.,* heißen) *bid; call (by the name); [intr.] be called (named), go by the name of;* wie heißt er? *what is his name?* er heißt A. *his name is A.; signify, mean, be;* das heißt *that is (to say);* es heißt *people say;* dann heißt es *then the cry is;* wie es im Sprichwort heißt *as it says in the proverb;* Zeit verlieren heißt Geld verlieren *losing time is (equivalent to) losing money*

heißt's = heißt es

heiter *cheerful*

die **Heiterkeit** *cheerfulness; gayety, glee*

der **Held**, -en *hero*

helfen, hilft, half (hülfe), geholfen *(or, if preceded by a dependent infin.,* helfen) *[DAT.] help, lend a hand [dep. infin. WITHOUT* zu]*; be of use, avail, do (any, some) good, relieve;* sich zu helfen wissen *know what to do, find a way out of the difficulty;* sich nicht mehr zu helfen wissen *no longer know what to do (which way to turn), find one's self in a corner*

hell *clear, bright, light, loud;* dann ist's das helle Wasser *in that case it's just plain water*

der **Heller** *heller [the smallest bronze coin in Austria, worth one fifth of a cent; translate] a red cent*

hemmen *check, arrest, stop*

die **Henne**, -n *hen [in contrast to the rooster]*

    hĕr *adv. hither;* hin und her *to and fro, back and forth; this way and that;* um mich her *(all) around me;* von... her *from (the direction of)...;* Stiefelknecht her! *Bootjack this way!*

    hĕr *sep. pref. [expressing direction toward the speaker] hither, here, to this place*

    hĕrăb´ [hĕrăp´] *adv. down (-ward);* von... herab *coming (down) from the direction of...*

    hĕrăb´ [hĕrăp´] *sep. pref. [expressing direction downward and toward the position (assumed as) occupied by the speaker or narrator] down (here)*

    hĕrăb´genommen *see* **herabnehmen**

    hĕrăb´nehmen, nimmt herab´, nahm herab´, herab´genommen *take down, lower*

    hĕrăb´rief *see* **herabrufen**

    hĕrăb´rufen, rief herab´, herab´gerufen *call down*

    hĕrăb´zunehmen *see* **herabnehmen**

    hĕrăn´ *sep. pref. [expressing direction, motion, or development toward some goal] up (to* an + *acc. or* zu)

    hĕrăn´fliegen, flōg heran´, ist heran´geflōgen *fly up (to* an + *acc.)*

    hĕrăn´gestolpert *see* **heranstolpern**

    hĕrăn´kommen, kām heran´, ist heran´gekommen *come up (this way), draw near, approach*

    hĕrăn´reiten, ritt heran´, ist heran´geritten *ride up*

    hĕrăn´schleichen, schlich heran´, ist heran´geschlichen *steal (sneak, creep) up, approach stealthily;* sich heranschleichen = heranschleichen

    hĕrăn´schwimmen, schwamm (schwömme) heran´, ist heran´geschwommen *swim up (to* an + *acc.)*

    hĕrăn´stolpern, stolperte heran´, ist heran´gestolpert *come stumbling along or up [Cf.* kommen.]

    hĕrăn´strömen, strömte heran´, ist heran´geströmt *flow up to (*an + *acc.)*

hĕrăn´trāt *see* herantreten

hĕrăn´trēten, tritt heran´, trāt heran´, ist heran´getrēten *step up (to* an + *acc., or* zu*)*

hĕrăn´wăchsen, wăchst heran´, wūchs heran´, ist heran´gewăchsen [chs = ks] *grow up [to (wo)manhood]*

hĕrăn´ziehen, zōg heran´, ist heran´gezōgen *come (move, sweep) up, approach*

hĕrauf´gleiten, glitt herauf´, ist herauf´geglitten *[sometimes weak] glide up(ward)*

hĕrauf´kām *see* heraufkommen

hĕrauf´kommen, kām herauf´, ist herauf´gekommen *come up (here)*

hĕrauf´schallen, schallte herauf´, herauf´geschallt *float (drift, be wafted) up [a sound]*

hĕrauf´steigen, stieg herauf´, ist herauf´gestiegen *rise, come up (here);67, 10 drift in from the sea*

hĕrauf´stieg *see* heraufsteigen

hĕraus´ *adv. out [from some place just indicated, or toward the speaker or spectator]*

hĕraus´ *sep. pref. [expressing direction or motion (from* zu *or* aus*) toward the person or place just mentioned in the context] out (to, at, toward)*

hĕraus´gezogen *see* herausziehen

hĕraus´krabbeln, krabbelte heraus´, ist heraus´gekrabbelt *come scrambling out*

hĕraus´rinnen, rann (ränne *or* rönne) heraus´, ist heraus´geronnen *run out, flow out*

hĕraus´schauen, schaute heraus´, heraus´geschaut *look out, peer out*

hĕraus´ziehen, zōg heraus´, heraus´gezōgen *draw (drag, pull) out*

hĕrbei´ *sep. pref. [expressing direction toward the place or person just mentioned in the context] up, hither, thither, in*

hĕrbei´rufen, rief herbei´, herbei´gerufen *call (in or up), summon (to one's aid)*

die **Hĕrbĕrge**, -n *inn; journeymen's inn; hostelry, tavern; shelter, (night's) lodging*

hĕrbĕrgen *lodge with* [bei] *a person, stay at a person's house*

der **Herbst**, -e [herpst] *autumn, fall [Cf.* Sommer.*]*

der **Hērd**, -e *hearth, fireside*

das **Hērdfeuer** [hērts] *fire on the hearth*

herein' *adv. in this way (here);* (immer) herein! *walk in, please! come (right) in!*

herein' *sep. pref.* *[expressing entrance toward the person or into the place just mentioned] in, in here, into this room (house, place)*

herein'brāch *see* hereinbrechen

herein'brechen, bricht herein', brāch herein', ist herein'gebrochen *break in, invade, make an inroad into (*in + *acc.)*

herein'bringen, brāchte *(past subj.* brächte*)* herein', herein'gebrăcht *bring in (here)*

herein'drānge *past subj. of* hereindringen

herein'dringen, drang herein', ist herein'gedrungen *enter forcibly, penetrate*

herein'gebrăcht *see* hereinbringen

herein'kommen, kām herein', ist herein'gekommen *come in (here), come into (enter) the room*

herein'stürzen, stürzte herein', ist herein'gestürzt *rush in(to* in + *acc., at, through* zu + *dat.)*

herein'trēten, tritt herein', trāt herein', ist herein'getrēten *step (walk) in, enter (the room, etc.) [expressing motion TOWARD the place in which the speaker or reader is considered to be]*

herein'wollen, will herein', wollte herein', herein'gewollt *wish or try to enter (get in) [Cf. last note on* wollen.*]*

hērgekommen *see* herkommen

hērkommen, kām her', ist hergekommen *come hither (here);* wo kommt er her? *[colloquial form of* woher kommt er?*] where does he come from?*

der **Hĕrmĕsbauer**, -s *or* -n, -n *[-mess-] Farmer Hermes, owner of (the) Hermes Farm*

der **Hĕrmĕshōf**, des -(e)s *[-mess-] Hermes Farm*

der **Herr**, *[gen., dat., or acc. sg.]* -n, -en *gentleman; employer, master;* 53, 11 ein wirklicher Herr *a real master of his own time; lord; ruler, sovereign; Lord; sir [in address], Mr. [The complimentary title* Herr *used before another title, as in* Herr Doktor, *is usually left untranslated in English; it has, however, a parallel in such phrases as Mr. Chairman, Mr. Justice X. Cf.* Kaiser.*]*

die **Herrin**, -nen *mistress*

herrisch *peremptory*

herrlich *glorious, magnificent, splendid*

Herrn *see* Herr

die **Herrschaft** *dominion, rule*

herrschen *rule; reign; prevail, be displayed*

hērsāgen, sagte her´, hergesagt *recite, say, repeat*

hĕrŭm´ *adv. around;* um... herum *round about..., all around...*

hĕrŭm´ *sep. pref. [expressing motion in a circle] around*

hĕrŭm´drehen, drehte herum´, herum´gedreht *turn around*

hĕrŭm´gehen, ging herum´, ist herum´gegangen *go (walk) around*

hĕrŭm´tanzen, tanzte herum´, ist herum´getanzt *dance around (*um*) a person*

hĕrŭm´tollen, tollte herum´, ist herum´getollt *scamper about*

das **Hĕrŭm´wirbeln,** des -s *whirling (spinning) around*

hĕrun´termachen, machte herun´ter, herun´tergemacht *scold, berate, call down, pitch into*

hĕrun´terreißen, rĭß herun´ter, herun´tergerissen *tear (jerk, pull) something off or down (from dat.)*

hĕrun´terspielen, spielte herun´ter, herun´tergespielt *rattle off [a tune]*

hĕrun´tersteigen, stieg herun´ter, ist herun´tergestiegen *climb down (here)*

hĕrun´terwollen, will herun´ter, wollte herun´ter, herun´tergewollt *want (try) to get down (here);* es regnete, was vom Himmel herunterwollte *it was raining as hard as it could [Cf. last note on* wollen.*]*

hĕrun´terzureißen *see* herunterreißen

hĕrvōr´ *sep. pref. [expressing direction out and toward the person or thing indicated in the context] forth, out (of, from* aus; *from behind* hinter; *from under* unter)

hĕrvōr´bringen, brächte *(past subj.* brächte) hervor´, hervor´gebrăcht *bring forth; produce*

hĕrvōr´gebrăcht *see* hervorbringen

hĕrvōr´gekommen *see* hervorkommen

hĕrvōr´holen, holte hervor´, hervor´geholt *fetch (bring, get) out*

hĕrvōr´kommen, kām hervor´, ist hervor´gekommen *come forth, emerge, appear (on the scene)*

hĕrvōr´leuchten, leuchtete hervor´, hervor´geleuchtet *shine out*

hĕrvōr´quellen, quillt hervor´, quoll hervor´, ist hervor´gequollen *well forth, issue*

hĕrvōr'schimmern, schimmerte hervor', hervor'geschimmert *shine out*

hĕrvōr'stehen, stǎnd *(past subj. often* stünde) hervor', hervor'gestǎnden *stick (stand) out (in bold relief), protrude*

hĕrvōr'strahlen, strahlte hervor', ist hervor'gestrahlt *beam (shine) forth (out)*

hĕrvōr'trāt *see* hervortreten

hĕrvōr'trēten, tritt hervor', trāt hervor', ist hervor'getrēten *step (come) forth (out)*

hĕrvōr'ziehen, zōg hervor', hervor'gezōgen *draw forth, pull out*

das **Herz**, -ens, *[dat. sg. and all cases of the pl.]* -en *heart;* das ging mir zu Herzen *that touched my heart;* zufriedenen Herzens *[originally a descriptive gen., now used as an adv. phrase to express manner] with contented heart, i.e., contentedly;* erleichterten Herzens *with a feeling of relief*

Herzen(s) *see* Herz

das **Herzklopfen**, des -s *palpitation of the heart*

herzlich *cordial, hearty; [adv., also] very, exceedingly, extremely*

die **Herzlichkeit** *cordiality; sincerity*

der **Herzschlǎg**, -schläge *throbbing of the heart, heartbeat*

hetzen *hunt, run to ground*

die **Hetzjǎgd**, -en *(wild) chase, (hot) pursuit*

das **Heu**, des -(e)s *hay*

der **Heuboden** *[pl. sometimes ⸗böden] haymow, hayloft;* **auf** dem Heuboden *in the haymow*

heulen *howl; yelp*

das **Heulen**, des -s *howling*

heut' = heute

heute *to-day*

heutzutāg' = heutzutage

heutzutāge *nowadays, at the present day (time), in our day (time, age)*

hielt *see* halten, anhalten, *or* aufhalten

hier *here; in this case*

hier'auf' *hereupon, after this*

hier'vŏn' *from this, of this*

hieß *see* heißen

hilf *imper. sg. of* helfen

die **Hilfe** *aid, help;* einem zu Hilfe kommen *come to one's assistance*

hilft *see* helfen

der **Himmel** *heaven; heavens, sky*

hĭn *adv. thither; gone, ruined;* über das ganze Land hin *(away, clear, all) over the whole land*

hin *sep. pref. [expressing direction away from the position previously occupied by the subject or the speaker and toward some goal] thither, there; off, away, down; along; out; to, at, toward*

hĭnăb´ [hĭnăp´] *adv. down (there, in that direction)*

hĭnăb´ [hĭnăp´] *sep. pref. [expressing direction or motion down (and away) from the position hitherto occupied by the subject or the speaker] down*

hĭnăb´geglitten *see* hinabgleiten

hĭnăb´gehen, ging hinab´, ist hinab´gegangen *go (walk) down (the hill, there, etc.)*

hĭnăb´gesandt *see* hinabsenden

hĭnăb´gleiten, glitt hinab´, ist hinab´geglitten *[sometimes weak] slip (slide) down*

hĭnăb´hangen, hängt hinab´, hing hinab´, hinab´gehangen *hang down*

hĭnăb´schauen, schaute hinab´, hinab´geschaut = hinabsehen *look (glance, gaze) down*

sich **hĭnăb´schlängeln,** schlängelte hinab´, hinab´geschlängelt *(go) wind(ing) down the hill*

hĭnăb´sehen, sieht hinab´, sah hinab´, hinab´gesehen *look down (there)*

hĭnăb´senden, sandte *or* sendete *(past subj.* sendete) hinab´, hinab´gesandt *or* hinab´gesendet *send down*

sich **hĭnăb´senken,** senkte hinab´, hinab´gesenkt *descend, slope*

hĭnăb´sprang *see* hinabspringen

hĭnăb´springen, sprang hinab´, ist hinab´gesprungen *leap (jump) down*

hĭnăb´steigen, stieg hinab´, ist hinab´gestiegen *descend*

hĭnăb´stürzen, stürzte hinab´, ist hinab´gestürzt *fall headlong, fall over the edge*

hĭnăb´werfen, wirft hinab´, warf (würfe) hinab´, hinab´geworfen *throw down*

hĭnăb´zustürzen *see* hinabstürzen

hĭnăn' *adv. up (there) [Often used to reënforce the idea of direction expressed by a preceding adverbial phrase]*

hĭnauf' *adv. up [and away];* bis zu... hinauf *clear (right) up to... [hinauf is used to reënforce the idea of direction inherent in the prep. phrase.]*

hĭnauf' *sep. pref. [expressing direction or motion upward and away from the position hitherto occupied by the subject or the speaker] up (yonder or there)*

hĭnauf'drehen, drehte hinauf', hinauf'gedreht *raise by turning (at* an + *dat.)*

hĭnauf'fahren, fährt hinauf', fuhr hinauf', hinauf'gefahren *drive (convey, take) up (there, yonder)*

hĭnauf'heben, hōb hinauf', hinauf'gehōben *lift up (there)*

hĭnauf'schauen, schaute hinauf', hinauf'geschaut *look up (yonder)*

hĭnauf'schießen, schöß hinauf', *[intr.* ist] hinauf'geschossen *shoot up*

hĭnauf'steigen, stieg hinauf', ist hinauf'gestiegen *climb up (there)*

hĭnauf'stieg *see* hinaufsteigen

hĭnauf'werfen, wirft hinauf', warf (würfe) hinauf', hinauf'geworfen *throw (cast) up (yonder, there, in that direction)*

hĭnauf'zusteigen *see* hinaufsteigen

hĭnaus' *sep. pref. [expressing direction or motion out (and away) from the position hitherto occupied by the subject or the speaker] out (yonder);* er wollte nicht hinaus *see* hinauswollen

hĭnaus'fliegen, flōg hinaus', ist hinaus'geflōgen *fly out (there, yonder)*

hĭnaus'gegangen *see* hinausgehen

hĭnaus'gehen, ging hinaus', ist hinaus'gegangen *go (walk) out;* **zum** Dorf hinausgehen *walk out of the village*

hĭnaus'gerutscht *see* hinausrutschen

hĭnaus'kommen, kām hinaus', ist hinaus'gekommen *come (get) out (there)*

hĭnaus'rutschen, rutschte hinaus', ist hinaus'gerutscht *slide out*

hĭnaus'steigen, stieg hinaus', ist hinaus'gestiegen *climb out*

hĭnaus'strecken, streckte hinaus', hinaus'gestreckt *stretch out*

hĭnaus'stürzen, stürzte hinaus', ist hinaus'gestürzt *rush (fall headlong, plunge) out (of, from the* zum *or* zur*)*

hĭnaus'wollen, will hinaus', wollte hinaus', hinaus'gewollt *want to go out [Cf. last note on* wollen.]

hĭnbrummen, brummte hin', hingebrummt *grumble, mutter (to one's self* vor sich *acc.)*

das **Hindernis**, -nisse *obstacle, obstruction*

hindurch´ *through;* das ganze Jahr hindurch *all the year round;* die Nacht hindurch *all night long;* hindurch sein *be [= to have passed] through*

hinein´ *adv. in(to) [often used to reënforce the idea of direction expressed by a preceding adverbial phrase; in this use frequently to be left untranslated];* in sich hinein *to himself, inwardly*

hinein´ *sep. pref. [expressing direction away from one place into some other] in(to) [often reënforcing the idea of direction expressed by an accompanying prep. + its object; frequently best left untranslated when so used. Cf. I am in blood stepp'd* **in** *so far Macbeth iii. 4. 136]*

hinein´bringen, brächte *(past subj.* brächte) hinein´, hinein´gebracht *take (carry, get) in(to)*

hinein´fliegen, flōg hinein´, ist hinein´geflōgen *fly in*

hinein´gehen, ging hinein´, ist hinein´gegangen *go (walk) in(to the house, etc.)*

hinein´geraten, gerät hinein´, geriet hinein´, ist hinein´geraten *(accidentally) get in(to something* in + *acc.)*

hinein´geriet *see* hineingeraten

hinein´kommen, kām hinein´, ist hinein´gekommen *come (get) in(to* in + *acc.)*

hinein´lassen, lässt hinein´, ließ hinein´, hinein´gelassen *let in, admit (to* in + *acc.)*

hinein´schieben, schōb hinein´, hinein´geschoben *push (shove) in*

hinein´schleppen, schleppte hinein´, hinein´geschleppt *drag in(to* in + *acc.)*

hinein´sinken, sank hinein´, ist hinein´gesunken *sink in(to* in + *acc.)*

hinein´sprang *see* hineinspringen

hinein´springen, sprang hinein´, ist hinein´gesprungen *jump (leap) into (*in + *acc.)*

hinein´stehen, stānd (stände *or* stünde) hinein´, hinein´geständen (stand) *project(ing), stick out*

hinein´zubringen *see* hineinbringen

hinein´zuschleppen *see* hineinschleppen

hinfahren, fährt hin´, fuhr hin´, ist hingefahren *pass (sweep) along*

hing *see* hangen, *also* abhangen *and* aufhängen

hīngeben, gibt hin´, gāb hin´, hingegeben *give up, surrender, resign;* sich hingeben *[also] devote one's self to, indulge in*

hīngehen, ging hin´, ist hingegangen *go (there, away);* wo ging er hin? *[colloquial form of* wohin ging er?] *where did he go (to)?*

hīngeworfen *see* hinwerfen

hīnlaufen, läuft hin´, lief hin´, ist hingelaufen *run off (along);* da läuft er hin *there he goes*

hīnnehmen, nimmt hin´, nahm hin´, hingenommen *take (up, away, along); accept*

hīnschauen, schaute hin´, hingeschaut = hinsehen *look off*

hīnschießen, schöß hin´, ist hingeschossen *shoot (dart) along*

hīnsehen, sieht hin´, sah hin´, hingesehen *look away (in that direction);* vor sich *(acc.)* hinsehen *look (down) straight before one*

die **Hīnsicht,** -en *respect, way*

hīnstrecken, streckte hin´, hingestreckt *stretch out*

hīnter *behind, back of [acc. when direction is expressed, otherwise dat.]*

der **Hīnterfūß,** ⸗füße *hind foot*

hīnterhēr´ *(along) behind*

hīnü´ber *sep. pref. [expressing direction away from the speaker and (across some intervening space) toward an object indicated by the context] over (yonder or there)*

hīnü´berwerfen, wirft hinü´ber, warf (würfe) hinü´ber, hinü´bergeworfen *throw (cast) over (there)*

hīnun´ter *sep. pref. [expressing direction downward and away from the position hitherto occupied by the subject or the speaker] down;* einmal muß ich doch noch hinunter *see* hinuntermüssen

hīnun´terfahren, fährt hinun´ter, fuhr hinun´ter, ist hinun´tergefahren *go down, descend*

hīnun´terfliehen, floh hinun´ter, ist hinun´tergeflohen *flee down [a route designated by the acc.]*

hīnun´terfloh *see* hinunterfliehen

hīnun´tergekommen *see* hinunterkommen

hīnun´tergelan´gen, gelangte hinun´ter, ist hinun´tergelangt *get down (into* in + *acc.)*

hīnun´tergeschossen *see* hinunterschießen

hĭnun´terkommen, kām hinun´ter, ist hinun´tergekommen *come (get) down (there)*

hĭnun´termüssen, müß hinun´ter, müßte *(past subj.* müßte*)* hinun´ter, hinun´tergemüßt *have (be obliged) to go down there [Cf. last note on* wollen.*]*

hĭnun´terschießen, schöß hinun´ter, hinun´tergeschossen *shoot down, announce an event by firing a shot down (into* in + *acc.)*

hĭnun´tersteigen, stieg hinun´ter, ist hinun´tergestiegen *go down (there), climb down, descend*

hĭnun´terstürzen, stürzte hinun´ter, ist hinun´tergestürzt *rush (fall headlong, plunge) down (there)*

hĭnun´terwerfen, wirft hinun´ter, warf (würfe) hinun´ter, hinun´tergeworfen *throw down*

hĭnwandeln, wandelte hin´, ist hingewandelt *walk leisurely (stroll) along*

hĭnwĕg´ *sep. pref. [expressing direction or motion away from the position hitherto occupied by the subject] away, off*

hĭnwĕg´führen, führte hinweg´, hinweg´geführt *lead away*

hĭnwĕg´gehen, ging hinweg´, ist hinweg´gegangen *go away; touch lightly on, pass rapidly over (*über + *acc.)*

hĭnwĕg´schauen, schaute hinweg´, hinweg´geschaut *look off (away)*

hĭnwerfen, wirft hin´, warf (würfe) hin´, hingeworfen *throw (fling, toss) down, or toward a person [dat.]*

hĭnwollen, will hin´, wollte hin´, hingewollt *want (intend) to go (there);* wo will er hin? *[colloquial form of* wohin will er?*] where does he want to go (to)? [Cf. last note on* wollen.*]*

hĭnzū´ *sep. pref. [expressing increase, addition] in addition, besides*

hĭnzū´fügen, fügte hinzu´, hinzu´gefügt *add [a remark]*

hĭn´zugeben *see* hingeben

hĭnzū´setzen, setzte hinzu´, hinzu´gesetzt = hinzufügen *add [a remark]*

hōb *see* heben

hōch, höher, der höchste *[In the positive* hoch *drops its* c *before the* e *of an inflectional syllable; in the superl.* ch = ch *in* ich*] high, tall; great, noble, distinguished;* Boucher lebe hoch! *Long live Boucher! Three cheers for Boucher!* Hoch (lebe er)! *Hurrah (for him)!*

hōchrāgend *towering*

höchst [ch *as in* ich] *superl. of* hoch *highest;* [*adv.*] *highly, most, extremely, exceedingly, in the highest degree;* aufs höchste steigen *reach its height (climax)*

aufs höchste *see* höchst

die **Hŏchzeit**, -en *wedding;* Hochzeit halten *hold (have, celebrate) a wedding*

das **Hŏchzeitsbrōt**, -e *(batch or loaf of) wedding bread*

das **Hŏch′zeitsgeschenk′**, -e *wedding present*

der **Hŏchzeitsteig**, -e *dough for the wedding bread*

der **Hōf**, ⸚e *farm; yard; court*

der **Hōfärzt**, ⸚ärzte *court physician*

der **Hōfbauer**, -s *or* -n, -n *farmer [usually one living on his own farm as distinguished from the tenant farmer]*

der **Hŏffärtsteufel** *demon of pride*

hoffen *hope (for* auf + *acc.)*

die **Hoffnung**, -en *hope, expectation (of* auf + *acc.)*

der **Hōfhund**, -e *watchdog*

hŏflich, *polite, civil, courteous*

die **Hōfmauer**, -n *wall around the yard*

der **Hōfschuhmachermeister** *Court Bootmaker*

das **Hōftōr**, -e *(yard) gate*

die **Höhe**, -n *height, hill;* in die Höhe *up(ward), (up) into the air*

hohe(r, *etc.) see* hoch

höher *or* hoch

hohl *hollow*

die **Höhle**, -n *cave, cavern*

der **Hohn**, des -(e)s *mockery, derision*

höhnen *mock, sneer, jeer;* 51, 25 Der höhnt auch noch *(He's also even mocking, i.e.,) He's adding insult to injury*

holen *go and get, bring, fetch; come for;* der Teufel hole es! *the devil take it! hang it!*

hŏl′lā *or* hŏllā′ *hello! see here!*

Holland [ənt] *Holland*

der **Holländer** *Hollander, Dutchman*

holländisch *Dutch, Netherlandish [Adjs. of nationality are capitalized only when used in fixed titles, e.g.,* der Deutsche Kaiser, *or as substantives, e.g.,* das Deutsche *(the) German (language).]*

die **Hölle**, -n *hell;* das Leben zur Hölle machen *make life a hell [Cf.* machen.*]*

das **Höllentōr**, -e *gate of hell*

    höllisch *infernal, "confounded"*

das **Holz**, ⸚er *wood*

der **Holzapfel**, ⸚äpfel *crab apple*

    hölzern *wooden*

    hör' = höre

    horchen *listen*

die **Hŏrde**, -n *horde*

    hŏren *[past part., if preceded by a dependent infin.,* hören*] hear;* höre! *I say,... See also* aufhören. *[In English the object of* hear *may be followed by either the infin., or the pres. part.: I heard him walk or walking in; in German only the infin. is so used:* ich hörte ihn hereintreten.*]*

das **Hŏren**, des -s *hearing*

der **Hōrizont'**, -e [z = ts] *horizon*

    Horn *W. O. von Horn, pseudonym of Philipp Friedrich Wilhelm Örtel (1798–1867), author of numerous didactic stories*

das **Horn**, ⸚er *horn*

    hūb *see* heben *or* anheben

    hŭben *over here, on this side*

    hübsch [hŭpsch] *pretty, delightful, nice, fine; [adv., also] "nice and..."*

das **Hūfeisen** *horseshoe*

    hūfen [ist gehūft] *back (up, off)*

der **Hūfschlāg**, ⸚schläge *hoofbeat, trampling of horses' feet*

der **Hūfschmied**, -e *horseshoer, farrier*

der **Hüftknochen** *haunch (bone)*

der **Hügel** *hill;* sie gingen **den Hügel** hinab *[Note that the acc. is used —* **without** *a prep. — to indicate the route taken.]*

das **Huhn**, ⸚er *hen; [pl.] poultry, chickens*

die **Hŭlse**, -n *socket, shell*

der **Hund**, -e *dog*

hundert *[invariable] hundred [A hundred* hundert; ***one** hundred* **ein** hundert]

das **Hundert**, -e *a hundred [considered as a group]*

    hundertmāl *a hundred times*

der **Hunger**, des -s [ng *as in thing*] *hunger*

    hungern [ng *as in thing*] *(suffer) hunger, starve, go hungry*

    hungrig [ng *as in thing*] *hungry*

    hüpfen [ist gehüpft *when direction is expressed*] *hop, leap;* er sah, wo der Hafe hüpfte *he saw what the other was after (what the game was)*

der **Hūt**, ⸚e *hat*

    hüten *guard, keep, take care of;* sich hüten, etwas zu tun *[be on one's guard about doing a certain thing,] take good care not to do a thing*

die **Hütte**, -n *hut, cabin, cottage*

I.

ich *I*

ich's = ich es

ihm *dat. sg. of* er *or* es

ihn *acc. sg. of* er

ihnen *dat. pl. of* er, sie, *or* es *(to) them*

Ihnen *dat. of* Sie

ihr[1] *dat. sg. of* sie

ihr[2] *nom. pl. of* du *[now used only in addressing two or more people, animals, etc., each of whom would be addressed with* du. *Formerly* Ihr *was used (as* Sie *is at present) in formal address to one person, also in deferential address to an older relative; in this use it is capitalized to distinguish it from* ihr *addressed to two or more people.] you*

ihr[3], ihre, ihr *her, their; [when referring to a non-personal fem. antecedent] its*

Ihr[1] *[in address] see* ihr[2]

Ihr[2], Ihre, Ihr *your [used when* Sie *is the pron. of address and capitalized to distinguish it from* ihr[3]*]*

ihretwēgen *for all she cares (cared) or they care(d); on her (their) account*

der **Iltis**, Iltisse *polecat*

ĭm = in dem

immer *always, ever;* noch immer *even now, [emphatic] still [Regularly used before a comparative, while in English the adj. or adv. is repeated:* immer magerer *leaner and leaner]*

im´merhĭn´ *for all that, still, nevertheless*

ĭn *[dat.] in, at, within; [acc., expressing direction] in(to), to*

ĭnbrünstig *fervent, devout*

ĭndem´ *conj. [always followed by transposition] while [expressing occasionally means, but usually simultaneousness; as a rule best rendered by the pres. part. of the verb in its clause]*

ĭndĕs´ *meanwhile, in the meantime*

ĭndes´sen = indes

ĭn´dīrekt´ *[-dee-; for contrast,* in´direkt] *indirect;* die indirekte Rede *indirect discourse, quoted statement or question*

ĭngrimmig *fierce, angry*

das **Inhaltsverzeichnis,** ⸗nisse *table of contents*

ĭnnerlich *inner; profound; introspective; to one's self*

ĭnnig *heartfelt, sincere*

ĭns = in das

die **Insel, -n** *island*

das **Instrūment´, -e** *instrument*

der **Invālī´de, -n** [v = v] *disabled (invalided) soldier*

ĭrden *earthen*

ĭrgend [⸗nt; *used with generalizing force before pronouns and adverbs] any, some;* irgend jemand *anyone (at all), somebody (or other)*

Irland [ĭrlant] *Ireland*

ĭß *imper. sg. of* essen *eat*

ist *see* sein

ist's = ist es

Ita´lien *[eetah´lĭ-] Italy*

der **Ĭtālĭē´ner** *an Italian*

J.

jā *yes; aye, just so, quite right; as everybody knows, indeed, "all right," soon enough, surely, of course;* ich sag' es ja *I tell you, "believe me"; [emphasizing a statement] why, don't you see [before the clause, or] really, truly, even [within the clause, or] anyhow, at any rate, indeed, I am sure, you know, you see [after the clause], [emphasizing a command or prohibition]* tun Sie es ja´ *be sure to do it;* tun Sie es ja´ nicht *don't do it on any account*

jāgen *hunt, drive, chase;* sich jagen *dash, sweep, race; [intr.;* ist gejagt] *race*

jäh(e) *sudden, abrupt*

das **Jahr,** -e *year;* die besten Jahre *the prime of life;* in die Jahre kommen, wo... *reach the age when...*

das **Jahrhundert,** -e *century*

Jakob [jā´kŏp] *Jacob*

jämmerlich *pitiful, sorry, wretched, miserable*

jammern *lament* [über + *acc.*]

japā´nisch *[yah-] Japanese [Cf.* holländisch.]

jāwohl´! *yes indeed! quite right! (yes,) certainly!*

jē *ever, at any time; [with a numeral] at a time, each*

jē + *comparative [always followed by transposition] the [followed by a balancing clause with inversion introduced by* desto + *comp.]* je älter sie sind, desto besser sind sie *the older they are, the better they are*

jeder, jede, jedes *each, every, any;* ein jeder, *gen.* eines jeden *every single one, each and every one*

jedesmāl *each (every) time (that...* wenn...*)*

jēdoch´ *however*

von **jē´hēr´** *[or* jē´hēr] *from time out of mind; at all times*

    jemand *gen[.* jemand(e)s, *dat.* jemand(em), *acc.* jemand(en); *no pl.] somebody, someone, anybody, anyone*

    jener, jene, jenes *that (... yonder); the former, the other [While* dieser *implies proximity,* jener *implies remoteness.]*

    jenseit(s) [jēn⸗ *or* jĕn⸗] *on the other (farther) side (of gen.)*

    jetzt *now [at present]*

    Jōhann´ *John*

das **Jōhan´nĭswürmchen** *glowworm*

    Joseph *[yōzĕf] Joseph*

    jōvĭāl´ *[yōvi-] jovial, jolly*

der **Jūbel**, des -s *[yōō-] (noisy) merrymaking, shouts of joy*

    jūbeln *[yōō-] shout lustily (merrily, for joy)*

die **Jūgend** *youth [youthful age or young people]*

der **Jū´lĭā´bend**, -e *[yōō-] July evening*

    jung, jünger, der jüngste *young, youthful*

der **Junge**, -n *boy, youngster, lad*

die **Jungen** *the young (folks)*

der **Jüngling**, -e *youth, young man*

    Jŭterbog [⸗bock] *Jüterbog, a Prussian town situated about forty miles south of Berlin*

K.

der **Käfer** *beetle, chafer*

der **Kaf´fee**, des -s *coffee*

   kahl *bald*

der **Kaiser** *emperor [A title that precedes a proper noun is never inflected unless it is itself preceded by an inflected pronoun. (But* Herr *is always inflected, pronoun or no pronoun.)]*

die **Kaiserstadt**, ⸗städte *imperial city*

   kălt, kălter, der kălteste *cold, chill; cool, cold, indifferent*

die **Kälte** *coolness, coldness*

   kām *see* kommen

   kăme *past subj. of* kommen

der **Kămerād´**, -en *[in the nom. sg.* d = t*] comrade, companion, chum*

die **Kammer**, -n *bedroom*

das **Kammerfenster** *bedroom window;* 43, 12 unters Kammerfenster *against or on the window sill*

der **Kampf**, ⸚e *combat, fight, conflict*

   kann *see* können

   kannst *2nd pers. sg. pres. ind. of* können

   kannte *see* kennen

die **Kănō´ne**, -n *cannon*

die **Kăpel´le**, -n *chapel*

der **Kăpītăn´**, -e *(sea) captain*

der **Kăplān´**, Kaplä´ne *curate*

das **Käppchen** *little cap*

die **Kapsel**, -n *(hemispherical) cover*

Karl *Charles*

der **Kărren** *cart*

die **Kartŏf'fel**, -n *potato*

die **Kasse**, -n *(money) chest (box);* alle Kassen *all the coffers*

das **Kastell'**, -e *citadel, fort*

der **Kasten** *[pl. also ¨] chest*

der **Kāter** *tomcat*

kauern *crouch, huddle*

der **Kaufmann**, Kaufleute *[less often ⸗männer] merchant*

kaum *scarcely, hardly, [only just =] barely*

die **Kegelkugel**, -n *bowling ball*

kehren *[ist gekehrt when equivalent to the intr.* umkehren *or* zurückkehren*] turn; return;* ich kehre mich wenig (nicht) daran *I pay little (no) attention (heed) to that*

kein, keine, kein *no, not a(ny)*

keiner, keine, keines *no one, none, not any, nobody, not (any)one, not... anybody (but* als*) [When used as a subst.* kein *has throughout the inflection of* dieser. *Cf. note on* einer.*]*

kei'nerlei' *no kind of, not of any sort*

keins = keines

kennen, kannte *(past subj.* kennte*),* gekannt *[= French* connaître*] know, be acquainted with; understand*

kennzeichnen *mark, characterize, stamp*

Kerkhoff *T. Kerkhoff, about whom the editors were not able to find out anything save that fifteen years ago this author lived in East Frisia*

der **Kerl**, -e *fellow, chap; [with an uncomplimentary adj.] wretch*

die **Kerze**, -n *candle*

das **Kerzenlicht**, -er *candlelight; lighted candle*

die **Kette**, -n *chain*

kichern *chuckle*

das **Kie'ferngehölz'**, -e *pine grove*

das **Kind**, -er *child*

die **Kinderjahre** *[pl.] childhood*

der **Kindesvater**, ⸗väter *the father of the (a) child*

das **Kindlein** *little child, baby*

die **Kindtaufe**, -n *christening*

die **Kinzig** *the Kinzig [pronounced as in German], a river in Baden, rising in the Black Forest and emptying into the Rhine not far from Strassburg*

die **Kirche**, -n *church*

der **Kirchhof**, ⸗höfe *churchyard, cemetery*

der **Kirchtag**, -e = Kirchweih

die **Kirchweih**, -en *[Originally] consecration of a church; [now, usually, the annual festival in commemoration of the dedication of the parish church] church-ale, parish fair, kermis*

der **Kirchweihtanz**, ⸗tänze *kermis dance*

die **Kirmes**, ⸗messen = Kirchweih

    kitzeln *tickle*

    k⸗k = ck *[in syllabication]*

die **Klafter**, -n *(also* der *or* das Klafter*) [invariable after a numeral] fathom*

    klagen *complain (about, of* über + *acc.)*

    klagend *wailing, plaintive*

    kläglich *pitiful, sad*

    klammern *fasten (*an + *acc.); dig, thrust (*in + *acc.)*

    klang *see* klingen

    klappern *rattle, clatter*

das **Klappern**, des -s *rattling, clattering*

    klappernd *pres. part. of* klappern

    klaps! *click! snap! clap!*

    klarmachen, machte klar´, klargemacht *make [a thing] clear*

die **Klasse**, -n *class*

    Klaus *Claus [an abbreviation due to the accent of* Nīkōlā´us *(four syllables)], Nicholas*

die **Klause**, -n = Einsiedelei *hermitage*

    kleben *stick (fast), attach, fasten*

der **Klee**, des Klees *clover*

das **Kleid,** -er *garment; dress; [pl., also] clothes*

kleiden *clothe, dress*

klein *little [size], small, short*

der **Kleine;** (kein) Kleiner; *[pl.]* Kleine; die (keine) Kleinen *little boy (fellow, chap); pl. children*

Klēve [v = v] *Kleve (or Cleves), a manufacturing city in the Rhine Province of Prussia, some six miles from the Dutch border*

klingen, klang, geklungen *sound, ring*

das **Klingen,** des -s *ringing, clanging, clanking*

klopfen *knock, rap;* es klopft *there is (comes) a knock*

klūg, klüger, der klügste *prudent; wise; judicious; shrewd, sagacious*

klǖger *comp. of* klug

der **Knābe,** -n *boy, lad*

knallen *pop*

knapp *bare(ly sufficient), close, tight*

knarren *creak, squeak*

knattern *rattle [of musketry]*

der **Knecht,** -e *farm hand, hired man; groom; slave, drudge, serving man*

knicken *snap, break*

das **Knie,** *[pl.* Kniee *or more usually* Knie] *knee*

knie(e)n *kneel (down* ist gekniet)

der **Knieriemen** *(shoemaker's) knee strap;* einen Knieriemen an den Fuß bringen *(put one's foot in =) use a knee strap*

das **Knöchelchen** *little bone*

der **Knochen** *bone*

knöchern *bony*

knurren *growl (at* auf + *acc.)*

kochen *cook, boil*

der **Köhler** *charcoal burner*

der **Kollē´ge,** -n *brother artist; colleague*

kommen, kām, ist gekommen *come; get [(in))to a place];* zu sich kommen *"come to," recover;* emporgeflattert kommen *come fluttering up [German uses the PAST part. with* kommen *to denote the manner of coming];* come *(about), happen;* wie kommt es, daß...? *how does it come (happen) that...? what is the reason that...?*

kommt's = kommt es

der **König**, -e *king*

die **Königstochter**, ⸗töchter *[In pl.* ch *as in* ich*] king's daughter, (royal) princess*

konjūgie´ren *[past part.* konjugiert´*] conjugate*

der **Konjunktīv´**, -e [v = *f unless followed by* e, *then* = v; *if contrasted with the* ind., Kon´⸗] *subjunctive (mood)*

können, kann, konnte *(past subj.* könnte), gekonnt *(or, if preceded by a dependent infin.,* können) [können *expresses ability or possibility*] *know* (= *have learned*) *[a lesson, language, game, trick, feat]; can, be able, may [in colloqu. language often substituted for* dürfen, *as* can *is for* may *in English];* ich kann nicht zurück = zurückkommen *[cf. last note on* wollen*];* 63, 21 obgleich... hätten sein können *although it might well have been...* [In the perfect tenses the past part. of a mod. aux. assumes the form of the infin. if a dep. infin. precedes it; in such a case the tense auxiliary in a subordinate clause stands, not at the end of the clause, but before the dep. infin.]

konnte *see* können

könnte *past subj. of* können

die **Konstruktiōn´**, -en *[-str-; tsīōn´] construction*

der **Kopf**, ⸚e *head;* [= Pfeifenkopf] *(pipe) bowl;* die Tannen schüttelten **den Kopf** *the fir trees shook **their heads***

die **Kopfeslänge**, -n *(the height of) a head*

das **Kopfkissen** *pillow*

der **Korb**, ⸚e *basket*

das **Körbchen** [⸗rp⸗] *small basket*

der **Korbvoll** [⸗rp⸗; *invariable*] *basketful*

der **Kork**, -e *(or* ⸚e) *stopper, cork*

das **Korn** [⸚er *single grains,* -e *kinds of grain*] *grain*

der **Körper** *body*

die **Körperlänge**, -n *the length of one's body*

körperlich *bodily, physical*

korrīgie´ren *[past part.* korrigiert´*] correct*

kostbār *precious, valuable*

kosten *cost [dat. (or acc.) of the person who pays]*

köstlich *delicious; charming, delightful*

krabbeln [ist gekrabbelt] *scramble*

die **Kraft**, ⸚e *force, strength, power;* niemand kann über seine Kräfte *no one can (go beyond =) do more than his strength allows;* nach Kräften *to the best of one's ability*

kräftig *strong; powerful; nourishing*

das **Krallentier**, -e *claw-bearing animal*

der **Krampf**, ⸚e *cramp, spasm;* (wie) im Krampfe *convulsively*

krank, kränker, der kränkste *ill, sick, ailing, in poor health, feeble*

der **Kranke**; (kein) Kranker; *[pl.]* Kranke; die (keine) Kranken *sick man, invalid, patient; [pl.] sick (folk), patients*

die **Kranke**, *[gen. and dat. sg.]* -n *sick girl (woman)*

kränker *comp. of* krank

die **Krankheit**, -en *ailment; sickness*

das **Kraut**, Kräuter *herb; plant; cabbage*

die **Krēātūr´** *[three syllables]*, -en *creature*

der **Krēbs**, Krebse [b = p[*crawfish; [sometimes loosely used for] crab [Cf. Crayfish, Encycl. Brit. VII, 387.]*

der **Krēbsgang**, des -(e)s [b = p] *crab's walk;* den Krebsgang gehen *go backward, deteriorate*

das **Krēbslein** [b = p] *(my dear) Mr. Crawfish [The suffixes* chen *and* lein, *while usually of diminutive force, may also express endearment, tenderness, irony, or contempt.]*

der **Kreis**, Kreise *circle;* immer weitere Kreise ziehen *draw wider and wider circles [like a stone thrown into the middle of a pond], spread farther and farther*

kreischen *scream, shriek*

kreischend *shrill*

kreuzen *cross*

der **Kreuzer** *kreuzer, "copper"*

der **Kreuzwēg**, -e *a crossroads*

kriechen, kroch, ist gekrochen *creep, crawl, drag one's self along*

der **Krieg**, -e *war;* der Siebenjährige Krieg *the Seven Years' War (1756–1763) [This adj. is capitalized as part of a fixed title; but* ein siebenjähriger Krieg *a(ny) war lasting seven years.]*

kriegen *[colloqu.] get;* den Schnupfen kriegen *catch cold*

der **Krieger** *warrior*

Kriegs⸗ (89, 7) = Kriegszeiten *[Cf.* Ober⸗.*]*

der **Kriegsfuß**, des -es *war footing*

der **Kriegsruhm**, des -(e)s *military glory, fame of military achievements (exploits)*

die **Kriegszeit**, -en *time of war*

der **Kriegszūg**, ⸗züge *military expedition, campaign*

kroch *see* kriechen

der **Kronentāler** *crown (taler)*

die **Krȫte**, -n *toad*

die **Krücke**, -n *curved handle [of an umbrella or cane]*

krumm, krummer *or* krümmer, der krummste *or* krümmste *crooked, bent;* krumm gehen *waddle*

der **Kū´bātā´bak**, -e *Cuban tobacco*

die **Kŭche**, -n *kitchen*

der **Kūchen** *cake*

das **Kŭchlein** *(little) chicken*

der **Kuckuck**, -e *cuckoo;* [a euphemism for *der* Teufel] *the Old Scratch (Harry) [Cf.* Geier.*]*

die **Kuh**, ⸚e *cow*

kühl *cool*

kümmern *trouble, concern;* sich um etwas kümmern *concern one's self about, pay attention to*

die **Kunde** *information; news*

künftig *future; [adv.] for (in) the future, hereafter; from that (this) time forth*

die **Kunst**, ⸚e *art; feat*

das **Kupfer**, des -s *copper*

die **Kuppel**, -n *arched (tree)top*

kurz, kürzer, der kürzeste *short, brief;* kurz,... *in short (in a word),...*

kürzlich *lately, not long ago (before), (just) recently [referring to a time more recent than that indicated by* neulich]

der **Kŭß**, Küsse *kiss*

küssen *kiss*

küßte *see* küssen

die **Kutsche**, -n *coach, carriage*

der **Kutscher** *coachman, driver*

die **Kutte**, -n *cowl, frock*

der **Kyffhäuser** [kĭf≠] *the Kyffhäuser, a forest-clad hill in Thuringia, in the depths of which Emperor Frederick Barbarossa is said to be awaiting the hour of deliverance*

der **Kyffhäuserberg** = Kyffhäuser

L.

laben *refresh;* sich **an** etwas *[dat.]* laben *regale one's self with...*

lächeln *smile*

lachen *laugh*

das **Lachen**, des -s *laughing, laughter*

lächerlich *ludicrous, ridiculous*

Lächerliches *ludicrous, ridiculous [Cf.* Besonderes.*]*

laden, lädt, lūd, geladen *load*

laden, lädet *or* lädt, lud *or* lädete, geladen *[originally a weak verb; cf. the alternative weak forms still found in the pres. and past] invite*

lāg *see* liegen

die **Lāge** *situation; exposure*

das **Lāger** *couch, bed*

lahm *lame*

der **Lakai'**, -en *lackey, footman*

die **Lampe**, -n *lamp*

der **Lampenhändler** *lamp dealer*

das **Lämplein** *little lamp;* das ewige Lämplein *the (little) "eternal lamp"*

das **Land**, ⸚er *[individually, but collectively = districts* Lande*; cf.* Wort*] land; country;* über Land *across the country; away from home*

die **Länderei'**, -en *estate, (landed) property*

der **Landesfürst**, -en *sovereign, ruler of the country*

die **Landesgrenze**, -n *border (of the state or country)*

das **Landhaus**, ⸗häuser [⸗nt⸗] *country house, villa*

die **Landkarte**, -n [⸗nt⸗] *(geographical) map*

die **Landleute** [⸗nt⸗] *see* Landmann

der **Landmann**, -(e)s, Landleute [⸗nt⸗] *peasant, countryman*

die **Landratte**, -n [⸗nt⸗] *(land) rat; landsman, landlubber*

die **Landschaft**, -en [⸗nt⸗] *landscape*

Landsleute [⸗nts⸗] *see* Landsmann

der **Landsmann**, -(e)s, Landsleute [⸗nts⸗] *(fellow) countryman, compatriot*

die **Landstraße**, -n [⸗nt⸗] *highway, road*

der **Landstreicher** [⸗nt⸗] *vagrant, tramp*

das **Landvolk**, des -(e)s [⸗nt⸗] *country people (folk); peasants*

der **Landwein**, -e [⸗nt⸗] *homegrown wine*

lăng, länger, der längste [ng *as in* singer] *long; see also* lange

länge *[or, after an acc. expressing duration,* lăng] *adv. long [of time only];* eine Stunde lang *for an hour;* mein Leben lang *my (whole) life long;* noch nicht lange saßen sie da, so sahen sie... *they hadn't been sitting there very long when (before) they saw...* [*cf.* währen]; *(for) a long time [often reënforced by* schon]; hatte schon lange gewünscht *had been wishing for a long time (now or already)*

die **Länge**, -n *length*

länger *comp. of* lang *or* lange; vor längerer Zeit *[rather (yet not really) a long time ago, i.e.,] some little time ago, quite a while ago [The comparative is often used (cf. elderly in English) to express a moderate degree that falls short of the pos.]*

der **Lăngfing(e)rige**, -n *the lightfingered fellow, thief*

der **Lănggeöhrte**, -n *long-eared chap; Bre'r Longears*

lăng'gezō´gen *long-drawn, prolonged*

lăngsăm *slow; leisurely*

längst *long since, long ago*

lăngweilen *bore;* sich langweilen *feel bored, have a dull time of it*

der **Lappen** *piece of cloth, rag*

der **Lärm**, des -(e)s *noise, din; alarm;* Lärm schlagen *sound the alarm; raise a racket*

lās *see* lesen

lāß *imper. sg. of* lassen

lassen, läßt, ließ, gelassen *(or, when preceded by a dependent infin., usually* lassen) *let; allow or cause someone or something [acc.] to do a thing;* er ließ mich (den Diener) dem Manne den Korb reichen *he let, had, or made me (the servant) hand the basket to the man;* 41, 21 er ließ dem Manne den Korb reichen *(he let or had someone [not specifically mentioned] hand the basket to the man, i.e.,) he had the basket handed to the man [cf. French faire];* 81, 16 ließ sich... ein alter Graben erkennen... *an old ditch [let the observer recognize it, i.e.,] could be made out; leave;* ich ließ den Regenschirm in der Ecke **stehen** *(cf. 74, 17) I left my umbrella **standing** in the corner;* 41, 16 *let go, part with, sell*

 läßt *see* lassen

 läßt *see* lassen

die **Last**, -en *load, burden*

das **Lätern´chen** [⸗er⸗ *as in ferry*] *little lantern*

die **Läter´ne**, -n [⸗er⸗ *as in ferry*] *lantern*

das **Laub**, des -(e)s *foliage, leaves*

der **Laubengang**, ⸗gänge *arbored walk, shaded (shady) walk*

der **Laubfrosch**, ⸗frösche [laup⸗] *tree toad*

das **Laubwerk**, des -(e)s [laup⸗] = Laub *foliage*

die **Lauer** *ambush, lookout;* sich auf die Lauer legen *(go to) lie in wait (to see what will happen)*

der **Lauf**, des -(e)s *course*

 laufen, läuft, lief, ist gelaufen *run [Cf. rennen.]*

 läufst *2nd pers. sg. pres. ind. of* laufen

 läuft *see* laufen

die **Laune**, -n *humor, temper*

 lauschen *listen intently (to dat., or* auf + *acc.)*

 laut *loud; aloud*

 lauten *sound; run; be worded*

 läuten *ring [tr. or intr.]*

 lauter *[invariable]* = nichts als *mere(ly), nothing but*

mein **lēbelang** = mein Leben lang *see* lange

 leben, *be alive*

das **Leben** *life;* das Leben lassen *lay down (lose) one's life*

das **Le´bensēlixier´**, -e *[-ens,* NOT *-enz] elixir of life* die **Le'bensgefähr'tin**, -nen *[-ens,* NOT *-enz] (female) companion for life, wife*

der **Lebenslauf**, ⸗läufe *[-ens,* NOT *-enz] (earthly) career*

das **Lebenslicht**, -er *[-ens,* NOT *-enz] candle of life, taper*

der **Le'bensun'terhalt**, des -(e)s *[-ens,* NOT *-enz] support, living*

    leblos [b = p] *lifeless, inanimate, dead*

    lechzen *be parched with thirst*

    lechzend *parched and lolling (out for thirst)*

    ledern *(made of) leather*

    leer *empty, destitute, deserted*

    leeren *empty (out)*

    legen, legte, gelegt *lay, laid, laid;* sich legen *lie down (flat);* sich aufs Bitten legen *resort to entreaty*

das **Lēgītīmātiōns'päpier'**, -e *[⸗māziōns'⸗ (-ns,* NOT *-nz);* päpier *with two syllables] (paper furnishing) proof of identity, passport*

der **Lehmboden**, des -s *clay soil*

die **Lehmhütte**, -n *clay-chinked hovel*

    lehnen *lean*

der **Lehnstuhl**, ⸗stühle *armchair, easy-chair*

    lehren *teach [acc. of the person and acc. (or infin.* **without** *zu) of the thing taught];* sie lehrt mich stricken *she is teaching me* **to** *knit [Cf.* lernen.*]*

der **Lehrer** *(man) teacher*

die **Lehrerin**, -nen *(woman) teacher*

der **Leib**, -er *body*

das **Leib'gericht'**, -e *[līp-]* = Lieblingsgericht *favorite dish*

    leibhaftig [b = p] *incarnate, bodily, in person, personified;* leibhaftig vor Augen (stehen) *(see) staring one in the face*

    leicht *easy, light, slight; skillful; adv. easily, readily, likely*

    leichtfüßig *light-footed*

    leicht'geflü'gelt *light-winged*

    leiden, litt, gelitten *suffer (with some disease* an + *dat.; from, i.e., in consequence of, certain circumstances* unter + *dat.);* den Opfertod (er) leiden *lay down one's life*

    leider *alas! unfortunately, sad to say*

leidlich [leitₑ] *tolerable;* [*adv., also*] *fairly*

leihen, lieh, geliehen *lend*

der **Leinwandbeutel** [ₑntₑ] *linen bag*

Leipzig [z = ts] *Leipzig, after Berlin, Hamburg, and Munich the largest city of Germany, in the kingdom of Saxony; seat of the third largest German university (1913, 6000 students), founded in 1409; principal seat of the publishing trade in Germany*

leise [*drops the second* e *before the* e *of an inflectional syllable*] *soft, noiseless, gentle; low, hardly audible; hardly perceptible*

leiser *see* leise

leisten *perform; render [service]*

die **Leistung**, -en *performance*

die **Leiter**, -n *ladder*

lenken *turn, direct;* die Aufmerksamkeit auf sich lenken *attract (people's) attention*

lernen *learn;* ich lerne stricken *I am learning to knit [Cf.* lehren.]

lēsen, liest, lās, gelēsen *read; decipher, make out*

das **Lēsestück**, -e *selection for reading*

letzte, der, die, das *last, extreme;* in der letzten Zeit *lately, of late, recently; shortly before one's death*

der **letztere** [*or, often, without the def. art.,* letzterer] *the latter*

leuchten *shine, beam, glisten; light the path*

Leut' = Leute

die **Leutchen** [*pl. only*] *good people (folk) [Cf.* Krebslein.]

die **Leute** [*pl. only*] *people, persons, folk(s); servants, (hired) help (hands)*

das **Licht**, -er [*lights, but* -e *candles*] *light; candle*

das **Lichtchen** *little (tiny) light*

lieb *dear, precious; agreeable, pleasant;* der liebe Gott *the (good) Lord;* das ist mir lieb(er als...) *that pleases me (better than...)*

lieben *love*

lieber *comp. of* lieb; [*when used as comp. of* gern] *rather, by preference*

der **Liebesdienst**, -e *good office*

die **Liebesgābe**, -n *(charitable) gift*

liebgewinnen, gewann *(usually* gewönne) lieb', liebgewonnen [b = p] *come* *to like (love)*

liebgewonnen *see* liebgewinnen

lieblich, [b = p] *pleasant, lovely, charming, sweet*

das **Lieb'lingsgericht',** -e [b = p; -ings, NOT -ingz] = Leibgericht *favorite dish (food)*

das **Lieblingspferd,** -e [b = p; -ings, NOT -ingz] *favorite horse*

liebste, der, die, das [b = p] *superl. of* lieb

am **liebsten** [b = p] *superl. of the pred. adj. or the adv.* lieb; *[used as superl. of* gern*] most gladly; like best to (do the thing expressed by the verb); see* gern

das **Lied,** -er *song*

lief *see* laufen

liegen, lāg, gelēgen *lie, lay, lain; be situated*

lie'genbleiben, blieb lie'gen, ist lie'gengeblieben *remain lying, be left lying*

ließ *see* lassen

die **Linde,** -n *linden (tree)*

der **Lindenbaum,** ⸗bäume *linden tree*

die **Lindenlaube,** -n *linden arbor*

Lindow [ow *as in* know] *Lindow [a surname, pronounced as in German]*

link *left*

die **Linke,** *[gen. and dat. sg.]* -n *left (side, hand)*

links *on (at) the left (hand or side); (to) the left*

die **Lippe,** -n *lip*

die **List,** -en *cunning, craft(iness); ruse, trick*

listig *cunning, crafty*

litt *see* leiden

das **Lōb,** des -(e)s *praise*

lōb' = lobe

lōben *praise, commend;* da lobe ich mir...! *that's what I like! that's the thing for me!*

das **Loch,** ⸗er *hole*

locker *gay*

der **Lohn** [⸗e *in sense fees, wages*] *reward; pay*

Lŏndŏn *London*

lōs *loose, free;* los! *(one, two, three,) go! "here goes!";* der Unfug ist los *the mischief starts*

lōs *sep. pref. [expressing 1. direction, continuation, or intensity of action, 2. release] away; loose*

das **Lōs,** Lose *lot, destiny, fate*

löschen *extinguish; quench*

lōsdreschen, drischt los´, drosch *(or* drasch; *past subj.* drösche) los´, losgedroschen *thresh (thrash) away or hard*

Lose *see* Los

lösen *loosen, disentangle, release; obtain [by exchange or sale]*

lōsfiedeln, fiedelte los´, losgefiedelt *fiddle (scrape) away*

lōsgehen, ging los´, ist losgegangen *commence; fly at;* gerade auf einen losgehen *go (walk) straight up to a person*

lōshämmern, hämmerte los´, losgehämmert *hammer or pound away (at* auf + *acc.)*

lōslassen, läßt los´, ließ los´ losgelassen *release, set free, let one go; let go (of)*

lōsmachen, machte los´, losgemacht *unfasten, untie*

lōspeitschen, peitschte los´, losgepeitscht *whip away (at* auf + *acc.)*

drauf **lōsreden,** redete los´, losgeredet *talk on and on (at random)*

lōsgeschlāgen, schlägt los´, schlūg los´, losgeschlāgen *strike (pound, hit) away (at* auf + *acc.)*

lōsschmieden, schmiedete los´, losgeschmiedet *hammer away (at* auf + *acc.)*

lōsschreiben, schrieb los´, losgeschrieben *write away (carelessly)*

die **Lücke,** -n *gap, crack*

lūd *see* laden *or* einladen

die **Luft,** ¨e *air*

die **Luftblāse,** -n *(air) bubble*

lüften *lift, raise*

lūgen *peer, strain one's eyes*

der **Lump,** -e *or* -en *[lōomp] good for nothing fellow*

das **Lum´pengesin´del** *pack of ragamuffins (good for naughts)*

die **Lunge,** -n *[lōong-] lung, the lungs*

die **Lust,** ¨e *[lōost; pl. only in sense evil passions] desire, inclination (for* zu); ich hätte Lust, das zu tun *I should like to do that (so);* wenn er Lust hat *if he feels* *like it (takes the notion); pleasure, delight, joy;* es ist eine wahre Lust, sie zu sehen *it does one's heart good to see them*

lustig *[lōost-] merry, jolly*

M.

mach′ = mache

machen *make, do; see to it that (*daß*), hasten to (*daß*); play, act;* wie machen wir's? *how shall we manage (arrange) it?* was war da zu machen? *what was to be done in such a case?* das macht die Sonne, *or,* daß die Sonne scheint *that is because of the sun or because the sun is shining;* ich machte mir im Garten zu tun *I busied myself in the garden;* er machte Frankfurt zum Endziel... *he made Frankfort the extreme goal...* [*After* machen *the factitive object is expressed by* zu + *dat. rather than by a second acc. as in English.*]

machen's = machen es

mächtig *mighty, immense, huge, large*

das **Mädchen** [mătš] *girl*

das **Mädchenkleid, -er** [mătš] *girl's dress; pl. dresses of the girls*

măg *see* mögen

die **Măgd, ̈e** *maid(servant)*

mager *lean, thin*

magern = mager werden *see* abmagern

mahlen, mahlte, **gemahlen** *grind*

die **Mahlzeit, -en** *meal, repast;* seine Mahlzeit **halten** *take (eat) one's dinner (a meal)*

mahnen *urge*

der **Main** *the Main, a tributary of the Rhine*

die **Mājestā̆t′, -en** [j = y] *majesty; [in titles] Majesty*

māl *see* einmal

das **Māl, -e** *time [= instance, occasion; cf. French la fois];* mit einem Male *all at* *once, all of a sudden; all at the same time*

man *[nom. sg. only; cf. on in French] one, somebody, a person (body), "you"; "they," people [N.B. A sentence with* **man** *is often best rendered by the passive.]*

mancher, manche, manches *many a, [pl.] some, many [not all]; subst. many a man (woman, thing) [manch refers to individual units,* viel *to quantity; the latter is contrasted with* wenig, *the former with* all.*]*

man´cherlei´ *[invariable] adj. various, different*

manchmāl *many a time, many times, often, frequently; sometimes*

das **Mandelauge**, -s, -n *almond-shaped eye*

der **Mangel**, ⸚ *lack, want, scarcity (of* an + *dat.); defect*

der **Mann**, ⸚er *man; husband*

das **Männchen** *little man*

das **Männlein** *little man*

männlich *masculine, manly*

der **Mantel**, ⸚ *cloak*

das **Märchen** *fairy tale; story*

die **Mär(e)**, -n *old tale (story, tradition)*

Mārie´ *Mary*

die **Mark** *[pl.* Mark, *of a lump sum;* Markstücke, *of individual coins] mark [The monetary unit of the German Empire; = $.24; abbreviated ℳ without a period.]*

der **Markt**, ⸚e *market, fair*

der **Märställ**, -ställe *(royal or) princely stables*

die **Märznacht**, -nächte *March night*

die **Mäsche**, -n *mesh*

mäß *see* messen

die **Masse**, -n *mass; substance*

der **Mātrō´se**, -n *sailor, seaman*

matt *dim, feeble, faint*

Matthī´as *Matthew, Matthias*

die **Mauer**, -n *wall [of a building or city]*

der **Mauerrest**, -e *remnant (pl., also remains) of a wall* das **Maul**, Mäuler *mouth [of an animal]*

die **Maus**, Mäuse *mouse*

das **Mauseloch**, ⸗löcher *[in pl., ch as in* ich*] mousehole*

der **Maushund**, -e *mouse dog [in humorous or sarcastic reference to a cat]*

das **Meer**, -e *sea, ocean*

das **Mehl**, des -(e)s *meal, flour*

    mehr *[invariable] comp. of* viel *more; [after a negative also] (any) more, again, (any) longer, left*

    mehrere *[declined like the pl. of* dieser*] several*

    meiden, mied, gemieden *shun, avoid; abstain from*

die **Meile**, -n *mile [= about 4.6 miles in the United States]*

    mein, meine, mein *my*

    meinen *think [be of the opinion]; [also, express the opinion] remark; mean, refer to*

    meiner *gen. sg. of* ich *of me*

um **meinetwillen** *on my account (behalf)*

    meist *mostly, generally, for the most part*

    meiste, der, die, das *superl. of* viel *most*

die **Meister** *master [of his craft; a workman who has the right to employ journeymen and apprentices]*

die **Meisterhand**, =hände *master('s) hand*

    melden *state, report, announce; inform (one [dat.])*

    melken, melkt *(less usually,* milkt*),* melkte *(less usually,* molk*),* gemelkt *or* gemolken *(but ONLY* frisch gemolkene Milch *milk just from the cow) milk*

die **Melōdie'**, -n *[pl. four syllables] melody, air, tune*

die **Menge**, -n *(large) quantity (number); crowd*

der **Mensch**, -en *man [as distinguished from animals or supernatural beings], human being, [pl., also] people; fellow*

die **Menschenkraft**, ⸗kräfte *hand power*

die **Menschenmasse**, -n *crowd of people*

die **Menschenseele**, -n *human soul*

    merken *perceive, notice, observe; mark, remember, (bear in) mind;* genau auf etwas *[acc.]* merken *pay close attention to a thing;* sich *[dat.]* etwas merken *impress a thing on one's memory*

Merkendorf *Merkendorf, a little Bavarian town, not far from the river Altmühl*

Merkendorfer *adj. (of) Merkendorf [Cf.* Emdener.*]*

messen, mißt, maß, gemessen *measure; eye, scan, take in*

messingen [ng *as in singer*] *(of) brass*

Meyer *Meyer [a surname, pronounced as in German]*

mich *acc. sg. of* ich

die **Miene**, -n *air, look, expression*

die **Milch** *milk*

    mĭld *mild, gentle; charitable*

    mĭldern *soften; lessen (the force of)*

der **Mīnĭ´ster** *cabinet officer, prime minister*

die **Mīnū´te**, -n *minute*

    mīr *dat. sg. of* ich *[Often used to indicate interest or concern on the part of the speaker; in this case rendered by some such phrase as]* I want you to..., be sure you..., *etc.;* sei mir still *be still, will (won't) you?*

    mīr's *colloqu. contraction of* mir es, *used for* es mir

    mißglü´cken, mißglück´te, ist mißglückt´ *miscarry, fail*

    mißlin´gen, mißlang´, ist mißlun´gen *not succeed, fail, fall through*

    mißtrauisch *suspicious, distrustful*

der **Mißwachs**, des ⸗wachses [chs = ks] *poor harvest (crop), failure of (the) crops*

    mĭt *prep. [dat.] with*

    mĭt *adv. also, likewise*

    mĭt *sep. pref. [expressing 1. participation, 2. coöperation, 3. simultaneousness; merely the prep.* mit *without its object] along (with), together with; join in [the action expressed by the verb]*

    mĭtbringen, brăchte *(past subj.* brächte) mit´, mitgebrăcht *bring (along, with one)*

    mĭt´einan´der *with one another (each other), (taken) together;* das alles miteinander *all those things together*

    mĭtfechten, ficht mit´, focht mit´, mitgefochten *bear one's part in a battle*

    mĭtgebrăcht *see* mitbringen

    mĭtgefochten *see* mitfechten

    mĭtkommen, kām mit´, ist mitgekommen *come along (with)* das **Mītleid**, des Mitleid(e)s *pity, sympathy*

mītmachen, machte mit´, mitgemacht *participate (share, join) in*

der **Mītmensch**, -en *fellow man (being, creature)*

mītmüssen, muß mit´, mußte *(past subj.* müßte) mit´, mitgemußt *must (have to) go along too [Cf. last note on* wollen.*]*

mītnehmen, nimmt mit´, nahm mit´, mitgenommen *take along (with one)*

mītnich´ten *by no means, not at all*

mītsamt´ *[dat.] together with*

mītschleppen, schleppte mit´, mitgeschleppt *drag (lug) along (around) with one*

mītsingen, sang mit´, mitgesungen *[-zing-] join in singing*

der **Mīttāg**, -e *noon, midday;* zu Mittag *for dinner;* am hellen Mittag *at noon, in broad daylight*

das **Mīttāgessen** *dinner*

die **Mīttāg(s)stunde** *(hour of) noon*

mīttanzen, tanzte mit´, mitgetanzt *join in the dancing*

die **Mītte**, -n *middle, center*

das **Mīttel** *means; [pl.] resources, funds*

mīttels *[-els, NOT -elz] by means of [gen.]*

mītten *adv. in(to) the middle (of* an, auf, in, unter *[acc. if direction is expressed, otherwise the dat.])*

mītt´lerwei´le *(in the) meanwhile, all the (this) while*

mochte *see* mögen

möchte *see* mögen

mōgen, māg, mochte *(past subj.* möchte), gemocht *(or, if preceded by a dependent infin.,* mögen) *[conceding possibility] may; [but more usually expressing inclination, liking, or preference] like, care to, be glad to; [less brusque than the imper.] may, will please (be so kind as to);* er mochte wohl... liegen *he probably was lying...*

mōglich *possible*

der **Mohr**, -en *negro*

der **Mŏk´kākaf´fee**, des -s *Mocha coffee*

mollig *[colloqu.] pleasant, comfortable, snug and cosy*

der **Mōnat**, Mō´nate *month*

der **Mönchswald**, des -(e)s *the Monk's Wood*

der **Mōnd**, -e *moon*

    mōndhell [⸗nt⸗] *moonlight*

das **Moor**, -e *bog, swamp, marsh*

das **Moos**, Moose *moss*

    Moosbach *Mossbrook [name of an imaginary place]*

die **Mōrāl'** *moral, application*

    morgen *to-morrow*

der **Morgen** *morning;* eines Morgens *one morning [Cf.* Tag.]

der **Morgen** *[approximately an] acre [Cf.* Sack.]

das **Morgenland**, des -(e)s *land of the East, Orient*

die **Morgensonne** *morning sun*

    müde *weary, tired (of gen. or acc.)*

die **Mühe**, -n *[pl. is rare] trouble, difficulty; effort, exertion;* sich Mühe **geben** *take pains*

sich **mühen** *toil, struggle*

die **Mühle**, -n *(grist)mill*

das **Mühlenwehr**, -e *milldam*

der **Mühlstein**, -e *millstone*

    mühselig [*if emphatic,* müh´se´lig] *laborious; full of trouble, wretched*

der **Müller** *miller*

der **Müller**⸗ 65,17 = Müllergesell(e) *[Cf.* Ober⸗]

der **Müllergesell(e)**, ⸗gesellen *journeyman miller*

der **Mund**, -e *or* ⸚e(r) *mouth;* reinen Mund halten *keep mum, not tell a soul, keep one's mouth shut*

die **Münze**, -n *coin*

die **Mūsīk'** *[moo-] music*

    mūsīkā'lisch *[moo-] musical; fond of music*

der **Mūsīkant'**, -en *[moo-] (strolling) musician, (street) fiddler*

    mūß *see* müssen

    müssen, mūß, mūßte *(past subj.* mǖßte), gemūßt *(or, if preceded by a dependent infin.,* müssen) [müssen *expresses physical or moral compulsion, or necessity] must, be obliged (forced, compelled) to, have to;* ich mußte weinen *I had to cry, I couldn't help crying [Cf. last note on* wollen.*]*

müßt *2nd pers. sg. pres. ind. of* müssen

müßt *see* müssen

müßte *see* müssen

müßte *see* müssen

der **Musterbaum**, ⸗bäume *model tree, garden tree*

der **Mūt**, des Mut(e)s *courage; mood, frame of mind*

die **Mutter**, ⸚ *mother;* die Mutter Gottes *Our Blessed Lady, the (Holy) Virgin (Mary), the Madonna*

die **Mütze**, -n *cap*

der **Mynheer**, -s, -s [mĭnhēr´] *facetious substitute for* Holländer *Dutchman*

N.

nă *well,...; well then,...; now then,...*

năch *prep. [dat.] after; [direction, motion, or effort] to, toward, for, at [always used before names of countries or cities with intr. verbs expressing motion]; [manner or measure] according to*

năch *sep. pref. [expressing pursuit or following of an object in the dat.] after*

der **Nachbār**, -s *or* -n, -n *neighbor [man]*

die **Nachbārin**, -nen *neighbor's wife, woman next door*

năchdēm´ *[always followed by transposition] after*

năchdenklich *thoughtful, reflective, meditative, grave, serious, critical*

năchgeben, gibt nach´, gāb nach´, nachgegeben *give (way), yield, bend*

năchgehen, ging nach´, ist nachgegangen *follow (after)*

năchhēr´ *[for contrast,* nāch´hēr*] after that, afterward; then, subsequently; later (on)*

năchlässig *negligent, careless*

der **Năchmittāg**, -e *afternoon*

die **Năchmittāgstunde**, -n *hour in the afternoon*

năchsehen, sieht nach´, sah nach´, nachgesehen *[dat.] gaze after, follow with one's eyes*

năchste, der, die, das [ch *as in* ich] *superl. of* nah *nearest, next;* nächster Tage *one of these days, shortly*

năchsteigen, stieg nach´, ist nachgestiegen *[dat.] climb after*

die **Nacht**, ⸚e *night*

nacht *(in the) night [used in adv. phrases after* gestern, heute, morgen, *or the name of a day]*

das **Nachtlāger** *night's rest; night's lodging*

nächtlich *nocturnal*

nächtlings *[-s, NOT -z] by night*

nachts *at (by, during the) night*

nackt *naked, bare; without covers*

nadeln *ply the needle*

nah, näher, der nächste [ch *as in* ich] *near, close [dat.];* nah(e) an *close to*

nahe *[pred. adj., or adv.]* = nah

die **Nähe** *nearness; vicinity, neighborhood;* in der Nähe *(+ gen.) close by, near;* in unserer Nähe *near us*

nähen *sew*

näher *comp. of* nah

sich **nähern** [ich nähere] *come nearer (closer), approach [dat.]*

nahm *see* nehmen

die **Nahrung**, -en *food, nourishment*

der **Name**, -ns, *[dat. and acc. sg. and all cases of the pl.]* -n *or*

der **Namen**, *name;* in Gottes Namen *just as you like, for aught (all) I care, well and good, for heaven's sake; heaven help me (us)! here goes!*

namens *[-ens, NOT -enz] by the name of, named*

die **Namensunterschrift**, -en *[-ens, NOT -enz] signature*

nämlich *[always adding an explanation necessary to complete understanding of the situation] namely; that is (to say); you see; you must know (understand); the fact is (that); what he did was (to)...*

nannte *see* nennen

der **Napfkuchen** *poundcake*

Napŏ´lĕŏn *[Avoid English or French pronunciation!] Napoleon I (1769–1821)*

die **Narbe**, -n *scar, gash*

närrisch *foolish; odd, crazy*

die **Nāse**, -n *nose*

näß, nässer *or* nasser, der nässeste *or* nasseste *wet; damp, moist*

die **National´hymne**, -n [nāzĭōnāl´hŭmne] *national anthem*

die **Nātūr´**, -en *nature;* in die freie Natur heraus *out into the open country;* **von** Natur *by nature, naturally*

der **Nātūr´**= 90, 2 = Naturfreund *[Cf.* Ober=*]*

der **Nātūr´freund**, -e *lover of nature*

    nātūr´lich *natural; [adv.] naturally, (as a matter) of course*

der **Nēbel** *mist, (sea) fog*

    nēben *[dat. in answer to the question: at what place? acc. in answer to the question: whither?] by (at) the side of, beside*

    nebst [nēpst] *besides, (together) with*

    nehmen, nimmt, nahm, genommen *take (from dat.);* den Schwanz zwischen die Beine nehmen *tuck...;* das Wort nehmen *see* ergreifen; Woher dies alles nehmen? *Where was I to get all this?*

der **Neid**, des -(e)s *envy; jealousy*

    neidisch *envious, jealous (of* auf + *acc.)*

    neigen *incline (to* zu*)*

    nein *no*

    nennen, nannte *(past subj.* nennte*)*, genannt *name, call (by* bei*);* das nenne ich laufen *that's what I call **running** [*nennen *requires the acc. of the pers. and (unless* bei *is used) also of the name given; in the passive both the pers. and the name given stand in the nom.]*

das **Nest**, -er *nest; (wretched) hole, (small,) insignificant place*

das **Netz**, -e *net, fishing net*

    neu *new, fresh;* aufs neue *anew, afresh, once more;* von neuem = aufs neue

das **Neue**, des -n *the (that which is) new; innovation*

die **Neuerung**, -en *innovation, (recent) change*

    Neues *new thing, what is new [Cf.* Besonderes.*]*

die **Neugier** *curiosity*

    neugierig *inquisitive, curious*

das **Neujahr**, -e *New Year('s Day)*

    neulich *recently, lately; the other day*

    nicht *not [If* nicht *modifies only one element of the sentence, it immediately precedes this; if it modifies the whole pred., it stands as near the end as may be, but invariably precedes a sep. pref. or the infin. or past part. of a compound tense, and regularly precedes a pred. noun or adj. or an adv. phrase of place or manner.]*

    nichts *[invariable] nothing, not anything (but* als*)*

    nicken *nod;* **mit** dem Kopfe nicken *nod one's head*

nie *never (at any time)*

nieder *sep. pref. [expressing direction or motion downward] down*

niederbeugen, beugte nie´der, niedergebeugt *bend (bow) down*

niederdrehen, drehte nie´der, niedergedreht *turn down*

niederfallen, fällt nie´der, fiel nie´der, ist niedergefallen *fall (drop) down (to the ground)*

niedergeschlāgen *participial adj. dejected, cast down, "down in the mouth"*

niederknie(e)n, kniete nie´der, ist niedergekniet *kneel down*

niederlassen, läßt nie´der, ließ nie´der, niedergelassen *let down, lower;* sich niederlassen *sit (settle) down*

niederlegen, legte nie´der, niedergelegt *lay down;* sich niederlegen *go to bed, lie down*

niederschlāgen, schlägt nie´der, schlūg nie´der, niedergeschlāgen *depress, grieve, discourage*

niedrig *low*

niemāls *[-ls, NOT -lz] never, at no time*

niemand *[gen.* niemand(e)s, *dat.* niemand(em), *acc.* niemand(en); *no pl.] nobody, no one, none*

niesen *sneeze [Cf. Job xli, 18, A. V.]*

nimm *imper. sg. of* nehmen

nim′mermehr´ *never (at all), not now or ever*

das **Nimmerwie´dersehen**, des -s; auf Nimmerwiedersehen *never to meet again, never to be seen again; "farewell forever!"*

nippen *sip (acc. or* an + *dat.)*

nirgends *[≠nts] nowhere, not anywhere*

die **Nixe**, -n *nixie*

noch *adv. still, yet, even; as yet; as late as, no longer ago than; any more, from now on; as late as all this (that), late as it is (was); often = before the occurrence of something expressed or implied in the context, e.g., before setting out, going to bed, etc.;* noch heute *this very day; besides, in addition (to that);* noch ein´mal *once more;* noch kein *not yet a(ny);* noch nicht (nie) *not yet, never before (yet);* noch heute nicht *not to this day;* wie lange noch *how much longer*

noch *conj. nor;* weder... noch ... *neither... nor...*

der **Norden**, des -s *north [In German the def. art. is omitted before the names of* *the points of the compass in adv. phrases expressing direction.]*

der **Nordwest'**, des -es *[nŏrtvest']* *northwest [Cf. Norden.]*

normāl' *normal, regular*

die **Nōt**, ⸚e *need, want, distress; trouble, danger, difficulty;* mit knapper Not *with great difficulty, only just, barely, by a hair's breadth, in the nick of time*

nōt tun *[impers.] be needful (necessary)*

nötig *needful, necessary, essential*

das **Nötige**, des -n *that which is necessary (needful, essential)*

nötigen *urge; compel;* sich nötigen lassen *[make people urge one =] have to be urged, wait to be urged*

nōtwendig *[also* nōtwen'dig*] necessary, essential;* etwas notwendig brauchen *need a thing urgently*

nūn *adv. now [because of, or after, what has happened, under these circumstances];* so saß ich nun dort *so then I was sitting there; [at the beginning of the sentence, set off by a comma, and without effect on the order of words] well*

nūn *conj. [always followed by transposition]* = da... nun *now that*

nūn'meh'rig *present, now living*

nūr *only, but, simply, barely, just; [generalizing] ever;* so weit wie nur möglich *as far as (ever is) possible;* was nur der Minister denkt! *what in the world is the prime minister thinking of!*

Nürnberg *Nuremberg, an important industrial city of Bavaria, with numerous buildings and works of art that date back three to six centuries*

die **Nußschāle**, -n *nutshell*

nütze *pred. adj. useful (for* zu*)*

der **Nutzen**, des -s *profit, advantage;* aus etwas Nutzen ziehen *derive advantage from (profit by) a thing*

O.

o *[or, when immediately followed by a comma or an exclamation point,* oh*]* O, oh; o ja! *oh yes!* o nein! *oh no!*

ob [ŏp] *(to see) whether; if [always followed by transposition];* als ob *as if, as though [+ subj.]*

oben *above; overhead; aloft; at the top (mouth); up (here, there);* bis oben *up to the top;* nach oben *up(ward)*

der **Ober-** 29, 3 = der Obersee *When two successive compounds have the same final component, this is frequently printed only in the second word, its omission in the first word being indicated by the hyphen.*

der **Obersee,** des -s *Upper Lake*

oberste, der, die, das *highest; chief, head [armorer, etc.]*

obgleich´ [ŏp-] *although [always followed by transposition. A following independent clause is regularly introduced by* so *and reënforced by* doch *nevertheless.]*

ob's [ŏps] = ob es

obschon´ [ŏp-] = obgleich *(al-)though [always followed by transposition];* obschon Ihr ein großer Herr seid *great lord as (though) you are*

das **Obst,** des -es [ōpst] *fruit*

obwohl´ [ŏp-] = obgleich *although [always followed by transposition]*

ōder *[without effect on the order of words] or*

der **Ōfen,** ¨ *stove; oven*

offen *open*

öffentlich *public*

öffnen *open;* sich öffnen *open; look out (on* auf + *acc.)*

die **Öffnung,** -en *opening*

oft, öfter, am öftesten *often, frequently, many times*

öfters *[-rs, NOT -rz] (rather, pretty) often or frequently, repeatedly*

oftmals *[-ls, NOT -lz]* = oft *often(times), frequently, repeatedly*

oh *see* o

ohne *[acc.] without;* er ritt fort, ohne mich zu bezahlen *(or* ohne daß er mich bezahlte) *he rode away without paying me; but ONLY* **er** ritt fort, ohne daß **ich** ihn bezahlte *he rode away without my paying him*

die **Ohnmacht**, -en *faint(ing fit), swoon*

das **Ohr**, -(e)s, -en *ear*

das **Öl**, -e *oil*

das **Ölfläschchen** *little oil flask*

die **Öllampe**, -n *oil lamp*

der **Onkel** *uncle*

das **Opfer** *sacrifice*

der **Opfertod**, des -(e)s *sacrificial death*

ordentlich *decent, respectable, proper, good; regular, real; [adv.] actually, positively, with a vengeance*

der **Orgelmann**, ⸗männer *organ grinder, hand-organ man*

der **Ort**, -e *[occasionally* ⸚er*] place, spot*

die **Ortschaft**, -en *(inhabited) place, village, township*

der **Osten**, des -s *east [Cf. Norden.]*

österreichisch *Austrian*

Ost′fries′land *[-sl-, NOT -zl-] East Friesland, a district on the North Sea at the extreme northwestern corner of Germany; 1810–1815 under French rule*

P.

ein **paar** *[neither* ein *nor* paar *is infl. in this phrase]* = einige *a few, "a couple of"*
das **Paar**, -e *pair [Cf.* Sack.*]*
    packen *pack, load, hoist;;* sich packen *pack off;;* packt euch! *be off! clear out!*
    Palmberger *[pronounce the* l *!] Palmberger [a surname]*
das **Păpier´** *[two syllables]*, -e *(piece of) paper; [pl.] papers, documents, passport*
der **Păpier´schirm** *[three syllables]*, -e *paper (lamp)shade*
    Parīs´ *[-rēs] Paris*
der **Park**, -e *park*
    passen *suit, fit, apply (to* auf + *acc.) [intr.], be suitable (convenient);* das paßt *that's just the thing; see also* aufpassen
    passie´ren [ist passiert´] *happen, occur, take place; befall (one dat.)*
    passiert´ *see* passieren
    păßt(e) *see* passen
der **Pastŏr**, -s, Pastō´ren *pastor, minister; vicar*
der **Pate**, -n *godfather; godson*
das **Pa'tengeschenk´**, -e *(godparent's) christening gift*
    Paul *[rhymes with owl] Paul*
das **Pech**, des Pech(e)s *pitch*
die **Pensĭōn´**, -en [e *as in French* en, s *like English* z (or s)] *pension; boarding house*
    Pēter *[Avoid English pronunciation!] Peter*
das **Pētrō´lēum**, des -s *[Rosegger says that at first the word was accented on the third syllable] petroleum; kerosene*
die **Pētrō´lēumlampe**, -n *oil (kerosene) lamp*

Pētrus *[the apostle] Peter*

der **Pfahl**, ⸚e *stake, post, picket*

die **Pfanne**, -n *pan*

der **Pfarrer** *parson, minister, pastor*

die **Pfeife**, -n *pipe*

das **Pfeifen**, des -s *whistling*

der **Pfeifenkopf**, ⸚köpfe *bowl (of a pipe)*

der **Pfeil**, -e *arrow*

das **Pferd**, -e *horse*

der **Pferdefuß**, ⸚füße *horse's foot (hoof)*

das **Pfingsten**, des -s *(also fem.) Whitsuntide, Pentecost*

die **Pfirsich**, -e *or*

der **Pfirsich**, -e *or*

die **Pfirsiche**, -n *peach*

    pflanzen *plant*

das **Pflaster** *pavement*

die **Pflaume**, -n *plum, prune*

die **Pflege** *care, attention*

    pflegen *[with zu + infin.] be accustomed (to), be in the habit (of)*

die **Pflicht**, -en *duty*

der **Pflock**, ⸚e *peg*

der **Pflug**, ⸚e *plow*

das **Pfund**, -e *pound;* auf ein Pfund gehen nur acht *it takes only eight to make a pound [Cf. Fuß.]*

der **Pilz**, -e *toadstool, mushroom*

der **Pips**, des Pipses *pip*

die **Pistō′le**, -n *pistol*

die **Plackerei′**, -en *drudgery*

    plāgen *plague, harass, trouble, torment, worry*

der **Plān**, ⸚e *plan, scheme*

die **Planke**, -n *plank, (thick) board*

der **Platz**, ⸚e *place; spot; room;* Platz nehmen *take a seat, sit down;* Platz da! *make* *room there! stand aside!*

das **Plätzchen** *small (little, snug, cosy) place, spot, or seat*

plaudern *chat*

plötzlich *sudden; [adv., also] all of a sudden*

plündern *plunder, pillage*

pochen *knock, rap;* es pocht *there is a knock, somebody is knocking*

das **Pochen**, des -s *knocking, pounding, thumping*

pōlī´tisch *political*

das **Pōlīzei´amt**, -ämter *police station*

possier´lich *droll*

die **Pŏst**, -en *stagecoach; post; mail;* **mit der** Post *by post (mail)*

der **Pŏsten** *sentry*

prächtig *splendid, magnificent, glorious*

der **Prāter** *the Prater [pronounced as in German!], a large park in the suburbs of Vienna, extending some three miles along the Danube*

der **Preis**, Preise *price*

preisen, pries, gepriesen *praise, sing the praises of*

pries *see* preisen

priesen *see* preisen

die **Prinzes´sin**, -nen *princess*

der **Pūdel** *poodle*

der **Puls**, Pulse *pulse (beat)*

putzen *clean; decorate, adorn, dress, deck out*

Q.

die **Quāl**, -en *(intense) pain; torture, agony*
    quälen *torment; pester, harass, plague*
    quellen, quillt, quoll, ist gequollen *well, flow*
    quoll *see* quellen

R.

der **Rabe**, -n *raven*

    rabenschwarz; *raven black, jet-black*

    rächen *avenge;* sich rächen *revenge one's self, take revenge, wreak vengeance (upon* an + *dat.)*

der **Rahmen** *(window) frame*

der **Rand**, ⸚er *edge, rim, brim;* bis oben an den Rand *clear up to the top [of a sack] or the brim [of a cup]*

    rannte *see* **rennen**

der **Ranzen** *knapsack*

    rar *rare; exquisite*

    rasch *quick, prompt, rapid*

    rascheln *rustle*

    rasen [ist gerast] *rush madly*

der **Rasen** *sod, turf*

    rasend *furious, mad, frantic*

die **Rasenfläche**, -n *grassplot, lawn*

    rasten *[stop and] rest [and (usually) then resume]*

der **Rat**, [⸚e, *for which is usually substituted*] Ratschläge *counsel, (piece of) advice*

    raten, rät, riet, geraten *advise (one dat. to* zu*)*

der **Ratgeber** *counselor, adviser*

das **Rathaus**, ⸗häuser *city (town) hall*

die **Rathausbrücke**, -n *bridge before (leading to) the city hall; City Hall Bridge*

das **Ratsfeld**, des -(e)s *council field*

der **Ratsherr**, *[gen., dat., acc. sg.]* -n, -en *member of the city council, alderman* der **Rauch**, des -(e)s *smoke*

    rauchen *smoke [tr. or intr.]*

    rauchlos *smokeless*

    rauh *harsh, hoarse*

der **Raum**, Räume *space*

der **Rausch**, Räusche *(fit of) intoxication, ecstasy*

    rauschen *[ist gerauscht when direction is expressed] swish, rustle, roar*

sich **räuspern** *clear one's throat*

    rechnen *calculate, reckon (up); count, depend, rely (on* auf + *acc.)*

die **Rechnung**, -en *account, bill*

    recht *right [contrasted with both left and wrong]; correct; real, genuine;* wie du es schmiedest, wird's recht... *it will be sure to be right; [adv., also] fully, exactly; [colloqu. =* sehr; *cf. colloqu. use of 'right'] very;* **recht haben** *be right [Cf. French* avoir raison*]*

der **Rechte**, -n *the right man (one); the one I have been looking for (want)*

die **Rechte**, *[gen. and dat. sg.]* -n *right (hand, side)*

    rechts *on (at) the right (hand or side); (to) the right*

der **Rechtsanwalt**, ⸗wälte *or* ⸗walte *lawyer, attorney*

    rechtzeitig *in (the nick of) time, at the right time*

    recken *stretch*

die **Rede**, -n *speech; words, remarks*

    reden *speak, talk*

die **Redensart**, -en *[-ens, NOT -enz] (mode of) expression, phrase*

    redlich [rēt⸗] *honest, fair*

der **Regen** *rain*

der **Regenschirm**, -e *umbrella*

das **Regenwasser**, des -s *rain water*

die **Regie´rung**, -en *reign, rule, government*

die **Regiments´megä´re**, -n *regimental fury (scold)*

    regnen *rain*

    reiben, rieb, gerieben *rub*

    reich *rich, wealthy; abundant*

der **Reiche**; (kein) Reicher; *[pl.]* Reiche; die (keine) Reichen *rich man; [pl.] rich*

(folk, people)

reichen *reach; present, pass, hand, give*

reichlich *rich, ample, abundant*

der **Reichtūm,** ⸗tümer *riches, wealth*

reif *ripe*

Reih' = Reihe

die **Reihe,** -n *row, line, rank*

die **Reihenfolge,** -n *succession, order*

rein *pure, clean*

die **Reineclaude,** -n [răneklō′de] *greengage*

die **Reise,** -n *journey, trip*

reisen [ist gereist *when direction is expressed*] *travel, journey, go;* reise(n Sie) glücklich! *a safe journey to you!;* reise(n Sie) mit Gott! *God speed you!*

reißen, rīß, *[intr.,* ist] gerissen *tear, pull, snatch; [intr.] tear, get torn, break*

reiten, ritt, *[when direction is expressed,* ist] geritten *ride [on the back of some animal]*

das **Reiten,** des -s *riding (on horseback)*

der **Reiter** *horseman, rider*

reizend *charming, attractive*

der **Rēlātiv′satz,** ⸗sätze [v = *f] relative clause*

rennen, rannte *(past subj.* rennte), *[when direction is expressed,* ist] gerannt *run, rush, race [*laufen *is used of animate or inanimate objects and denotes a less degree of speed than does* rennen, *which is used only of animate creatures.]*

der **Renner** *courser, racer*

retten *save*

die **Reue** *regret, repentance*

Reuter *(Heinrich Ludwig Christian Friedrich, known as) Fritz Reuter (1810–1874), an exceedingly popular humorist who wrote in the Low (i.e., North) German dialect. After Reuter, a native of Mecklenburg-Schwerin, had been condemned to death in 1833 on the (false) charge of plotting high treason against Prussia with certain fellow students at the University of Jena, his sentence was commuted to thirty years' imprisonment; but in 1839 he was surrendered by Prussia to his native state and in 1840 was given his freedom.*

der **Rhein**, des -(e)s *the Rhine*

der **Rheinstrōm**, das -(e)s *the river Rhine*

der **Rheinwein**, -e *Rhine wine*

der **Richter** *judge*

    richtig *right, correct; [adv., also] quite so; in due course; sure enough; as (he had been) told*

    rieb *see* reiben

    riechen, roch, gerochen *smell*

    rief *see* rufen

der **Riegel** *bolt; bar*

    riegeln *bolt*

die **Riesenfaust**, ⸗fäuste *giant fist*

die **Riesenfichte**, -n *giant spruce (tree)*

    riesig *gigantic, huge*

    riet *see* raten

    rings´ŭm´ *[-ngs, NOT -ngz] all around; on all sides*

    riß *see* reißen

    ritt *see* reiten

der **Ritt**, -e *ride (on horseback)*

    roch *see* riechen

der **Rock**, ⸚e *coat; skirt [cf. petticoat]*

das **Rohr**, -e *tube;* = Schilf *reed*

der **Rohrpfeil**, -e *reed arrow*

    rŏllen *[intr.; ist gerollt when direction is expressed] roll; rumble*

das **Rŏllen**, des -s *rolling*

    Rosegger *Peter Rosegger (1843-), a native of Styria, apprenticed as a youth to a traveling tailor, under whom he worked in the homes of the people in his mountainous native district. This experience furnished material for many of his tales.*

das **Rŏß**, Rosse *horse, steed [A somewhat choicer word than* Pferd*]*

    rōt, rōter *or* rŏter, der rōteste *or* rŏteste *red*

der **Rōtbārt**, ⸗bärte *red beard; red-bearded man;* Friedrich der Rotbart *Frederick the First, called by the Italians Barbarossa, "the Redbeard" (1123–1190), who* *lost his life in Asia Minor in the Third Crusade*

Rübezahl *Rübezahl, a mountain sprite of the Riesengebirge (on the border between Bohemia and Silesia), benevolent toward the poor and needy, but stern and unrelenting toward the avaricious*

rücken *move, remove, push, draw*

der **Rücken** *back*

die **Rückkehr** *return (journey)*

rücklings *[-s, NOT -z] (over) backward*

rückwärts *(along) backward*

der **Rūf**, -e *cry, shout, call*

rūfen, rief, gerūfen *cry (out), exclaim, call, shout; call, summon, send for*

das **Rūfen**, des -s *shouting*

die **Ruhe** *rest, quiet; peace*

ruhen *rest; sleep*

ruhig *quiet, calm; cool (and collected)*

rühmen *commend, praise, speak highly (in praise) of*

rühren *touch, move, affect [the emotions]*

rührend *pres. part. of* rühren

die **Rührung**, -en *(deep) emotion*

der **Rük≠ken** = Rücken [ck *is printed or written as* k≠k *when divided at the end of a line.*]

das **Rumpeln**, des -s *thumping*

rund *round; plump, fat*

runzeln *wrinkle*

rußen *(produce) soot, smoke*

der **Rüstmeister** *armorer*

rutschen [ist gerutscht] *slide, slip;* rauschen und rutschen *swish and slish, rustle and slip*

rütteln *shake [in an effort to loosen];* an einer Tür rütteln *rattle a door*

S.

's = es *(or, less frequently,* das)

der **Saal**, Säle *hall, large room*

der **Säbel** *saber, cutlass*

die **Sache**, -n *thing; affair, matter; (legal) case*

    Sachsen [chs = ks] *Saxony, the smallest of the four kingdoms among the states of the German Empire, but a densely populated and very important industrial region*

der **Sack**, ⸚e *sack, bag;* 18, 21 die schweren Säcke Korn *[After a noun of measure an unmodified noun representing the commodity measured is used as an appositive, one modified by an adj. either as an appositive or in the gen.]*

    saftig *juicy*

    säg' = sage

die **Säge**, -n *saw*

    sägen *say, tell [to be distinguished from* erzählen = *tell, i.e., give an account];* ... sagte ich mir *I reasoned [DAT. of person to whom the remark is made, preceded by* zu *if the exact words of the speaker are quoted]*

    sah *see* sehen

die **Salbe**, -n *ointment, salve*

    salben *rub with oil (ointment, salve)*

    Sālōmō [zah'-] *Solomon*

das **Salz**, -e *salt;* Salz und Brot *bread and salt*

    sammeln *gather, collect (money for...)*

der **Sămstăg** -e *[-ms, NOT -mz] Saturday [used in southern Germany in place of* Sonnabend; *cf.* Sonntag.]

    samt *[dat.] together with*

der **Sand**, -e *sand*

    sandig *sandy*

    sanft *gentle*

    sang *see* singen

    sank *see* sinken

    sann *see* sinnen

    säß *see* sitzen

    satt *satisfied; satiated, full;* etwas satt haben *be tired (sick) of a thing*

    sättigen *satisfy, appease a person's hunger*

der **Sattlergesell(e)**, ╼gesellen *journeyman saddler*

der **Satz**, ⸚e *sentence, clause*

    sauber *trim, well kept; [ironical] neat, pretty, fine*

    sauer *sour; troublesome, harassing, hard;* es sauer haben *have a hard time (of it)*

das **Sauerkraut**, des -(e)s *sauerkraut*

    sausen *[ist gesaust when direction is expressed] whistle, roar, bluster, howl; whiz*

das **Sausen**, des -s *roar(ing noise) [as something passes rapidly]*

der **Schaden**, Schadens, *[dat. and acc. sg.]* Schaden, *[pl.]* Schäden *damage, harm, loss;* es soll nicht (zu) dein(em) Schaden sein *it shall not be (for, i.e., result in) your loss, you shall not regret (lose anything by) it;* mit Schaden verkaufen *sell at a loss*

die **Schadenfreude** *malicious joy [at the misfortune of others]*

    schaffen *provide, procure, get, get ready; work*

der **Schaft**, ⸚e *shaft; (boot)leg*

die **Schāle**, -n *bowl, dish*

die **Schălmei'**, -en *(shepherd's) reed (pipe)*

    schalt *see* schelten

    schäm' = schäme

sich **schämen** *be (feel) ashamed (of gen.,* über + *acc., or* wegen); schäme dich! *shame on you! for shame!*

    schărf, schärfer, der schärfste *sharp; pointed, keen*

der **Schatten** *shade, shadow*

der **Schatz**, ⸚e *treasure;* einen Schatz heben *dig up a hidden treasure*

der **Schatzgräber** *treasure seeker*

    schaudern *shudder;* es schaudert mich *or* mich schaudert *it makes me shudder, I shudder [Cf. note on* angst.*]*

    schauen *look, peer, gaze*

der **Schauer** *shudder*

der **Schaum**, Schäume *foam; bubble;* Träume sind Schäume *dreams are froth (idle fancies, mere shadows)*

das **Schauspiel**, -e *scene, sight, spectacle; play*

    scheel *squint-eyed; envious, jealous*

der **Scheffel** *bushel (measure)*

die **Scheibe**, -n [= Fensterscheibe] *windowpane*

der **Schein**, des -(e)s *(shining) light, glimmer*

    scheinbār *seeming, apparent, ostensible*

    scheinen, schien, geschienen *shine; seem, appear*

    schelten, schilt, schalt *(past subj.* schölte*),* gescholten *scold, chide, revile;* auf einen schelten *scold (rail) at a person*

der **Schemel** *stool, low chair, bench [such as is used by shoemakers]*

    schenk' = schenke

    schenken *give, bestow, present, make a present of*

die **Schere**, -n *(pair of) scissors (shears); claw* [des Krebses]

    scheu *shy, timid, bashful, cautious*

der **Scheuerdrache**, -n *or*

der **Scheuerdrachen** *scrubdragon, sharp-tongued scrubwoman*

die **Scheune**, -n *barn*

    scheusslich *dreadful; hideous, ghastly*

    schicken *send; remit, forward*

das **Schicksāl**, -e *fate, lot*

    schieben, schōb, geschōben *push, shove, slide [tr.]*

ber **Schiedsrichter** [⸗iets⸗] *arbiter, judge, umpire*

    schien *see* scheinen

    schießen, schōß, *[intr.* ist*]* geschossen *shoot, dart; (an arrow* einen Pfeil *or* mit einem Pfeil*)* das **Schiff**, -e *ship*

der **Schild**, -e *shield*

die **Schildwache**, -n *[-lt-] sentry*

das **Schilf**, -e *reed (grass); rush; sedge*

schillern *display a variety of colors*

schillernd *pres. part. of* schillern *iridescent*

der **Schimmel** *white (or grayish-white) horse*

schimmern *glimmer, sparkle*

schinden, schund, geschunden *flay, skin; overwork (and underpay), grind, sweat [one's workmen]*

der **Schinken** *ham*

ber **Schirm**, -e *screen; shelter*

die **Schlacht**, -en *battle, fight;* eine Schlacht schlagen *fight a battle*

schlachten *kill, slaughter*

der **Schläf**, des -(e)s *sleep*

schlafen, schläft, schlief, geschlafen *sleep;* sich schlafen legen *go to bed [Cf.* Bett.]

das **Schläfengehen**, des -s *going to bed*

der **Schläf′kameräd′**, -en *bedfellow [Cf.* Kamerad.]

die **Schläfstätte**, -n *sleeping place*

das **Schläfzimmer** *bedchamber, bedroom*

der **Schläg**, ⸚e *blow, stroke; thunderbolt, thunderclap, peal of thunder;* mit einem Schlage *at one blow, all at once, all of a sudden*

schlägen, schlägt, schlüg, *[in certain intr. uses* ist] geschlägen *strike, beat; lash; conquer, defeat;* eine Schlacht schlagen *fight a battle;* ... schlugen an sein Ohr ... *struck his ear; bang (about); strike out [with one's fists];* um sich schlagen *lay about (one)*

die **Schlägerei′**, -en *fight(ing), brawl*

schlägt *see* schlagen

der **Schlamm**, des -(e)s *mud*

schlank *slender*

der **Schlapphūt**, ⸚hüte *slouch hat*

der **Schlappschuh**, -e *soft house-shoe, slipper*

schlau *sly, artful, crafty, cunning*

schlecht *bad, poor [quality];* schlecht Wetter *see note on* jämmerlich *under* Ding

der **Schlehbusch**, =büsche *sloe, wild plum tree*

die **Schlehe**, -n *sloe, wild plum*

schleichen, schlich, ist geschlichen *sneak, slink, creep, crawl, steal [with an adv. or phrase expressing direction; cf. note on* kommen]; sich schleichen = schleichen

schleifen *raze, demolish*

das **Schleiflein** *little ribbon bow*

schleppen *drag, lug*

Schlesien *Schlesien or Silesia, the most southeasterly and largest province of Prussia*

schleudern *fling, hurl, toss*

schlich *see* schleichen

der **Schlich**, -e *secret path;* hinter seine Schliche kommen *find him (his tricks) out*

Schlicht *Joseph Schlicht, a writer of stories dealing with scenes and incidents in Bavaria*

schlief *see* schlafen

schließen, schlöß, geschlossen *close, shut, lock, bolt; draw a conclusion, infer, conclude*

schließlich *in the end, finally, when all is said and done*

schlimm *bad, sorry, unfortunate, evil, hard*

schlitzen *slit*

schlöß *see* schließen

das **Schlöß**, Schlösser *castle, palace; (gun)lock*

schlottern *hang loose, dangle, flap*

schlūg *see* schlagen

schlūge *past subj. of* schlagen

schlüpfen [ist geschlüpft] *slip*

das **Schlüsselloch**, =löcher *keyhole*

schmāl, schmäler *or* schmäler, der schmälste *or* schmälste *narrow; slender*

das **Schmalz**, des -es *(melted) fat, grease*

schmauchen = rauchen *smoke, puff away at*

schmecken *[tr.] taste; [intr.] (have a certain) taste; (= gut schmecken) taste good*

schmeicheln *flatter, coax, cajole [dat.]*

schmeichlerisch *flattering, smooth, coaxing* das **Schmeltzen**, des -s *(the process of) melting (away);* der Schnee war am Schmelzen *the snow was a-melting*

der **Schmerz**, -es, -en *pain*

schmerzlich *painful;* schmerzlich vermissen *miss sadly*

der **Schmetterling**, -e *butterfly*

der **Schmied**, -e *smith, blacksmith*

die **Schmiede**, -n *smithy, forge, blacksmith's shop*

schmieden *(make at a) forge; hammer*

schmieren *see* anschmieren

schmören *stew, simmer; bake*

schnallen *buckle; strap (up)*

schnalzen *snap, click, crack [the following* mit *to be omitted in English!]*

schnappen *snap (clutch, catch, snatch) at* [nach]; nach Luft schnappen *gasp for breath*

der **Schnappsack**, ⸗säcke *small knapsack (wallet), bag*

der **Schnaps**, Schnäpse *dram, drop (of liquor)*

das **Schnaufen**, des -s *puffing and blowing, panting*

die **Schnecke**, -n *snail*

der **Schnee**, des Schnees *snow*

Schneeberg *Schneeberg, a mining town in Saxony*

die **Schneeschmelze**, -n *snowbreak, thaw*

der **Schneider** *tailor*

schneidern *do tailoring, sew*

schnell *swift, fast, quick, rapid, fleet*

schneuzen *snuff [a candle]*

schnöde *[drops* e *before an inflectional* e] *base, contemptible*

der **Schnupfen** *cold (in the head)*

das **Schnupftüch** ⸗tücher *(pocket) handkerchief*

die **Schnūr**, ⸚e *[less often]* -en*] string, cord*

    schōb *see* schieben

    schōn *already, by this (that) time;* jetzt schon *even now, by this time;* 91, 10 *as a lad;* schon lange *long before (this, that);* ich warte schon eine ganze Weile auf dich *I have been waiting...* [schon + *adv. or phrase denoting duration (acc., or* seit + *dat.) is used with the pres. or past in German with the force of the progressive pres. perf. or past perf. in English];* 48, 11 wenn schon *if indeed; even; in due time; [assurance] surely, all right, soon, you may depend upon it*

    schön *beautiful, pretty, fair, handsome, fine, nice*

die **Schöne**, *[gen. and dat. sg.]* -n, -n *beautiful girl (woman)*

die **Schönheit**, -en *beauty*

der **Schöpfer** *creator; Creator*

    schōß *see* schießen

    schossen *see* schießen

    Schottland [⸗lant] *Scotland [neut.]*

der **Schrank**, ⸚e *cupboard, cabinet*

    schrauben, *usually weak; sometimes* schrōb, geschrōben *screw*

das **Schräublein** [schräup⸗] *little screw*

der **Schreck**, -e *dismay, alarm, fright, terror*

der **Schrecken** = Schreck *fright, terror*

    schrecklich *terrible, frightful, dreadful*

der **Schrei**, -e *(sharp, shrill) cry; scream, shout, shriek*

    schreiben, schrieb, geschrieben *write;* ich schrieb dem Mann einen Brief *I wrote the man a letter;* ich schrieb einen Brief an den Mann *I wrote a letter to the man*

der **Schreiber** *secretary; clerk; copyist*

    schreien, schrie, geschrie(e)n *cry out, shout, scream, shriek*

    schreiten, schritt, ist geschritten *stride, step (along), march, walk*

    schrie *see* schreien

    schrieb *see* schreiben

die **Schrift**, -en *(kind of) writing, characters*

das **Schriftstück**, -e *document*

    schritt *see* schreiten

der **Schritt**, -e *step, pace [Cf. Fuß.]*

der **Schuh**, -e *shoe*

der **Schuhmacher** *shoemaker, bootmaker;* ein großer Herr Schuhmacher *a grand gentleman shoemaker [Cf. gentleman farmer.]*

    schulden *owe a person (dat.) something (acc.)*

die **Schule**, -n *school;* in **die** Schule gehen *go to school [without the]*

der **Schüler** *pupil, schoolboy*

die **Schülerin**, -nen *pupil, schoolgirl*

das **Schūlkind**, -er *schoolboy, schoolgirl; [pl.] school children*

die **Schūlstūbe**, -n *schoolroom*

die **Schulter**, -n *shoulder*

    schuppig *scaly*

    schüren *poke (up), mend [a fire]*

    schurren *[ist geschurrt when direction is expressed] grind or scrape (along)*

die **Schürze**, -n *apron*

der **Schūß**, Schüsse *shot, report*

die **Schüssel** -n *dish [Cf. Sack.]*

die **Schūsterei´** *bootmaking, shoemaker's trade;* es ist hier nichts mit der Schusterei *there's nothing in cobbling shoes in this place*

    schütteln *shake*

    schütten *pour, throw*

der **Schutz**, des -es *protection; defense*

    schützen *protect, shelter*

der **Schutzgeist**, -er *guardian spirit*

der **Schutzverwandte**; (kein) Schutzverwandter; *[pl.]* Schutzverwandte; die (keine) Schutzverwandten *denizen*

    schwăch, schwăcher, der schwăchste *[in comp. and superl. ch as in ich] weak, feeble, infirm*

    schwächlich *weakly, frail, feeble*

die **Schwalbe**, -n *swallow*

    schwamm *see* schwimmen

    schwang *see* schwingen

der **Schwanz**, ⸚e *tail*

schwarz, schwärzer, der schwärzeste *black*

schwärzen *blacken*

der **Schwefel** *brimstone, sulphur*

schwefelgelb = so gelb wie Schwefel *brimstone-yellow, sulphur-yellow*

der **Schwe′felgestank′** des -(e)s *smell of brimstone*

schweigen, schwieg, geschwiegen *be silent, keep silence, hold one's tongue; cease (speaking)*

schweigend *pres. part. of* schweigen *(keeping) silent; without (saying) a word*

schweigsām *silent, quiet*

das **Schwein**, -e *pig, hog, [pl., also] swine*

der **Schweinsbrāten** *[-ns, NOT -nz] roast (of) pork*

schweißtriefend *dripping with perspiration, all in a sweat*

schwelgen *revel*

schwellen, schwillt, schwoll, ist geschwollen *swell*

schwēr *heavy; difficult, hard; grievous; serious, dangerous [illness];* es ist mir schwer geworden *it (has) proved difficult for me, I (have) found it hard;* schwer leiden *suffer greatly (grievously)*

schwērlich *hardly, scarcely*

die **Schwester**, -n *sister*

die **Schwiegermutter**, ⸗mütter *mother-in-law*

schwimmen, schwamm (schwömme), *[when direction is expressed,* ist*]* geschwommen *swim*

der **Schwindel**, des -s *(attack, fit of) dizziness, giddiness*

schwindelig *dizzy, giddy;* es wird mir schwindelig *or* mir wird schwindelig *I get dizzy (giddy) [Cf. note on* angst.*]*

schwingen, schwang, geschwungen *swing; brandish, wave*

schwitzen *sweat [Cf.* tun.*]*

schwoll *see* schwellen

sechs *[zĕks] six*

sechshun′dert *[zĕks-] six hundred*

sechzig *sixty*

der **Sechziger** *man in the sixties*

der **See**, -s, -n *[pl., two syllables] lake*

die **See**, -n *[pl., two syllables]* = das Meer *sea, ocean;* auf (der) See *at sea, on the ocean*

die **Seebachmühle** *the Lakebrook Mill*

Seedorf *Lakeville, an imaginary village near the scene of* Die befreiten Seelen

der **See´kapītān´**, -e *sea captain*

die **Seele**, -n *soul; mind*

das **Seeleben**, des -s *life at sea (aboard ship)*

der **Seelenfresser** *soul eater, soul swallower*

Seeleute *pl. of* Seemann

der **Seemann**, des -(e)s, Seeleute *[less often ⸗männer] seaman, sailor, mariner, seafaring man;* alter Seemann *old salt*

der **Segen** *blessing; prosperity*

sehen, sieht, sah, gesehen *(or, if preceded by a dependent infin.,* sehen*) see, look [In English the object of see may be followed by either the infin. or the pres. part.: I saw him run or running; in German only the infin. is so used:* ich sah ihn laufen.*]*

das **Sehen**, des -s *seeing, (eye-)sight*

die **Sehnsucht** *(ardent) longing, yearning (for* nach*)*

sehr *very [cf. Matthew xxi, 15: they were sore displeased], much*

sei *imper. sg. of* sein *be; 1st or 3rd pers. sg. pres. subj. of* sein: *[in indirect quotations] am, is, was; [in wishes, in commands, or in concessive clauses] may he (she, it, I) be, let him (her, it, me) be;* so sei es *so be it;* er sei noch so reich *however rich he may be; [after* als *in unreal conditions] were;* ihm war es, als sei er noch in der Heimat *it seemed to him as if he were still at home*

seicht *shallow*

seid *[zīt] 2nd pers. pl. pres. ind. or imper. of* sein

die **Seide**, -n *silk*

Seidel *Heinrich Seidel (1842–1906), by profession a construction engineer, devoted the last twenty-five years of his life to writing.*

seiden *(made of) silk*

seien Sie *formal imper. of* sein *[Cf.* Sie.*]*

sein, ist, wār, ist gewēsen *be; exist;* Was ist nun **zu tun**? *What is* **to be done** *now? [After* sein *an active infin. is used with the force of the English passive];* lange war es ihm, als ob... *for a long time it seemed to him as if...*

[*Cf.* note on haben *and on* es gibt *(under* geben).]

[*After* sein *or* werden, ein *is apt to be omitted before an unmodified noun indicating occupation, rank, religion, or nationality, but is used before such a noun modified by an adj.:* er ist Arzt *he is* **a** *physician; but* er ist ein berühmter Arzt *he is a famous physician.*]

sein, seine, sein *his; [when referring to an antecedent like* Mädchen, Garten *or* Kind, *or* Volk] *her, its, their*

das **Seine**, des -n *his property (belongings), what is his*

die **Seinen** *[pl. only] (the members of) his household (family)*

seinerseits *on (for) his part, as for him, as far as he is concerned*

seit *prep. [dat.] since, for [time just elapsed]*

seitdēm´ *[always followed by transposition] since (the time when)*

die **Seite**, -n *side; page;* auf die Seite stellen *set to one side;* von der Seite ansehen *look at (eye) askance, look at a person out of the tail of one's eye;* von ihrer Seite *from her side, on her part*

das **Seitenstechen**, des -s *stitch in one's side*

die **Seitentäsche**, -n *side pocket*

die **Sēkun´de**, -n *[zākoon-] second*

selber *indeclinable intensive pron.* = selbst

selbst *[zelpst] indeclinable intensive pron. self, in person, myself (etc.), ourselves (etc.); [when standing before the word it modifies] even*

selig *late, deceased, lamented, sainted*

die **Seligkeit** *supreme happiness (delight);* die ewige Seligkeit *(eternal) salvation, eternal bliss (happiness)*

das **Selterwasser**, ⸗wässer *Seltzer water*

seltsām *strange, singular, curious, queer, odd*

senden, sandte *or* sendete *(past subj.* sendete), gesandt *or* gesendet *send*

die **Sense**, -n *scythe*

der **Sensenmann**, des -(e)s *scythebearer; (reaper) Death*

setzen, setzte, gesetzt *seat, set, place, put; cf.* hinzusetzen; sich setzen *sit down, seat one's self*

seufzen *(heave a) sigh; groan*

Shakespeare *[pronounced as in English] William Shakespeare (1564–1616)*

sich *refl. pron. of the third pers. [dat. or acc., sg. or pl., masc., fem., or neut.;*

never capitalized to correspond with Sie; often used where English uses a reciprocal or a pers. pron.] him(self), her(self), it(self), them(selves), yourself (yourselves); sie schrieben sich alle Tage *they wrote each other every day;* er hatte es bei sich *he had it with him*

sicher *safe, secure; [adv., also] certainly, surely;* sicher nicht *(most) assuredly not*

sich's *colloqu. contraction of* sich es, *used for* es sich

sichtbār *visible*

sichtlich = sichtbar *perceptible, visible; evident*

sie *she, [acc.] her; [referring to a non-personal fem. antecedent] it; [pl.] they, [acc.] them*

Sie *nom. or acc. pl. [of the pers. pron. of the third pers., used in formal address to one or more persons whom the speaker is not justified in addressing by* du *or* ihr, *and capitalized in such use to distinguish it from* sie *meaning she or they]* you *[Cf.* du *and* ihr². *]*

sieben *seven*

siebenjährig *of (or lasting) seven years;* der Siebenjährige *[capitalized as part of a title]* Krieg *the Seven Years' War, 1756–1763*

Siebensachen *[pl. only; always preceded by a poss. pron.] one's things (belongings, traps)*

siebzehnjährig *of seventeen years, seventeen year(s) old*

sieden, sott, gesotten *[but weak as an intr. verb in figurative use, e.g.,* mein Blut siedete] *boil*

siedendheiß *[≠ent≠] boiling hot, scalding;* einem siedendheiß auf die Seele fallen *strike one('s mind) scalding hot*

sieh *imperative sg. of* sehen

siehe (da)! *interj. behold!*

sieht *see* sehen

das **Silber**, des -s *silver*

Simrock *[zĭm-] Karl Joseph Simrock (1802–1876), from 1850 to his death professor of Old German Literature in the University of Bonn*

sind *[zint] 1st or 3rd pers. pl. pres. ind. of* sein

singen, sang, gesungen *[zing-] sing*

das **Singen**, des -s *singing*

sinken, sank, ist gesunken *sink*

der **Sinn**, -e *sense; mind;* von Sinnen sein *be out of one's mind, be mad [= crazy];* offenen und nachdenklichen Sinnes *with open and reflective mind [Cf. note on* tränend.*]*

sinnen, sann (sänne *or* sönne), gesonnen *meditate, reflect, ponder;* auf etwas *[acc.]* sinnen *plan (plot) a thing*

sinnend *meditative*

der **Sitz**, -e *seat, chair*

sitzen, saß, gesessen *sit, be seated*

sō *so, thus, in this way; as follows; accordingly, consequently, then [Often used after a causal, temporal, concessive, or conditional clause to sum up its force in one word; when so used, to be left untranslated unless required by English idiom; cf.* lange *and* währen*]; just (about);* Ja so! *Oh, I see!;* So (ist es recht)! *There (now)! (That's right!) [expressing satisfaction with some arrangement or performance just completed];* So? *Indeed? (do) you (really) think so? [expressing surprise];* **ein so** treuer Diener *such a faithful servant,* **so faithful a** *servant;* so ein... *such a...;* so etwas *such a thing;* **so** alt **wie**... *as old as...;* **nicht** so alt **als**... *not so old as...;* so reich der Bauer war, so hartherzig war er auch *[cf. Latin quanto..., tanto...] rich as the farmer was, he was equally hard-hearted or the farmer was just as hard-hearted as he was wealthy;* so gut sie konnte *as well **as** she could*

sōbald´ *[without* wie *or* als, *but always followed by transposition] as soon as, the (very) moment (instant)*

sōfort´ = sogleich *at once, on the spot, in an instant*

sōgār´ *even, actually*

sōgleich´ = sofort *at once, instantly, immediately*

der **Sohn**, ⸚e *son*

das **Söhnchen** *(dear) little son [Cf.* Krebslein.*]*

sōlan´ge *[without* wie *or* als, *but always followed by transposition] as (so) long as*

solch *[invariable; without effect on the inflection of the following adj.] such*

solcher, solche, solches *such (a) [inflected after* (k)ein *like an ordinary descriptive adj.];* solch ein Mann *or* ein solcher Mann *such a man*

der **Sŏldāt´**, -en *soldier*

der **Sŏldā´tenmantel**, ⸗mäntel *soldier's cloak*

soll *see* sollen

sollen, soll, sollte, gesollt *(or, if preceded by a dependent infin.,* sollen*) [*sollen *expresses the will, claim, expectation, or intention, not of the subject (cf. wollen), but of another with reference to the subject, and must be distinguished from* werden *which expresses mere futurity] shall; I am to, I am expected to, am told to, etc.;* ich soll gehen *I am to go;* er soll gehen *he shall go, is to go, has been told to go; also report:* er soll reich sein *he is said to be rich; [past subj.] ought, should; [past perf. subj.] ought to have, should have;* das hättest du mir sagen sollen *you should (ought to) have told me that*

der **Sommer** *summer [Names of seasons are preceded by the def. art. except when used as pred. nom.]*

die **Sommerferien** *[no sg.] summer holidays (vacation)*

das **Sommergewässer** *summer water(s)*

der **Sommersonntāg**, -e *summer Sunday*

der **Sommertāg**, -e *summer day*

sonderbār *singular, strange*

sondern *[without effect on the order of words] but (on the contrary) [Occurs only after a negative and emphasizes the truth of the preceding negation by establishing the real fact.]*

der **Sonnābend**, -e *Saturday [Cf. Samstag.]*

die **Sonne**, -n *sun*

der **Sonnenschein**, des -(e)s *sunshine*

der **Sonntāg**, -e *Sunday [The names of the days of the week are preceded by the def. art. except when used in the acc. to express definite time, or as pred. nom. or the object of a verb in sentences that tell the day; e.g.:* ich habe ihn manchen Sonntag gesehen; heute ist Sonntag; gestern hatten wir Sonntag; *but:* Sonntag *(acc.) or* am Sonntag kam der Tod.*]*

der **Sonn´tāgnāch´mittāg**, -e *Sunday afternoon*

der **Sonntāgsrock**, ⸗röcke *best (Sunday) coat*

sonst *else, otherwise [often equivalent to a conditional clause]; formerly, in the past; usually, at other times*

sōoft´ *[without* wie *or* als*, but always followed by transposition] as often as, whenever, every time (that)*

die **Sorge**, -n *care; anxiety, concern;* einem Sorge machen *cause a person trouble (worry);* mache dir um meinetwillen keine Sorge! *don't worry about me!*

sorgen *see to, look out for (after), provide for (*für*)*

sorgfāltig *careful; exact, accurate; painstaking*

sorglich = sorgfältig *careful*

sorglos *without (a) care*

die **Sorte**, -n *kind, sort*

soviel´ *so (as) much;* [*without* wie *or* als, *but always followed by transposition*] *as much as;* soviel ich weiß *as far as I know*

sowe´nig... wie (als) *as little*... *as, no more*... *than* [*with negative force; but* so wenig... wie *when actual comparison is implied:* ich habe sowenig Geld wie du *i.e., neither of us has any; but* ich habe so wenig Geld wie du *as little as, i.e., the same amount as, you*]

sōzūsā´gen *so to speak, as it were* [*but not set off by commas in German*]

der **Spalt**, -e *(long) slit, crack*

spalten, spaltete, gespaltet *or* gespalten [*only the latter in intr. use*] *split*

das **Spänlicht**, -er *the light of a pine splinter, lighted pine splinter*

die **Spannung**, -en *strain, (anxious) suspense*

spärlich *scanty, in small quantity; rare, infrequent*

spārsām [-rz-] *(fond of) saving, thrifty, economical*

spät *late*

spätā´bends [-nts] = spät am Abend *late in the evening*

der **Spāten** *spade*

spä´terhĭn´ *later on*

der **Spätherbst**, des -es [⸗herpst] *late* [= *latter part of the*] *autumn* [*Cf.* Sommer.]

spazie´rengehen, ging spazie´ren ist spazie´rengegangen *take (go for) a walk (stroll)*

die **Speise**, -n *food*

die **Spende**, -n *(charitable) gift, donation*

sperren *imprison (lock up) a person (in* in + *acc.)*

das **Spiel**, -e *play(ing); game*

spielen *play*

die **Spielleute** *pl. of* Spielmann

der **Spielmann**, -(e)s, Spielleute *musician;* fahrende Spielleute *strolling minstrels*

spintīsi´eren [*past part.* spintisiert´] *speculate; daydream*

der **Spitzbūbe**, -n *thief; villain*

die **Spitze**, -n *point, tip*

der **Spott**, des -(e)s *mockery, sneering, derision*

    spöttisch *mocking, scoffing; sarcastic; scornful*

    sprāch *see* sprechen

    sprang *see* springen

    sprechen, spricht, sprāch, gesprochen *speak, say, talk;* bei sich sprechen *say to one's self; speak with or to, interview, "see";* ich bin (für niemand) zu sprechen *I am (not) at home (to anybody)*

    sprichst *2nd pers. sg. pres. ind. of* sprechen

das **Sprichwort**, ⸗wörter *proverb*

    springen, sprang, ist gesprungen *jump, spring, leap, bound along*

    spritzen *squirt, spout, spurt*

der **Sprung**, ⸚e *leap*

der **Spūk**, -e *ghostly apparition (visitation), ghostly crew*

die **Spūr**, -en *trace, trail, scent, track;* einer Sache *[dat.]* auf die Spur kommen *get a clue to (on the track of, find out) a thing*

sich **spūten** *make haste, be quick (about it)*

die **Stadt**, ⸚e [ä *preferably long in the pl.*] *city, town*

das **Stādtchen** *small town*

der **Stadtherr**, *[gen., dat., acc. sg.]* -n, -en *gentleman from the city*

    stāk *see (intr.)* stecken

der **Stāll**, ⸚e *stable, stall*

der **Stamm**, ⸚e *race, tribe*

    stammen *derive one's origin from, come from* [von, aus]

die **Stammform**, -en *stem form, [pl.] principal parts*

    stānd *see* stehen

der **Stand**, ⸚e *position, class, station, condition;* mit jemand einen schweren Stand haben *have a great deal of trouble (a hard struggle) with someone*

die **Stange**, -n *bar, rod [Cf. note on* Sack.*]*

    stārb *see* sterben

    stārk, stärker, der stärkste *strong; [often expressing intensity]; sudden, rapid; [adv.] hard, strongly*

    starr *inflexible, stiff; stubborn;* starr vor Schrecken *paralyzed with fright*

    statt *[gen.] instead of; cf.* anstatt

die **Stätte**, -n *place, spot*

    stattfinden, fand statt´, stattgefunden *take place, occur, come off, happen*

    stattlich *stately; fine (looking), handsome; large; imposing*

der **Staub**, des Staub(e)s *dust*

    stechen, sticht, stäch, gestochen *sting, stab, pierce;* das sticht ihm in die Augen *that catches his eye, strikes his fancy*

    stecken, stäk *or* steckte, gesteckt *be (somewhere); stick or be sticking (in* in + *dat.), be stuck fast;* er steckt voll... *he is full of...*

    stecken *[tr.] stick, put, stuff, thrust*

    stehen, ständ *(past subj. often* stünde), geständen *stand;* es wird ihm teuer zu stehen kommen *it will cost him dear, it will prove expensive for him;* **stehen** haben *have (**standing**, i.e.,) on hand;* es steht geschrieben, daß... *it is written that...*

    stehenbleiben, blieb ste´hen, ist stehengeblieben *stand still, stop; remain standing*

    stehenlassen, läßt ste´hen, ließ ste´hen, stehenlassen *let a thing stand, leave a thing (standing, i.e., untouched or) behind*

    stehlen, stiehlt, stahl, gestohlen *steal [a thing (acc.) from a person (dat., without a prep.)]*

    steif *stiff*

der **Steig**, -e *(narrow or steep) path*

    steigen, stieg, ist gestiegen *climb (up or down); ascend, rise, mount; descend; go up (down)*

    steil *precipitous, steep*

der **Stein**, -e *stone*

die **Steinbank**, ⸗bänke *stone bench*

der **Steinblock**, ⸗blöcke *boulder*

    stein´reich´ *enormously rich, rolling in wealth*

die **Stelle**, -n *place, spot*

    stellen *place, set, put*

die **Sterbekammer**, -n *death chamber*

das **Sterbeläger** *deathbed*

    sterben, stirbt, starb (stürbe), ist gestorben *die*

das **Sterben**, des -s *dying*

der **Sterbende**; (kein) Sterbender; *[pl.]* Sterbende; die (keine) Sterbenden *dying man*

die **Sterbestunde**, -n *dying hour*

der **Stern**, -e *star*

stet *steady, continual, constant*

der **Stich**, -e *stab, thrust;* im Stich(e) lassen *leave in the lurch, forsake*

der **Stiefel** *boot;* die Herren Stiefel *Milords the Boots*

der **Stiefelknecht**, -e *bootjack*

stieg *see* steigen

stieß *see* stoßen

stiften *found, establish*

still *still, quiet, calm, placid, peaceful*

die **Stille** *stillness, quiet, calm, lull*

die **Stimme**, -n *voice;* mit gedämpfter Stimme *in an undertone, "lowering one's voice"*

stimmen *[tr.] tune; [intr.] harmonize; agree*

stinken, stank, gestunken *stink, smell bad (nasty)*

die **Stirn**, -en *forehead;* die Stirn runzeln *knit one's brow, frown*

Stöber *Karl Stöber (1796–1865), a favorite writer of tales for young people*

stöbern *drift [snow]*

der **Stock**, ⸚e *(walking) stick*

stocken *falter, hesitate, (come to a) stop*

das **Stöhnen**, des -s *groaning, groans, moaning*

stolz *proud (of* **auf** + *acc.)*

der **Stolz**, des -es *pride (in* **auf** + *acc.)*

stopfen *stuff, cram, fill*

stören *disturb, trouble; interrupt, hinder*

die **Störung**, -en *interruption; intrusion*

stoßen, stößt, stieß, gestoßen *push, knock, kick*

stracks *straightway, immediately; straight, direct*

die **Sträfe**, -n *punishment*

strahlen *radiate, beam, shine*

stramm *stiff, rigid; firm; heavy*

der **Stránd**, -e *(sea)shore, strand*

die **Straße**, -n *street; road, highway;* **auf** der Straße *in (on) the street (road)*

der **Strauch**, Sträuche(r) *shrub, bush*

die **Strecke**, -n *way, distance, stretch*

    strecken *stretch (out)*

    streichen, strich, gestrichen *pass one's hand (***mit** der Hand) *lightly over* (über + *acc.)*

der **Streit**, [-e, *for which is usually substituted]* Streitigkeiten *quarrel, dispute, feud (over* um)

der **Streithans**, ⸗hänse *quarreler*

    streng *severe, stern, strict*

    strich, *see* streichen

der **Strick**, -e *cord, line, rope*

    stricken *knit; 77, 5: A snail is said to be knitting when it secretes the slimy substance which often forms threads crossing one another.*

das **Strickzeug**, -e *knitting*

das **Stroh**, des -(e)s *straw*

der **Strohhūt**, ⸗hüte *straw hat*

    strömen [ist geströmt *when direction is expressed] flow, run*

die **Stūbe**, -n *(sitting or living) room*

die **Stūbentür**, -en *door of a room*

das **Stūblein** *[-pl-] little (sitting or living) room*

das **Stück**, -e *piece; morsel, bit; one, specimen;* ein Stück Weges *some distance*

das **Stückchen** *little piece; air, tune*

der **Stūdent'**, -en *[shtoo-] (university or college) student*

der **Stū'diengenos'se**, -n *[shtoo-] fellow student*

    stūdie'ren *[past part.* studiert'; *(shtoo-)] study*

der **Stuhl**, ⸚e *chair*

    stülpen *put, place on or over [as a cover]*

    stumm *dumb, speechless*

das **Stümpfchen** *little stump or end, short piece*

das **Stündchen** [⸗nt⸗] *short hour;* auf ein Stündchen *for a little while* die **Stunde**, -n *hour; hour's walk*

das **Stündlein** [ɐntɐ] *short hour('s walk);* ein halb Stündlein *a short (scant) half hour('s walk)* [*Cf. note on* jämmerlich *under* Ding.]

    Sturm *Julius Sturm (1816–1896), a pastor who wrote lyrics, sonnets, and religious poems "breathing a spirit of deep piety and patriotism," also fairy tales and fables*

der **Sturm**, ⸚e *storm, tempest, gale*

der **Sturz**, ⸚e *(heavy) fall*

der **Sturzbach**, ⸗bäche *torrent*

    stürzen [*intr.* ist gestürzt] *hurl, plunge;* [*intr.*] *rush; fall (headlong), plunge*

die **Stütze**, -n *support, prop*

    sūchen *seek, hunt, look for* [*acc. (or* nach + *dat.)*]

    sǖd´deutsch´ [sūtɐ] *South German*

der **Sǖden**, des -s *south* [*Cf.* Norden.]

    sǖdlich [ɐtlɐ] *southerly, southern*

der **Sǖdwest´**, des -es [*-tv-*] *southwest* [*Cf.* Norden.]

    summ *buzz! hum-m-m!*

die **Summe**, -n *sum, amount*

    süß *sweet*

T.

die **Tāfel**, -n *long (dining) table*

der **Tāg**, -e *day;* am Tage *by day, in the daytime;* eines Tages *one day [In a few phrases such as* eines Morgens *or* Abends, nächster Tage *the gen. is used to express indefinite time.]*

der **Tāgesanbruch**, des -(e)s *[or* Tā´gesan´bruch*] daybreak, dawn*

der **Tāgesschein**, des -(e)s *daylight*

die **Tāgeszeit**, -en *hour (time) of the day*

    täglich *daily, every day*

der **Takt**, -e *measure [music];* mitten im Takt *in the middle of a measure*

    taktmäßig *(at) regular (intervals), rhythmical*

das **Tāl**, ⸚er *valley;* zu Tal(e) *down(ward), downhill, downstream*

der **Tāler** *taler [pronounced like the German word!], three-mark piece [The old monetary unit in Germany]*

die **Tanne**, -n *fir (tree)*

    Tannenberg 74, 13 *Fir Hill*

der **Tanz**, ⸚e *dance*

das **Tänzchen** *little dance*

    tanzen [ist getanzt *when direction is expressed] dance*

das **Tanzen**, des -s *dancing*

der **Tänzer** *dancer*

die **Tanz´mūsīk´** *[-moo-] the music of a dance*

    tapfer *brave; [adv.] bravely, with a vengeance*

die **Tāsche**, -n *pocket*

die **Tasse**, -n *cup [Cf.* Sack.*]*

tät *see* tun

die **Tāt**, -en *deed;* in der Tat *in reality, in fact, indeed*

taub *deaf, hard of hearing*

der **Taubenschlāg**, ⸗schläge *dovecote*

    tauchen [ist getaucht *when direction is expressed*] *dive, plunge; see also* auftauchen

die **Taufe**, -n *font; christening*

    taufen *christen*

der **Taufpāte**, -n *godfather;* Taufpate eines Kindes werden *stand godfather to a child*

    taugen *be good (fit) for;* nichts taugen *be worth (good or fit for) nothing*

    taumeln [ist getaumelt *when direction is expressed*] *reel, zigzag*

der **Tausch**, -e *exchange, barter*

    tausend [-ent; invariable] *thousand [A thousand* tausend*; **one** thousand* **ein** tausend]

das **Tausend**, -e *a thousand [considered as a group]*

    tausendästig [⸗ent⸗] *with a thousand boughs*

der **Teig**, -e *dough, paste*

die **Teigflocke**, -n *flake of dough*

die **Teigkruste**, -n *crust of dough*

der **Teil**, -e *part*

    teil *[really the noun* Teil *used as a] sep. pref. part*

    teilen *divide; share*

    teilnehmen, nimmt teil′ *[but* er nimmt keinen Teil*]*, nahm teil′, teilgenommen *take part, be involved (in* an + *dat.)*

die **Terras′se**, -n *terrace*

    teuer *[In infl. forms in the pos. and comp. the second* e *is usually elided.] expensive; dear; precious; scarce;* teure Zeit *famine, hard times*

der **Teufel** *devil; the Devil*

    teure, der, die, das *see* teuer

der **Thōmastāg**, des -(e)s *St. Thomas's Day, December 21*

    ticken *tick*

das **Ticken**, des -s *ticking (sound)*

tief *deep; low*

tiefdröhnend *deep and rumbling*

die **Tiefe**, -n *depth;* aus der Tiefe *from below*

tiefstreichend *low-flying*

das **Tier**, -e *animal, beast*

der **Tierarzt**, ⸗ärzte *veterinary*

die **Tinte**, -n *ink*

tippen *tap*

der **Tisch**, -e *table; dinner;* der grüne Tisch *council board (table) [covered with green cloth]*

die **Tochter**, ⸚ *[in pl. ch as in ich] daughter*

der **Tōd**, [Tode *kinds of death,*] Todesfälle *[cases of death] death; Death;* zu(m) Tode *mortally, to death*

das **Tō'dessignāl'**,-e *[-zig-] death signal*

tödlich [tōt⸗] *deadly, mortal*

tōd'mü'de [tōt⸗] *dead tired, worn out*

tollen *frolic, carry on, romp, scamper*

der **Tōn**, ⸚e *tone, strain, sound; accent*

der **Topf**, ⸚e *pot, kettle, jar*

das **Tōr**, -e *gate*

der **Tōr**, -en *fool, simpleton*

tōricht *foolish, unwise*

tōt *dead*

tōtenstill *as still as death*

tōtgeschlāgen *see* totschlagen

sich **tōtlāchen**, lachte tot', totgelacht *split one's sides (with) laughing;* er wollte sich totlachen *he almost died (from) laughing*

tōtschlāgen, schlägt tot', schlūg tot', totgeschlāgen *kill [with blows]*

tōtzuschlāgen *see* totschlagen

trāf *see* treffen *or* eintreffen

trāfe *past subj. of* treffen *should (might) meet (fall in with)*

trāgen, trägt, trūg, getrāgen *carry, bear [= carry, endure, or yield]; wear*

trāgt *see* tragen

die **Träne**, -n *tear(drop)*

tränend *[pres. part. of* tränen, *shed tears] streaming, filled with tears;* tränenden Auges *[originally a descriptive gen., but now used as an adv. phrase to express manner] with streaming eyes (eyes filled with tears)*

trank *see* trinken

der **Trank**, ⸚e *drink, beverage*

trāt *see* treten *or* eintreten

trauern *mourn;* um einen trauern *mourn (lament) the loss of a person*

der **Traum**, Träume *dream*

träumen *dream;* er träumte (es träumte ihm, ihm träumte), daß;... *he dreamed that... [Cf. note on* angst.*]*

der **Träumer** *dreamer*

traurig *sad; sorrowful; mournful*

Trauriges *sorrow, sad experience [Cf.* Besonderes.*]*

treffen, trifft, trāf, getroffen *hit, strike; meet, fall in with*

treiben, trieb, getrieben *drive; impel*

das **Treiben**, des -s *stir, life, activity, commotion*

trennbār *separable*

trēten, tritt, trāt, *[intr.* ist] getrēten *tread (trample) on; [intr.] step;* (in + *acc.*) *enter;* (vor + *acc.*) *step in front of, appear before*

das **Trēten**, des -s *trampling, treading, kicking*

treu *true, faithful, loyal, devoted*

treulich *faithfully, conscientiously*

trinken, trank, getrunken *drink*

tritt(st) *see* treten

der **Tritt**, -e *footfall; step*

trocken *dry*

ins **trockene** bringen *get into a safe place, put away (safely)*

das **Trockene**, des -n *dry land (ground)*

trocknen *dry*

das **Trocknen**, des -s *drying (process)*

der **Trōg**, ⸚e *trough*

der **Trōgdeckel** *trough cover*

Trōjān [j = y] *Johannes Trojan (1837–1915), a writer of prose and verse, and a great lover of nature; 1886–1909 editor-in-chief of Kladderadatsch, the Berlin political humorous weekly*

tropfen *drip, trickle*

der **Tropfen** *drop*

trotz´dem´ *for all that, nevertheless, all the same*

trŭb(e) *dim, dull, cloudy, gloomy*

trŭbsēlig [trŭp-] *woebegone, dejected*

trŭg *see* tragen

die **Truhe**, -n *chest*

das **Trumm**, ⸚er *end, fragment; [rare, save in the pl. =] ruins, debris, rubbish*

die **Trümmer** *see* Trumm

der **Trunk**, ⸚e *[troonk] drink, draught*

der **Trutz**, des -es *defiance;* zu Schutz und Trutz *for (safety in) attack and defense*

tū *imper. sg. of* tun

tüchtig *able, capable, efficient; skilled; [adv., also] thoroughly, with a will (vengeance), hard, vigorously*

tūn, tūt, tāt, getān *do; put, move; make, take [step, swallow, etc.];* tun, als ob... *act as if..., pretend that...;* was war zu tun? *what was to be done?;* schwitzen tat er wie... = *[an emphatic]* er schwitzte *how he did sweat! Just like...*

die **Tŭr**, -en *door*

tŭrkisch *Turkish [Cf. note on* holländisch.*]*

die **Tŭrschwelle**, -n *threshold*

tūt *see* tun

Tyras [tü-] *Tyras, [name of a] watchdog*

U.

übel *evil, ill, bad*

der **Übeltäter** *offender, criminal*

üben *exercise, use, practice, drill, train*

über *[dat.] over, above; [acc.] over, across, by way of; above, beyond, superior to; more than; about, of, at, concerning; [with preceding acc.] during;* den ganzen Tag über *all day long*

überall´ *everywhere, "all over"*

überdies´ *moreover, besides; what is more,...*

übergehen, ging ü´ber, ist übergegangen *go (pass, swing) over*

überging *see* übergehen

überhö´ren, überhör´te, überhört´ *fail to hear (catch), miss*

überkām´ *see* überkommen

überkom´men, überkām´, hat überkom´men *seize, come over [acc.]*

überlaß´ *imper. sg. of* überlassen

überlas´sen, überläßt´, überließ´, überlas´sen *leave, yield, transfer*

überle´gen, überleg´te, überlegt´ *consider (attentively), turn over in one's mind* (sich, *dat.*), *weigh*

die **Überle´gung**, -en *consideration, reflection*

überrā´gen, überrag´te, überragt´ *tower above*

übers = über das

überschäumen, schäumte ü´ber, ist übergeschäumt *overflow (while) foaming*

die **Überschrift**, -en *title; inscription [above or at the head of]*

der **Überschuh**, -e *overshoe, rubber*

überschwellen, schwillt ü´ber, schwoll ü´ber, ist übergeschwollen *overflow* die **Überschwem´mung**, -en *flood, inundation*

    überset´zen, übersetz´te, übersetzt´ *translate*

    übertäu´ben, übertäub´te, übertäubt´ *drown [a sound]*

    übertrā´gen, überträgt´, übertrūg´, übertrā´gen = übersetzen *translate, render, turn*

der **Überzūg**, ⸗züge *covering, coat(ing)*

    übrig *[pred. adj.] left; [attributive adj.] remaining, the rest of*

    übrigbleiben, blieb üb´rig, ist übriggeblieben *be left, remain*

    übriggeblieben *see* übrigbleiben

die **Übung**, -en *practice; exercise, drill*

das **Ufer** *water's edge, bank, shore*

die **Uhr**, -en *clock, watch; [sg. only] hour, (of the day), o'clock;* von zwölf bis ein Uhr *from twelve to one (o'clock)* = von zwölf bis eins *[without* Uhr*]*

    ŭm *prep. [acc.] about, around; for; over; [time] at, about, near; [measure of difference] by; [succession] after;* ein Geldstück um **das** andere *one coin after* an*other;* **um** etwas bitten *ask for a thing;* **um** + **zu** + *infin. in order to (so as to)*

    ŭm *sep. pref. [expressing 1. revolution, 2. direction downward, 3. expiration, 4. alteration] around; over, down, to the floor (ground); up (over, expired); over (cf.* umschreiben*)*

    ŭmbringen, brächte (brächte) um´, umgebracht *kill, murder*

    ŭmdrehen, drehte um´, umgedreht *turn around*

    ŭmfallen, fällt um´, fiel um´, ist umgefallen *fall over (down), fall to the floor (ground)*

die **Ŭmge´bung**, -en *surroundings; company; also* = Umgegend

die **Ŭmgegend** *surrounding country, country around, neighborhood*

    ŭmhēr´ *adv. about, around, here and there*

    ŭmhēr´ *sep. pref. (scattered) around, on all sides*

    ŭmhēr´fliegen, flōg umher´, ist umher´geflōgen *fly about*

    ŭmhēr´flōg *see* umherfliegen

das **Ŭmhēr´irren**, des -s *wandering (roaming) about*

    ŭmhēr´lāg *see* umherliegen

    ŭmhēr´liegen, lāg umher´, umher´gelēgen *lie (all) around, lie (scattered) about*

umhēr´rennen, rannte *(past subj.* rennte) umher´, ist umher´gerannt *run about, race around*

umhēr´stieben, stōb umher´, ist umher´gestōben *fly about or around (in all directions)*

umhēr´stōb *see* umherstieben

umkehren, kehrte um´, ist umgekehrt *turn back, return, retrace one's steps*

umkippen, kippte um´, ist umgekippt *tilt (topple) over, overturn, upset [intr.]*

umkrän´zen, umkränz´te, umkränzt´ *inwreathe, encircle, surround*

sich **umschauen,** schaute um´, umgeschaut *look around (about)*

umschreiben, schrieb um´, umgeschrieben *write over or rewrite (as* in + *acc.)*

umschwǟr´men, umschwärm´te, umschwärmt´ *hover (swarm, flit, rove) around a person;* sie wurde von einem Knaben umschwärmt *a lad kept hovering (roaming all) around her*

umsein, ist um´, wār um´, ist umgewēsen *be up (over), expire [Always written as two words in the pres. and past]*

umsetzen, setzte um´, umgesetzt *transpose; transform, turn into (*in + *acc.)*

umsonst´ *in vain*

umstănd´ *see* umstehen

umste´hen, umstănd´ *(past subj. often* umstün´de), umstăn´den *stand [in a circle] around*

umstieß *see* umstoßen

umstoßen, stōßt um´, stieß um´, umgestoßen *knock down, overthrow, overturn, upset*

umwi´ckeln, umwi´ckelte, umwi´ckelt *wrap, wrap up (in* mit)

umwoh´nen, umwohn´te, umwohnt´ *live around (in the neighborhood of)*

um´wohnend *(living) around, neighboring*

unăngemeldet *unannounced*

unaufhŏr´lich *continual, unceasing, uninterrupted*

unbarmherzig *merciless, pitiless, unmerciful*

unbekannt *[dat.] unknown, unfamiliar*

der **Unbekannte;** (kein) Unbekannter; *[pl.]* Unbekannte; die (keine) Unbekannten *stranger*

unbesiegt *undefeated, unconquered*

unbestimmt *indefinite; indistinct, confused; uncertain*

und *[without effect on the order of words] and*

der **Ŭndank,** des -s *ingratitude*

ŭndankbār *ungrateful*

ŭndurchdring´lich *impenetrable*

ŭnerwar´tet *[or* un´erwartet*] unexpected, unlooked for, unforeseen; sudden*

der **Ŭnfūg,** des -(e)s *misbehavior, mischief; disorder(ly conduct)*

ŭngeahnt´ *[or* un´geahnt*] unexpected, undreamt of*

ŭngeduldig *impatient*

ŭngefähr´ *[or* un´gefähr*] about, approximately*

ŭngeheu´er *[in infl. forms in the pos. and comp. the* e *before the* r *often drops out] monstrous; enormous, immense*

ŭngeheu´re(r, *etc.) see* ungeheuer

ŭngehindert *unhindered, unobstructed*

ŭngemein´ *uncommonly, extraordinarily, exceedingly*

ŭngeschickt *awkward, clumsy*

ŭngestūm *boisterous; violent, furious*

ŭngesund *unwholesome, unhealthy*

ŭngewīß *uncertain; dim, indistinct*

ŭngewohnt *unaccustomed, unusual*

das **Ŭnheil,** des Unheil(e)s *mischief, harm, evil*

ŭnheimlich *sinister, uncanny*

die **Ŭnke,** -n *(orange-speckled) toad*

ŭn'partei´isch *impartial, fair*

die **Ŭnruhe** *restlessness; uneasiness (of mind), agitation; alarm, anxiety*

uns *dat. or acc. pl. of* ich *us, ourselves; [often used for* einander *when no ambiguity results] each other, one another [cf.* sich.*]*

das **Ŭn´schlittschwänz´lein** *little tallow tail [as humorous designation of a small tallow candle]*

ŭnschuldig *innocent; inoffensive*

ŭnser, uns(e)re, unser *our*

ŭnsereiner *[infl. like the sg. of* dieser*] one of our sort, one of us, a person like us*

ŭnserm = unserem

ŭnsern = unseren

ŭnsichtbăr *invisible*

ŭnten *(down) below, on the ground, on the bottom, at the foot or bottom (of an, in, etc., + dat.); down (by an + dat.); nach unten down(ward); da unten down there*

ŭnter *[acc. when direction is expressed, otherwise dat.] under(neath), below, beneath; among, between; amid(st); from; by; in (a state of);* unter die Tür treten *step [under the upper part of the doorcase, i.e.,] to the door*

unterbre´chen, unterbricht´, unterbrăch´, unterbro´chen *interrupt*

die Ŭnterbre´chung, -en *break, interruption, gap*

ŭnterbro´chen *see* unterbrechen

ŭnterdes´sen *in the meantime, meanwhile*

ŭnterdrü´cken, unterdrück´te, unterdrückt´ *repress; restrain; oppress*

ŭntere, der, die, das *lower*

ŭntergegangen *see* untergehen

ŭntergehen, ging un´ter, ist untergegangen *set, go down, sink below the horizon*

ŭnterirdisch *underground, subterranean*

ŭnterm = unter dem

ŭntermi´schen, untermisch´te, untermischt´ *intermingle*

ŭnterneh´men, unternimmt´, unternahm´, unternom´men *undertake*

ŭnterneh´mend *pres. part. of* unternehmen *enterprising*

ŭnters = unter das

ŭnterschei´den, unterschied´, unterschie´den *distinguish, tell (one from the other), make out;* sich unterscheiden *differ (from* von)

der Ŭnterschied, -e *difference; distinction*

der Ŭntersee, des -s *Lower Lake*

ŭnterste, der, die, das *lowest, bottom*

ŭntertrēten, tritt un´ter, trăt un´ter, ist untergetrēten *step under; seek shelter*

ŭnterzutrēten *see* untertreten

ŭntrenn´băr *[for contrast,* un´trennbăr] *inseparable*

ŭn´verhei´rătet *[also* unverhei´rătet] *unmarried*

ŭnverhoh´len *[for contrast,* un´verhohlen] *open, frank*

ŭnversehrt′ *unharmed*

ŭnwēgsām *[or* unwēg′sām*] impassable; [weather] in which traveling is out of the question*

ŭnweise *[drops the final vowel before the* e *of an inflectional syllable] unwise, foolish*

ŭn′willkür′lich *[for contrast,* un′willkürlich*] involuntary, instinctive, automatic, mechanical; unintended*

ŭnwirsch *cross, peevish, nettled, testy; brusque, gruff*

ŭnzäh′lig *countless, innumerable*

ŭnzufrieden *dissatisfied, discontented (with* mit*)*

der **Ūrahn,** -s *or* -en, -en = Urgroßvater *great-grandfather*

ūr′alt′ *very old; very earliest*

der **Ūrgroßvāter,** ⁓väter *great-grandfather;* schon einer der Urgroßväter *no one later than one of the great-grandfathers*

das **Ūrteil,** -e *sentence, decision;* ein Urteil sprechen *pass (pronounce) sentence, render a verdict (judgment)*

usw. = und so weiter *etc., and so on (forth)*

V.

der **Vāter,** ⸚ *father*

das **Vāterhaus,** ⸗häuser *one's father's house*

das **Vāterland,** ⸗länder *native land, (native) country;* mein engeres Vaterland *my own (home, native) state [e.g.,* Sachsen, *as contrasted with one's* Vaterland, Deutschland*]*

das **Vāterun´ser** *Lord's Prayer;* ein Vaterunser beten *say (repeat) the Lord's Prayer, say a paternoster*

die **Vĕran´dā,** Veranden [v = v] *veranda*

die **Vĕrăn´derung,** -en *change, alteration*

    vĕrbarg *see* verbergen

sich **vĕrbeißen,** verbĭß, verbissen *set one's teeth in, stick obstinately to* (in + *acc.*)

    vĕrbergen, verbirgt, verbarg, verborgen *conceal, hide (from dat. or* vor + *dat.)*

die **Vĕrbin´dung,** -en *union; connection, relation; communication;* in Verbindung *[acc.]* treten *get in touch (into communication)*

    vĕrbissen *[see* verbeißen*] firmly (tightly) set*

das **Vĕrbre´chen** *offense, crime*

der **Vĕrbre´cher** *offender, criminal*

    vĕrbringen, verbrăchte *(past subj.* verbrăchte), verbrăcht *spend, pass [time]*

    vĕrdammen *condemn*

    vĕrdanken *be indebted to a person [dat.] for a thing [acc., or* daß-*clause];* er hat dir das Leben zu verdanken *he has you to thank for his life, he owes his life to you*

    vĕrderben, verdirbt, verdarb (verdürbe), *[intr.* ist*]* verdorben *spoil*

    vĕrdienen *earn*

    vĕrdorben *see* verderben

verdrießen, verdroß, verdrossen *annoy, vex*

verdrossen *vexed, annoyed, disgusted*

vereinigen *unite, join, combine*

vergaß *see* vergessen

vergēbens *[-ens, NOT -enz] in vain*

vergēblich [⸗gēp⸗] *vain, fruitless, useless*

vergehen, verging, ist vergangen *pass (away); elapse [time]; vanish, cease, fail;* ihm verging Hören und Sehen *sight and hearing failed him, his senses left him, he lost consciousness*

vergessen, vergißt, vergaß, vergessen *forget; overlook; leave out, omit [The gen., instead of the acc., was formerly the case of the object but is now rare, save in elevated diction.]*

verging *see* vergehen

vergiß *imper. sg. of* vergessen

vergittern *(close with a) grate, bar*

vergnügen *amuse, divert;* sich *[acc.]* an etwas *[dat.]* vergnügen *amuse (divert) one's self with, find amusement (take pleasure) in*

das **Vergnü´gen** *pleasure*

vergnügt *participial adj. gratified, pleased, delighted*

vergönnen *allow, grant*

vergraben, vergräbt, vergrub, vergraben *hide in the ground, bury*

verhält′nismä´ßig *comparatively (speaking)*

verhandeln *try, hear [a case in court]*

die **Verhand´lung**, -en *trial, hearing*

verhängnisvoll *fateful, momentous*

verhöhnen *mock (jeer) at; make fun of*

verirren [ist verirrt] *or*

sich **verirren** *stray, go astray; lose one's way*

der **Verkauf´**, ⸗käufe *sale*

verkaufen *sell, dispose of*

der **Verkehr´**, des -(e)s *traffic*

verklagen *bring suit against*

verklären *shed a flood of light upon, transfigure, glorify*

vĕrkürzen *shorten; while away, beguile*

vĕrlăngen *demand, require; ask*

vĕrlassen *participial adj. deserted, forsaken, solitary*

vĕrlassen, verläßt, verließ, verlassen *leave, quit*

der **Vĕrlauf′**, des -(e)s *expiration*

sich **vĕrlegen** *apply (devote) one's self (to* auf + *acc.), take up, turn to [as an expedient]*

vĕrletzen *injure; offend, outrage, violate*

vĕrlieren, verlōr, verlōren *lose;* in Gedanken verloren *lost (absorbed) in thought*

vĕrließ *see* verlassen

vĕrlōren *see* verlieren

vĕrmālēdei′en *curse, execrate*

vĕrmālēdeit′ *participial adj. cursed, confounded*

vĕrmeiden, vermied, vermieden *avoid, steer clear of*

vĕrmeintlich *supposed, thing or person erroneously taken for another*

vĕrmieden *see* vermeiden

vĕrmissen *miss, regret the loss of*

vĕrmißte *see* vermissen

vĕrmochte *see* vermögen

vĕrmōgen, vermāg, vermochte (vermöchte), vermocht *be able (to... zu + infin.)*

vĕrnahm *see* vernehmen

vĕrnehmbār *audible*

vĕrnehmen, vernimmt, vernahm, vernommen *hear, "take in"*

sich **vĕrneigen** *(make a) bow*

vĕrnünftig *sensible, judicious;* so vernünftig sein, daß... *have (so much, i.e.,) enough common (good) sense to...*

vĕrrāten, verrät, verriet, verrāten *betray*

sich **vĕrrechnen** *make a mistake (be mistaken) in one's reckoning*

vĕrsah *see* versehen

vĕrsammeln *assemble, gather together*

vĕrsäumen *miss, fail to attend, neglect*

vĕrschaffen *get, procure, provide, find, obtain*

vĕrschämt *ashamed, bashful, timid;* verschämte Arme *poor (but respectable) folk (who are) ashamed to beg*

vĕrschărfen *sharpen, render keen, intensify*

vĕrschieben, verschōb, verschōben *put off; postpone, defer*

vĕrschieden *different, dissimilar, distinct*

vĕrschließen, verschlŏß, verschlossen *close, shut, lock (up)*

vĕrschlŏß *see* verschließen

vĕrschlossen *see* verschließen

vĕrschlucken *swallow, "gobble up (or down)"*

vĕrschōb *see* verschieben

vĕrschonen *spare, leave unmolested*

vĕrschreien, verschrie, verschrien *give a person a bad name (reputation), make a person out (as wicked, dishonest, etc.)*

vĕrschrien *see* verschreien

vĕrschwand *see* verschwinden

vĕrschwinden, verschwand, ist verschwunden *disappear, vanish;* er war und blieb verschwunden *[he was (and continued) gone from the scene, i.e.,] he was gone for good, he never reappeared*

vĕrschwunden *see* verschwinden

vĕrsehen, versieht, versah, versehen *look for;* ehe er sich's versah *before he expected it, before he could say Jack Robinson, quicker than a flash*

vĕrsenken *sink [tr.], lower*

vĕrsetzen *reply, rejoin, retort*

vĕrsichern *assure, protest, state positively, offer assurance*

vĕrsorgen *provide (furnish, supply) one (acc.) with (*mit)

vĕrsperren *obstruct, bar, block, barricade*

vĕrspotten *mock, jeer (at), ridicule; tease*

vĕrsprăch *see* versprechen

vĕrsprechen, verspricht, versprăch, versprochen *promise*

vĕrstănd *see* verstehen

vĕrstăndig *intelligent; sensible; prudent, wise*

vĕrstehen, verstănd *(past subj. often* verstünde)*, verstănden understand (by* unter + *dat.);* er versteht es, etwas zu tun *he understands **how** to do a thing*

vĕrstehen's = verstehen es

vĕrstreuen *disperse, scatter*

vĕrsūchen *try, attempt*

die **Vĕrtei´digung,** -en *defense*

sich **vĕrtiefen** *plunge into, become absorbed (engrossed) in* (in + acc.)

vĕrtrauen *(put one's) trust in, trust, rely upon (dat. or* auf + *acc.)*

vĕrtrauensvoll *[-ens, NOT -enz] trustful, (readily) trusting, confiding; confident*

vĕrŭrteilen *sentence (condemn) a person (to* zu)

vĕrwahren *put away carefully, put in (to) a safe place*

vĕrwandeln *transform; convert, turn (in)to* (in + *acc.)*

vĕrwandt *related*

der **Vĕrwand´te;** (kein) Verwandter; *[pl.]* Verwandte; die (keine) Verwandten *relative; [pl.] kinsfolk*

vĕrwarf *see* verwerfen

vĕrwehren *forbid a person [dat.] (to do) a thing* [es, das, *or a verbal noun]*

vĕrwerfen, verwirft, verwarf (verwürfe), verworfen *reject, discard*

vĕrwirrt *(mentally) deranged, confused, crazy*

vĕrwittern [ist verwittert] *become disintegrated by exposure to the atmosphere*

vĕrwittert *weather-beaten*

vĕrwöhnen *spoil; impair one's good taste*

vĕrwundern *astonish, amaze;* sich verwundern *be astonished (amazed), wonder (marvel) (at* über + *acc.)*

die **Vĕrwun´derung** *surprise, astonishment, amazement*

vĕrwünschen *curse, execrate*

vĕrwŭsten *lay waste, devastate*

vĕrzehren *consume, eat (up), devour*

vĕrzeichnen *write down; specify; list*

der **Vetter,** -s, -n *(male) cousin*

das **Vieh,** des -(e)s *(live) stock, cattle*

die **Viehmāgd,** ⸗māgde *milkmaid*

viel, mehr, der meiste *much, many; a great deal [often undeclined when* *referring to total quantity rather than to individual units]*

vielleicht′ *perhaps, possibly;* wenn... vielleicht... *should (it happen that)...*

vier *four*

vierbeinig *four-legged*

viereckig *four-cornered, square*

vierte, der, die, das *fourth*

vierzehn [ie = ī] *fourteen;* vierzehn Tage *a fortnight, two weeks [Cf.* acht (Tage) *and contrast with French quinze jours]*

vierzehnjährig [ie = ī] *of fourteen years, fourteen year(s) old*

vierzig [ie = ī] *forty*

das **Vīolīn′chen** [v = v] *little violin*

die **Vīolī′ne**, -n [v = v] = Geige *violin*

Vōgel *[fō-] Rudolf Vogel, an author about whom the editors were not able to find out anything*

der **Vōgel**, ⸚ *bird;* ein goldener Vogel = ein Goldstück

das **Volk**, ⸚er *people [as a whole], folk; crowd;* D a s Volk hat es gut; *(Those fellows =) Such chaps are well off*

das **Volksfest**, -e *public (national) fête (festival, holiday)*

der **Volksglaube**, des -ns, *[dat., acc. sg.]* -n *or*

der **Volksglauben**, des -s *popular belief*

    voll *full (of gen., acc., or* von + *dat.); rich, mellow [in tone]; complete;* volle zwölf *all of twelve, a full dozen*

    vollauf′ *in abundance (plenty)*

    vŏm = von dem

    vŏn *[dat.] of, about; (away) from; [indicating the agent] by;* von... aus *(starting) from*

    vōr *prep. [time; dat.] before; [before so and so long a time, i.e.,] ago;* vor zehn Jahren *ten years ago; [cause; dat.] from, for, at; [place] before, at, in front of, outside [acc. when direction is expressed, otherwise dat.]*

    vōr *sep. pref. before, in the presence of [dat.]; forward*

    vōrăn′ *at the head, in front (of the others)*

    vōrbei′ *adv. past, gone, over*

    vōrbei′kām *see* vorbeikommen

    vōrbei′kommen, kām vorbei′, ist vorbei′gekommen *come past, pass (by)*

vorbei′wogen, wogte vorbei′, ist vorbei′gewogt *surge (roll, move) past*

die **Vōrbereitung,** -en *preparation, arrangement (for* zu)

vōrdēm′ *[or* vōr′dēm] *formerly*

vōrfallen, fällt vor′, fiel vor′, ist vorgefallen *occur, happen, come to pass (unexpectedly)*

vōrfand *see* vorfinden

vōrfinden, fand vor′, vorgefunden *find (on one's arrival), meet with*

vōrgefallen *see* vorfallen

vōrgehen, ging vor′, ist vorgegangen *go on, take place*

vōrgesetzt *see* vorsetzen

vōrging *see* vorgehen

vōrhan′den *at hand, existing, present, actual;* vorhanden sein *be, exist*

vōrhēr′ [vōr′hēr *for contrast] before(hand); in advance, previously; formerly;* 68, 13 vorher noch *before letting fly*

vōrhēr′gehen, ging vorher′, ist vorher′gegangen *precede [in time]*

vōrhĭn′ *a little while ago (before)*

vōrig *last, preceding, previous*

vōrlaut *pert, forward; impertinent*

vōrlesen, liest vor′, lās vor′, vorgelesen *read (aloud) to a person [dat.]*

vōrliest *see* vorlesen

vōrmāls *[-ls, NOT -lz] formerly, of old, in the past*

der **Vōrmittāg,** -e *forenoon*

vorn *in front;* von vorn anfangen *begin at the beginning*

vōrnahm *see* vornehmen

vōrnehm *noble, aristocratic, fine, grand, highborn*

der **Vōrnehme;** (kein) Vornehmer; *[pl.]* Vornehme; die (keine) Vornehmen *man of rank; [pl.] the nobility, aristocracy, people of rank or fashion, the upper classes*

vōrnehmen, nimmt vor′, nahm vor′, vorgenommen *take up; undertake, take in hand*

der **Vōrrāt,** ⸗räte *stock, supply*

vōrrechnen, rechnete vor′, vorgerechnet *calculate (count or reckon up) in the presence of a person (dat.)*

der **Vōrschein**, des -(e)s *appearance;* zum Vorschein kommen *appear, come to light, come into sight*

    vōrschieben, schōb vor, vorgeschōben *push (shove) forward;* den Riegel vorschieben *shoot the bolt*

der **Vōrschlāg**, -schläge *proposal, suggestion*

    vōrschlāgen, schlägt vor´, schlūg vor´, vorgeschlāgen *propose, suggest*

    vōrsetzen, setzte vor, vorgesetzt *set something [to eat or drink] before a person (dat.), offer, serve*

    vōrsichtig *cautious, wary; careful*

    vōrsprāch *see* vorsprechen

    vōrsprechen, spricht vor´, sprāch vor´, vorgesprochen *call ("look in," "run in") at a person's house*

der **Vōrsprung**, -sprünge *start*

    vōrtrēten, tritt vor´, trāt vor´, ist vorgetrēten *step (come) forward*

    vōrübergehen, ging vorü´ber, ist vorü´bergegangen *go (walk, pass) by* (an + dat.)

der **Vōrübergehende**; (kein) Vorübergehender; *[pl.]* Vorübergehende; die (keine) Vorübergehenden *passer-by*

    vōrübersausen, sauste vorü´ber, ist vorü´bergesaust *rush (fly) past*

    vōrwärts *[or* vŏrwärts; wär = ver *in very] forward;* nur immer vorwärts! *just keep pushing (hurrying) on!*

    vōrwitzig *(over-)inquisitive (curious), prying, pert, meddlesome*

der **Vōrwurf**, ⸗würfe *reproach*

    vōrzeigen, zeigte vor´, vorgezeigt *display; produce, exhibit*

    vōrzüglich *excellent, choice*

W.

wachen *be wide-awake*

das **Wachs**, des Wachses [chs = *ks*] *(bees)wax*

    wachsen, wächst, wūchs, ist gewachen [chs = *ks*] *grow; come up, spring up [plants];* normal gewachsen *of normal growth;* wider den Tod ist kein Kraut gewachsen *no remedy avails against death, there is no remedy against death*

    wächst [chs = *ks*] *see* wachsen

    wacker *excellent, "capital"; honest*

die **Waffe**, -n *weapon*

die **Waffensammlung**, -en *collection of arms (weapons)*

    wägen *venture; dare [An infin. depending upon* wagen *must be preceded by* zu. *Cf.* brauchen.]

der **Wāgen** *carriage, wagon, cart*

der **Wāgenkasten** *[pl. also* ⸗kästen*] (body of a) carriage;* im Wagenkasten *(in the box) under the seat*

    wāgerecht *horizontal*

    wählen *choose; pick (out), select*

    wahr *true; genuine, real;* nicht wahr? *is that not true? [used (like n'est-ce pas? in French) to invite assent to a statement just made; to be translated by some form of the aux. verbs do, be, have, can, may, must, shall, or will + not, e.g.,]* don't I, doesn't he, didn't they? *etc.;* aren't we, wasn't she, weren't they? *etc.;* haven't you? *etc.;* may (can, must, shall, will) he not? *etc.*

    währen *last, continue, go on;* es währte nicht lange, so + *inversion it was not long before...*

    während [⸗nt] *prep. during [gen.]*

W 267

während [≠nt] *conj. [always followed by transposition] as long as; while*

wahrhaf´tig *really, actually*

der **Wald**, ⸚er *forest*

die **Waldblöße**, -n [≠lt≠] *glade*

der **Waldboden**, des -s [≠lt≠] *forest soil (ground)*

der **Waldkater** [≠lt≠] *wild (tom-) cat*

die **Waldwiese**, -n [≠lt≠] *forest glade*

der **Wall**, ⸚e *wall [around a fort], rampart*

die **Wallfahrtskirche**, -n *church to which pilgrims resort [In the story of the Hermesbauer it is the chapel mentioned under* Zell.*]*

die **Walstatt**, ≠stätten *field of battle*

wälzen, *roll*

die **Wand**, ⸚e *wall [of a room]; wall, side [of a rock]*

wandeln [ist gewandelt] *go, wander, walk (leisurely), stroll, travel (on foot)*

das **Wanderbündel** *traveling-pack*

der **Wanderer** *wanderer; traveler, wayfarer; stroller*

die **Wanderschaft**, -en *traveling, travels, journeyman's tour [After completing his apprenticeship a journeyman spent some time in the employ of other masters elsewhere in order to learn how the trade was conducted in different places before being admitted to the guild as a master workman.]*

wandte *see* wenden

die **Wanduhr**, -en [≠nt≠] *wall clock*

wann *when, at what time [always interrog.];* dann und wann *now and then, from time to time*

war *see* sein

ward *see* werden

die **Ware**, -n *ware, article, merchandise, goods*

wäre *past subj. of* sein *[used in unfulfilled wishes, conditional sentences, and quotations] was, were, would (should) be*

warf *see* werfen

warm, wärmer, der wärmste *warm;* warm sitzen *have a warm seat, (hence,) have a comfortable place, be well off*

wärmen *(make) warm, heat*

wärmer *comp. of* warm

wärmste(n) *superl. of* warm

wärnen *warn, caution*

wärt' = warte

wärten *wait (for* auf + *acc.);* Ich warte(te) schon eine Stunde (seit einer Stunde) *I have (had) been waiting (for) an hour; see also* abwarten

wārŭm' *why, for what reason*

wăs *interrog. pron. what;* was für ein *what kind of [where* für *has no prepositional force];* was für eine Feder hast du da? *(colloquially* was hast du da für eine Feder?) *what kind of pen have you there?;* mit was für einer Feder schreibst du? *with what kind of pen are you writing?;* was du alles für Sachen hast *what a lot of different things you have; relat. pron. that, which;* gib mir alles *or* das Beste, was du hast! *give me all or the best that you have;* er war krank, was ich nicht wußte *he was ill, which I wasn't aware of; compound relat. pron. that which, what(ever);* was er sagt, (das) glaube ich *whatever he says (that) I believe;* was *sometimes refers to persons:* 80, 4 Was da will *whoever likes;* 65, 7 er lief, **was** er (nur) konnte *he ran as fast as (ever) he could*

wăs *colloqu. for* etwas

das **Wasser** *water*

das **Wässerlein** *[humorous or affectionate rather than diminutive; cf.* Krebslein] *sort of water;* ein gut Wässerlein *a good sort of water [Cf. note on* jämmerlich *under* Ding.]

der **Wassermann**, ⸗männer *waterman, water sprite, nix*

das **Wasserrād**, ⸗räder *water wheel*

die **Wassersuppe**, -n *water gruel*

wecken *awake, rouse [tr.]*

weder *neither;* weder... noch... *neither... nor...*

der **Wĕg**, -e *way; road;* seines Weges gehen *go one's way, go off;* sich auf den Weg machen *start (off, out), set out (on one's way or journey);* einem im Wege stehen *be in one's way*

wĕg *sep. pref. [expressing separation, removal] off, away*

wĕgbleiben, blieb weg´, ist weggeblieben *stay away, be away*

wēgen *[gen.] on account of [often following the gen.]*

das **Wĕggehen**, des -s *going away, departure;* im Weggehen *in leaving, as he left*

wĕgheben, hōb weg´, weggehōben *lift (and carry) off (away);* sich wegheben *take one's self off [especially in the imper.: be gone!]*

wĕgsah *see* wegsehen

wēgsām *passable*

wĕgsehen, sieht weg', sah weg', weggesehen *look away (the other way, in another direction)*

wĕgtūn, tūt weg', tāt weg', weggetān *put away; remove, take away*

die **Wēgzehrung** *viaticum;* die heilige Wegzehrung *last Sacrament*

wehen *blow, flutter in the wind, wave*

wehren *defend; [dat.] prevent;* einem etwas *[acc.]* wehren *keep a person from doing a thing, forbid one to do a thing*

wehrlōs *defenseless*

das **Weib**, -er *woman; wife; [pl., also] womenfolk*

weiblich [⸗pl⸗] *feminine*

weich *soft, yielding*

weichen, wich, ist gewichen *move, shift, give way; withdraw, retire, go away, budge*

die **Weide**, -n *willow (tree)*

weiden *graze, feed*

die **Weidenrūte**, -n *willow switch*

weigern *refuse;* sich weigern etwas zu tun *refuse (decline) to do a thing*

die **Weihnacht(en)** *[invariable; usually without the def. art. when used in the sg.] Christmas*

das **Weih´nachtsgeschenk´**, -e *Christmas present*

weil *[always followed by transposition] because*

die **Weile** *while;* eine ganze Weile *a long while, quite a while;* eine Weile *[acc.]* = eine Zeitlang

weinen *weep, cry*

weinend *pres. part. of* weinen

weise *[drops the final vowel before the* e *of an inflectional syllable] wise*

die **Weise**, -n *manner, way, fashion;* **auf** diese (alle, welche) Weise *in this (every, what) way*

die **Weisheit**, -en *[-s, NOT -z] wisdom; learning, knowledge*

weiß *white*

weiß *see* wissen

weißt *2nd pers. sg. pres. ind. of* wissen

weit *wide; spacious, broad, extensive; far, remote, distant;* mein Weg ist noch weit *I still have a long way to go;* nun ist es so weit *now is the time! there (now)!*

weiter *farther, further; more, else; [with verbs, also] on; beyond;* weiter nichts *nothing more (else);* Ist es weiter nichts? *Is it nothing more than that? Is that all?; cf. also* usw.

weiter *sep. pref. on, farther, further*

weiterfahren, fährt wei′ter, fuhr wei′ter, *[intr., ist]* weitergefahren *drive on; proceed*

weiterfliegen, flōg wei′ter, ist weitergeflōgen *go on flying, continue one's flight*

weitergehen, ging wei′ter, ist weitergegangen *go on, continue*

weiterging *see* weitergehen

das **Weiterkommen**, des -s *progress, making headway, getting on (ahead)*

weitermüssen, muß wei′ter, müßte *(past subj.* müßte*)* wei′ter, weitergemußt *have (be obliged) to go (hurry, etc.) on [Cf. last note on* wollen.*]*

weiterreiten, ritt wei′ter, ist weitergeritten *ride on, continue one's ride*

weitertaumeln, taumelte wei′ter, ist weitergetaumelt *zigzag (stagger) on(ward)*

weiterziehen, zōg wei′ter, ist weitergezōgen *go (march) on, continue one's way (journey)*

weitläufig *extensive, large*

die **Weizenernte** *wheat harvest (crop)*

die **Weizengarbe**, -n *sheaf of wheat*

welch *[invariable; without effect on the inflection of a following adj.] what (a) [used mostly in exclamations]*

welcher, welche, welches *interrog. pron. which, what; relat. pron. who, which, that [As a relat. pron.* welcher *is interchangeable with* der *save in the gen.; here* der *is used if the relat. is a subst.,* welcher *if it is an adj.]*

wellen *make wavy;* gewellt **undulating, rolling**

wellig *undulating*

die **Welt**, -en *world;* **auf** der Welt *in the world, on earth*

wenden, wandte *or* wendte *(past subj.* wendete*)*, gewandt *or* gewendet *turn (about, around);* sich so und so wenden *turn thus and so;* sich an einen

W 271

wenden *apply (appeal) to one (for* um)

die **Wendung**, -en *turn(ing);* = Redensart *phrase, idiom(atic expression)*

wenig *little [quantity], few, not many [often undeclined when referring to total quantity rather than to individual units];* ein wenig *a little, somewhat, a trifle [uninfl. even after a prep.];* am wenigsten *least*

weniger *[invariable] comp. of* wenig *less, not so much (many), fewer*

wenigstens *[-ens, NOT -enz] at least*

wenn *[always followed by transposition] when, whenever; if, in case;* als wenn *as if, as though [+ subj.];* und wenn (... auch) *[as last clause in a sentence] even if, even though*

wenn's = wenn es

wēr *interrog. pron. who;* compound relat. pron. *whoever, he who, anybody who;* wer keine Freunde hat, (der) ist arm *whoever has no friends, (he) is poor*

wěrden, wǐrd, wǎrd *or* wǔrde, ist gewǒrden *(or, in the perfect tenses of the passive,* wǒrden) *become, get, grow; be (= become) [thirteen years old, king, his wife, (taken) ill, etc.];* zu etwas werden *become or turn (in-)to a thing; come to seem, prove, turn out; [as aux. in forming the future tense] shall, will, be going to;* das wird wohl eine neue Lampe sein *I expect (when I learn the facts, it will appear that) that is a new lamp; [as aux. in forming the passive] be; [cf. last note on* sein.]

werfen, wirft, warf (würfe), geworfen *throw, cast, fling;* sich werfen in *(acc.) [clothes]] put on quickly*

das **Werk**, -e *work*

die **Werkstatt**, ⸗stätten *workshop; blacksmith's shop, smithy, forge*

das **Werkzeug**, -e *tool, instrument; [collectively] tools*

wērt *worth*

das **Wesen** *being*

wesentlich *real, very marked (important)*

wěs'hǎlb' [⸗lp] *why, for what reason*

wessen *gen. sg. of* wer *or* was

die **Wette**, -n *wager, bet*

wetten *(lay a) wager, (make a) bet*

das **Wetter** *weather; storm;* = Gewitter *thunderstorm*

das **Wetterdach**, ⸗dächer *(roof affording) shelter from the storm;* das ist ja ein

Wetterdach, wie man es sich nicht besser wünschen kann *why, that's as good a shelter from the storm as one could wish for*

die **Wetterseite** *weather (windward) side*

die **Wetterwolke**, -n *thundercloud*

der **Wettlauf**, ⸗läufe *running match, (foot) race*

der **Wettläufer** *runner [in a race], racer*

wich *see* weichen

der **Wicht**, -e *wight*

wichtig *important*

das **Wichtlein** *tiny little creature, little wight*

wīder *[acc.] against*

der **Wīderschein**, des -(e)s *reflected light*

wie *interrog. adv. how [followed in exclamatory sentences either by inversion or by transposition]*; wie aber, wenn... *but what (how would it be) if...*; *relat. adv. as, as if, like*; so blutrot wie... *as (blood-)red as...*; ein großer Herr Schuhmacher, wie du sie gesehen hast... *such as you have seen*; ein neues Haus, wie wir es (eins) haben... *such as we have*

wie *conj. [always followed by transposition] as; at the very instant when*

wieder, *adv. again, anew, once more; in (their) turn; back*

wieder *sep. pref. [expressing return to former location or condition] back*

wiederauf´leben, lebte wieder auf´, ist wiederauf´gelebt *revive, come to life again, regain one's strength*

wiederho´len, wiederhol´te, wiederholt´ *repeat*

wiederkām *see* wiederkommen

die **Wiederkehr** *return*

wiederkehren, kehrte wie´der, ist wiedergekehrt *return*

wiederkommen, kām wie´der, ist wiedergekommen = zurückkommen *come back*

wiedersehen, sieht wie´der, sah wie´der, wiedergesehen *see (meet) again*

wie´derŭm *(once) again*

wiederzukommen *see* wiederkommen

wiederzusehen *see* wiedersehen

Wien *Vienna, capital of Austria-Hungary*

die **Wiese**, -n *meadow, (green) field*

der **Wiesengrund**, ⸗gründe *meadow land*

wieviel´ *[in a sentence, also* wie´viel*] how much (many) [but* wie viele *if inflected in the nom. or acc. pl.]*

wievielmāl = wie viele Male *how many times*

wĭld *[vĭlt] wild*

das **Wĭld**, des -(e)s *[vĭlt] wild animal, game; deer*

will *see* wollen

der **Wille**, -ns, *[dat., acc. sg. and all cases of the pl.]* -n *will, wish, intention, purpose;* mit Willen *intentionally, purposely;* ohne meinen Willen *without my consent;* dir werde dein Wille *your will be done, let it be as you wish*

willkom´men *welcome*

willst *2nd pers. sg. pres. ind. of* wollen

wimmeln *swarm (be filled) with* (von)

der **Wind**, -e *wind; gale; breeze*

das **Windei**, -er [⸗nt⸗] *wind egg, soft-shelled egg*

der **Windhund**, -e [⸗nt⸗] *greyhound*

der **Winkel** *angle, corner*

winseln *whimper, whine*

winselnd *pres. part. of* winseln

der **Winter** *winter [Cf.* Sommer.*]*

der **Winterābend**, -e *winter evening*

die **Winterkälte** *cold of winter, winter weather*

die **Winterszeit** *[-ers, NOT -erz] winter(time);* Brot zur Winterszeit *bread for (against) the winter*

der **Wintertāg**, -e *winter day*

der **Wipfel** *(tree) top*

wīr *nom. pl. of* ich

wĭrd *see* werden

wĭrd's = wird es

wirklich *real, actual; genuine; [adv.] really, actually, as a matter of fact*

wīr's = wir es

wĭrst *2nd pers. sg. pres. ind. of* werden

der **Wirt**, -e *host, landlord, innkeeper*

die **Wirtin**, -nen *hostess*

das **Wirtshaus**, ⸗häuser *inn, tavern*

wischen *wipe (with a cloth)*

wissen, weiß, wüßte *(past subj.* wüßte*), gewußt [= French* savoir*] know [facts];* noch wissen *(not to have forgotten, i.e.,) remember; know how, (hence) be in a position, be able, manage (to...* zu + *infin.)*

wissen's = wissen es

die **Witwe**, -n *widow*

das **Witweib**, -er = Witwe

wō *interrog. adv. where; relat. adv. [always followed by transposition] where, when* [wo *(or, before vowels,* wor) *is compounded with a prep. (e.g.,* womit *or* worin,) *as a substitute for the lacking dat. of* was *or, frequently, for the dat. of a relat. pron. when its antecedent denotes something inanimate.]*

wobei´ *in (at, near) what*

die **Woche**, -n *week*

Wōdan *[vō-] Wodan*

die **Wōdansmühle** *[vō-; -*ns, NOT *-*nz*] Wodan's Mill*

Wōde *[vō-] alternative form of* Wodan *Woden*

wodurch´ *by what (means)*

wogen *sway*

wohēr´ *whence, from what place (source, cause), from where; [with* wissen*] how*

wohĭn´ *whither, to what place, where (to)*

wohl *well; [adv.] well; clearly; easily; indeed, to be sure; very likely, [with past ind. often =] would (very likely...) [expressing customary or repeated action, i.e.,] frequently (regularly, always) did [the thing expressed by the finite verb];* 55, 5 dann antwortete die Hausfrau wohl *then... would (very likely) answer; probably, perhaps, I (do you) suppose;* kann wohl sein *[colloqu., with subject* es *omitted] maybe (so), very likely;* er mochte wohl... liegen *he probably was lying...;* ist er wohl krank? *I wonder whether he is ill*

wohlăn´ *(very) well (then), now then*

wohl´gerun´det *well-rounded, well-turned*

wohlhăbend *wealthy, well-to-do*

der **Wohltäter** *benefactor*

wohnen *live, reside*

wohnlich *habitable, comfortable*

die **Wohnstŭbe**, -n *living (sitting) room*

die **Wohnung**, -en *dwelling, abode, home*

die **Wolke**, -n *cloud*

die **Wolkenwand** *(mass, wall) of clouds*

    wollen, will, wollte, gewollt *(or, if preceded by a dependent infin.,* wollen) [wollen *expresses the will, claim, or intention of the subject; cf.* sollen] *will, be willing, intend, "want," be (am, etc.) going to, be about to, be on the point of, try (start) to, [past] "went to," seem likely to, wish;* 3, 11 wollen wir... *do we want... [i.e., you decide whether we are to..., hence] shall we...;* 16, 20 der Mann wollte nicht kommen *her husband would not come, it seemed as if her husband would never come;* der Streit schien nicht enden zu wollen *(cf. 70, 18) the quarrel (did not seem to be willing to end, i.e.,) showed no signs of coming to an end;* er wollte nicht hinaus *(cf. 21, 8) [After a mod. aux. an infin. expressing motion is often omitted if no ambiguity arises therefrom. Cf. I will to-morrow to the weird sisters (Macbeth iii. 4. 132), Murder will out, and the colloquialism I want in or out (= to get or come in or out) used in some parts of the United States.]*

    wŏmĭt´ *interrog. with what; relat. with which, wherewith*

    wōnāch´ *to (toward, after, for, about) what*

die **Wonne**, -n *delight; bliss; rapture*

    wōrăn´ *by what*

    wōrauf´ *on what*

    wŏrden *past part. of* werden *[used only in forming the perfect tenses of the passive voice]* been

    wōrĭn´ *in what (particular)*

das **Wort**, [Wörter, *individually, but collectively in speech*] Worte *word;* das Wort ergreifen (nehmen) *begin to speak, take the floor, speak up*

das **Wörterbŭch**, ⸗bücher *dictionary; vocabulary*

    wōrü´ber *interrog. at (of, about) what; relat. whereat, at (over, about) which*

    wŏvŏn´ *interrog. of (with, by, from, on) what; relat. of (from) which*

    wŏvōr´ *of (before, from) what*

    wōzū´ *for what (purpose), to what;* wozu das? *what's the good of that?*

    wŭchs [wūks] *see* wachsen

die **Wunde**, -n *[voon-] wound*

das **Wunder** *[voon-] miracle, wonderful (extraordinary, strange) thing; (feeling of) wonder*

    der **Wunderārzt**, ⸗ärzte *wonderful physician, miracle-(working) doctor*

    wunderbār *wonderful; marvelous, astonishing*

    Wunderbāres *wonderful thing, thing that is (was) wonderful (marvelous) [Cf. Besonderes.]*

der **Wun′derdok′tŏr**, -s Wun′derdoktō′ren = Wunderarzt

die **Wunderlampe**, -n *magic lamp*

    wunderlich *singular, strange, odd, peculiar, extraordinary*

    wundern *surprise, astonish;* sich *[acc.]* wundern *wonder, be (feel) astonished, surprised, amazed (at gen. or, more usually,* über + *acc.)*

    wun′derschön′ *wonderfully beautiful (fine; adv. well)*

    wundervoll = wunderbar *wonderful, marvelous*

    wundlaufen, läuft wund′, lief wund′, wundgelaufen *make sore with walking (running)*

der **Wunsch**, ⸚e *wish;* einen Wunsch tun *(express a) wish for something, make a wish*

    wŭnschen *wish (for), desire [often with a dat. refl. pron. which the English does not require];* einem wie gewünscht kommen *be just what one wishes*

    wŭrde *see* werden

    wŭrde *past subj. of* werden *should or would (become)*

die **Wŭrde**, -n *dignity; post (of honor)*

der **Wurfspieß**, -e *javelin*

    Würzburger *adj. (of) Würzburg [pronounced as in German!], a university city on the Main in Bavaria, some fifty miles southeast of Frankfort [Cf. Emdener.]*

die **Wurzel**, -n *root; foot*

    wŭßte *see* wissen

    wŭßte *past subj. of* wissen*; with a negative (*nicht, kein*, etc.) often = (if I were asked,) I shouldn't know... i.e., I couldn't tell (mention, name)*

    wüten *(be in a) rage, be in a fury*

    wütend *pres. part. of* wüten *raging, enraged, furious, wild*

Z.

zahlen *pay (off), settle*

zählen *count, tell;* so oft, daß es nicht zu zählen ist *times without number*

der **Zahn**, ⸚e *tooth; fang, tush*

zappeln *flounder, squirm, wriggle, writhe*

der **Zauberer** *magician*

zauberkräftig *(possessing) magic (virtue or power)*

der **Zaun**, Zäune *fence*

der **Zaunpfahl**, ⸗pfähle *fence post*

zehn *ten*

zehnjährig *of (lasting) ten years, ten years'*

das **Zeichen** *sign*

zeichnen *draw, sketch*

der **Zeigefinger** *forefinger*

zeigen *show, point (out); display, manifest;* sich zeigen *show one's self, appear, come to light, be seen*

die **Zeile**, -n *line [written or printed]*

die **Zeit**, -en *time;* in (zu) den Zeiten *at the time, in the days*

zeitig *early, in good time (season)*

eine **Zeitlang** *[acc.]* = eine Weile *for some time (a while)*

das **Zeitwort**, ⸗wörter *verb [i.e., a **word** whose different stems show difference of time]*

Zell *Zell, a little town in the Black Forest. Besides its churches Zell has a chapel to which pilgrims resort.*

die **Zelle**, -n *cell, (hermit's) hut*

zĕrbrechen, zerbricht, zerbräch, zerbrochen *break (to pieces), shatter*

zĕrbrochen *see* zerbrechen

zĕrmartern *torture*

zĕrquĕtschen *crush*

zĕrreißen, zerrīß, zerrissen *tear (up), wear out*

zĕr´ren *pull, tug; haul, drag*

zĕrrissen *see* zerreißen

zĕrspringen, zersprang, ist zersprungen *burst (fly) asunder; crack, split, break*

der **Zettel** *slip of paper*

das **Zettelchen** *little slip of paper*

das **Zeug**, -e *apparatus, thing; stuff, material; things [collectively]; trash, rubbish, nonsense*

der **Zeugschuh**, -e *cloth shoe*

    zieh' = ziehe

    ziehen, zōg, *[intr.* ist*]* gezōgen *draw, pull; raise, grow; [intr.] go, march, pass, move (by degrees), travel, sweep, drive;* ins Ausland ziehen *leave the country*

das **Ziel**, -e *goal*

    zielen *(take) aim*

    ziemlich *considerable; [adv., also] pretty, rather*

das **Zimmer** *room [a somewhat choicer word than* Stube*]*

die **Zim´mergesellenher´berge**, -n *journeyman carpenters' inn*

der **Zins**, Zinses, Zinsen *interest [on money]*

der **Zipfel** *tip, point*

    zītie´ren *[past part.* zitiert´*] quote, cite*

    zōg *see* ziehen

der **Zopf**, ⸚e *braid, queue*

der **Zorn**, des -(e)s *anger, wrath*

    zornig *angry*

    zū *prep. [dat.] to, to the home of, at, on, in, near, by (the side of); [purpose] as, for, to, in;* zu etwas werden *become, turn (in)to a thing*

    zū *adv. [degree] too; [direction] toward, in the direction of [with* **preceding** *dat.];* nur immer zu! *come right ahead!*

zū *sep. pref. [expressing 1. direction, 2. closure] to, toward, on; shut, up*

zūbinden, band zu´, zugebunden *tie up (shut)*

zūbringen, brächte *(past subj.* brächte) zu´, zugebrächt *pass, spend [time]*

züchtigen *punish, discipline*

die **Züchtigung**, -en *punishment, correction*

zucken *twitch; quiver, flicker, dart, flash, play [of lightning]*

das **Zucken**, des -s *flashing [of lightning]*

zūeilen, eilte zu´, ist zugeeilt *hurry toward (dat. or* auf + *acc.)*

zūeinan´der *to one another (each other)*

zūērst´ *at first, first (of all)*

der **Zūfall**, ⸗fälle *chance, accident*

zū´fälligerwei´se *accidentally, by chance (accident), by a fluke*

die **Zūflucht**, -en *refuge, (place of) shelter*

zūfrie´den *content(ed), satisfied, happy*

zūfügen, fügte zu´, zugefügt *inflict [loss, disgrace, etc.] on a person (dat.), cause*

zūführen, führte zu´, zugeführt *lead, bring (to dat.)*

der **Zūg**, ⸚e *train, line; feature; in eiligem Zuge in a swiftly passing line*

zūgefügt *see* zufügen

zūgehen, ging zu´, ist zugegangen *go (walk) toward (*auf + *acc.)*

zūgekorkt *see* zukorken

zūgeworfen *see* zuwerfen

zūgleich´ *at the same time*

zūhören, hörte zu´, zugehört *[dat.] listen [to a person or story or song]*

zūkommen, kām zu´, ist zugekommen *come to (reach) a person('s hands) [dat.];* auf einen zukommen *approach (come up to or toward) a person*

zūkorken, korkte zu´, zugekorkt *cork (up), stopper*

die **Zūlāge**, -n *increase in salary*

zūlaufen, läuft zu´, lief zu´, ist zugelaufen *run toward or in the direction of (dat. or* auf + *acc.)*

zūlei´de *[do a thing] to hurt or harm (a person dat.) [Cf.* zuliebe.]

zūletzt´ *last [in a series], at last, finally, the last time*

zūlie´be *[do a thing]] to please (a person dat.) [Cf.* zuleide.]

zŭm = zu dem *to the, for (as) a, etc.*

zūmāl′ *especially, chiefly;* zumal da... *all the more since...*

zūmeist′ = meist *in most cases, for the most part*

zūmū′te = zu Mute *in mind, at heart;* Wie ist Ihnen zumute? *How do you feel? [mentally]*

zūnächst′ [ch *as in* ich] *for the moment; to begin with*

zünden *ignite, kindle, set on fire, set fire to*

die **Zunge**, -n *tongue*

zūnich′te machen *bring to naught, destroy*

zŭr = zu der *to the, for a, etc.*

zūrecht′legen, legte zurecht′, zurecht′gelegt *lay out in order, arrange (the details of)*

zürnen *be angry (with a person* dat., auf + *acc., or* mit; *at or about a thing* über + *acc.,* um, *or* wegen)

zūrollen, rollte zu′, ist zugerollt *roll toward [dat.]*

zūrück′ *adv. back*

zūrück′ *sep. pref. [expressing return, or direction or motion backward] back;* ich kann nicht zurück *see* zurückkönnen

zūrück′biegen, bōg zurück′, zurück′gebōgen *bend back*

zūrück′bleiben, blieb zurück′, ist zurück′geblieben *remain (be left, lag) behind, be outdone by (*hinter*)*

zūrück′geben, gibt zurück′, gāb zurück′, zurück′gegeben *give back, return*

zūrück′geblieben *see* zurückbleiben

zūrück′gehen, ging zurück′, ist zurück′gegangen *go (walk) back, return; recede, go down*

zūrück′ging *see* zurückgehen

zūrück′halten, hält zurück′, hielt zurück′, zurück′gehalten *hold (keep) back; hinder*

zūrück′kehren, kehrte zurück′, ist zurück′gekehrt *return, go (come) back*

zūrück′kommen, kām zurück′, ist zurück′gekommen *come back, get back, return*

zūrück′können, kann zurück′, konnte *(past subj.* könnte*)* zurück′, zurück′gekonnt *be able to go (get, come) back [Cf. last note on* wollen.]

sich **zūrück′lehnen**, lehnte zurück′, zurück′gelehnt *lean back (in* in + *ACC.)*

zurück´rufen, rief zurück´, zurück´gerufen *call (shout) back; call back, recall*

zurück´schieben, schōb zurück´, zurück´geschōben *push (shove, slide) back* [*tr.*]

zurück´sinken, sank zurück´, ist zurück´gesunken *sink (fall) back*

zurück´trēten, tritt zurück´, trāt zurück´, ist zurück´getrēten *step back*

zūrufen, rief zu´, zugerufen [*dat.*] *call to*

zūsam´men *adv. together, jointly, in all, between us (them, etc.)*

zūsam´men *sep. pref. together; down; see also* zusammenbrechen

zūsam´menbrechen, bricht zusam´men, brāch zusam´men, ist zusam´mengebrochen *break down, collapse*

sich **zūsam´menfinden,** fand zusam´men, zusam´mengefunden *meet*

zūsam´mengefunden *see* zusammenfinden

der **Zūsam´menhang,** ⸗hänge *connection;* in Zusammenhang [*acc.*] bringen *associate (in mind), connect, relate*

zūsam´menrufen, rief zusam´men, zusam´mengerufen *call together*

zūsam´menschnüren, schnürte zusam´men, zusam´mengeschnürt *tie up*

zūsam´mensetzen, setzte zusam´men, zusam´mengesetzt *put together*

sich **zūsam´mensiedeln,** siedelte zusam´men, zusam´mengesiedelt *settle close(r) together*

zūsam´menstieß *see* zusammenstoßen

zūsam´menstoßen, stößt zusam´men, stieß zusam´men, ist zusam´mengestoßen *touch (run into) each other, join*

zūsam´mentreffen, trifft zusam´men, trāf zusam´men, ist zusam´mengetroffen *meet (by chance)*

zūsam´menziehen, zōg zusam´men, zusam´mengezōgen *draw together, contract*

zūsam´menzusiedeln *see* zusammensiedeln

der **Zūschauer** *spectator*

zūschlāgen, schlägt zu´, schlūg zu´, zugeschlāgen *slam (shut)*

zūschließen, schlōß zu´, zugeschlossen *lock (up), close, fasten*

zūschneiden, schnitt zu´, zugeschnitten *cut [material] out or up [so as to have it ready for putting together]*

zūschreiten, schritt zu´, ist zugeschritten *stride, step, walk toward or in the direction of (dat. or* auf + *acc.)*

zūsehen, sieht zu´, sah zu´, zugesehen *look on; watch [dat.]*

zūspringen, sprang zu´, ist zugesprungen *leap (spring, jump) off [into space]*

zūstürzen, stürzte zu´, ist zugestürzt *rush up to* (auf + *acc.*)

zūteil´ werden *fall to (the share or lot of a person [dat.])*

zūviel´ *too much*

zūvōr´ *before(hand), in advance*

zūwarf *see* zuwerfen

zūwerfen, wirft zu´, warf *(past subj.* würfe) zu´, zugeworfen *throw, toss to (dat.); fling (slam) shut*

zūziehen, zōg zu´, *[intr.* ist] zugezōgen *draw down upon (one dat.), incur; [intr.] move toward (dat.)*

zūzuziehen *see* zuziehen

zwanzig *twenty;* an die zwanzig Knieriemen *nearly a score of knee straps*

zwanzigmāl *twenty times*

zwār *it is true, in truth, indeed, to be sure, I admit [***concedes** *a statement that is usually limited by a following clause with* aber, doch, *or* dennoch*];* und zwar *and (at) that; and to be explicit (exact); and indeed, and to be sure; and, what is more; and, as a matter of fact [used to* **corroborate** *and at the same time limit a preceding general statement]*

der **Zweck,** -e *purpose*

    zwei *two*

der **Zweifel** *doubt; uncertainty*

der **Zweig,** -e *branch*

    zweimāl *twice*

    zweite, der, die, das *second*

zum **zweitenmāl** = zum zweiten Male *(for) the second time*

    zweitens *[-ens, NOT -enz] secondly, in the second place*

    zweitgrößte, der, die, das *second-largest, next to the largest*

der **Zwerg,** -e *dwarf*

das **Zwerglein** *little dwarf*

der **Zwilchstreifen** *strip of twilled cloth*

    zwischen *between; among [acc. when direction is expressed, otherwise dat.]*

zwölf *twelve*

zwölfjährig *of twelve years, twelve-year-old*

www.ingramcontent.com/pod-product-compliance
Lightning Source LLC
LaVergne TN
LVHW042046070526
838201LV00078B/816